JN088208

菅江真澄　図絵の旅

菅江真澄

石井正己＝編・解説

角川文庫

23518

はじめに

江戸《えど》時代後期、菅江真澄《すがえますみ》（一七五四〜一八二九）という旅人が現れた。三〇歳で今の愛知県を発《た》ち、北東北を通って北海道に渡った。その後本土に戻って、青森県を経て秋田県に入り、七六歳で亡くなった。その間故郷に帰ることもなかったらしく、まさに漂泊の人生を送った。

同じような旅をした人として、私たちは松尾芭蕉《まつおばしょう》（一六四四〜九四）を思い浮かべることができる。一六八九年に関東・南東北・北陸を旅して、俳諧《はいかい》紀行『おくのほそ道』を書いた。この作品はこれまで繰り返し国語の教科書に採択されてきたので、日本人なら誰もが知るほどの国民的な教養になっている。

確かに、『おくのほそ道』（一七〇二年刊）は、芭蕉にとって最も長大な旅であった。芭蕉庵《ばしょうあん》を譲渡して、生きて帰ることができればいいという決意で旅立った。しかし、訪れた場所は岩手県の平泉《ひらいずみ》と秋田県の象潟《きさかた》が北限であり、その先に及んでいない。期間は春の終わりから秋までであり、半年程度にすぎない。

一方、真澄の場合、旅の範囲は北東北と南北海道の全域に及ぶ。平泉と象潟は真澄も訪れていて、芭蕉が来たことに触れつつも、さらに歩みを北へ進めた。期間としても、四六年間という長期にわたる。従って、滞在は夏だけでなく四季に及ぶので、厳しい冬と爽《さわ》やかな春の自然にも接している。

そればかりでなく、真澄の場合、日記や地誌を丹念に書き残し、それらには二四〇〇点ほどの図絵が入っている。耳目に触れた事実を克明に記録するために、言葉だけでなく、視覚的に表現することを重視した。しかも、それらの図絵は丁寧に彩色されているので、細部まで知ることができる。

こうした真澄の記録を重視したのは、柳田国男《やなぎたくにお》（一八七五〜一九六二）だった。柳田は、確立しつつあった民俗学が進むべき方向を示す先人として真澄を評価した。一九二八年には、真澄没後百年祭に先立って『雪国の春』（岡書院）を著し、日記から正月行事を抜き出して、その記録の持つ意義を論じた。

しかし、彩色された図絵は、それゆえに出版を困難にした。明治《めいじ》時代になって作成された複本があるので、保存を考慮した自筆を見る機会は限られた。内田武志《うちだたけし》・宮本常一《みやもとつねいち》編の『菅江真澄全集』全一二巻（未来社、一九七一〜八一年）は、すべて自筆の図絵を収録したが、大半が白黒の縮小であり、細部を確かめることはできなかった。

そこで、本書では真澄の図絵を厳選して、自筆をカラーで載せることにした。収録したのは一一二点にすぎないが、図絵の細部まで見ることができる。しかも、一つ一つに解説を添え、図絵の内容が理解できるように配慮した。そうした意味でも、本書は画期的な出版になったのではないかと思われる。それぞれの関心によって、真澄の描いた図絵を楽しみながら読み解いてくだされば、これ以上の幸せはない。

二〇二二年一二月

石井　正己

目次

I

VII 図絵の旅（2）

凡例

一、掲載する図絵は、すべて菅江真澄自筆のものである。
一、底本には『菅江真澄全集』（未来社）を用いた。原文は古語なので、図絵の解説は現代語にして読みやすくした。
一、書名や和歌・歌謡は歴史的仮名遣いを残したが、意味が理解しやすい表記に改めた。
一、地名は現在の表記に近づけ、統一したところがある。
一、民俗語彙《ごい》は平仮名で表記したが、アイヌ語に関わる語彙は片仮名にした。
一、振り仮名は現代仮名遣いにし、平仮名で付けた。
一、意味の説明が必要な言葉には、（　）で注記した。地名は（　）で現在の自治体名を入れ、その後の地名でも自治体が変わらない場合は原則として繰り返さなかった。
一、西暦で統一して示し、原則として年号による注記は添えなかった。
一、原文どおり旧暦の月で示し、新暦による注記は添えなかった。
一、年齢は数え年で示した。
一、一尋《ひろ》は一・五メートルで算出した。

菅江真澄——森羅万象を描く旅

旅立ちまで

　菅江真澄は、墓碑から考えて、一般には一七五四年に生まれたとされる。本名は白《しら》井《い》秀雄《ひでお》であろうが、英二《えいじ》・知之《ともゆき》・秀超・幾代二《きよじ》などの名も知られている。菅江真澄を名のるのは、一八一〇年、五七歳からなので、秋田領（秋田県）での生活も落ち着いた時期になる。本書では筆名には触れず、一貫して菅江真澄と呼んだ。なお、一般には「すがえますみ」と読まれるが、自筆では「菅江の真澄」と「の」を入れた場合がある。

　出生地が三河《みかわ》の国（愛知県東部）であることは間違いないが、それ以上はわからない。幼いときに吉田《よしだ》（豊橋《とよはし》市）に住む国学者の植田義方《うえたよしえ》に学んでいる。真澄は国学ばかりでなく、和歌も学んだにちがいなく、和歌に優れた神童であるという評判を取っている。出生地も吉田ではないかと考えられ、柳田国男は生家を知りたいと思って博捜したが、残念ながら見つからなかった。しかし、そうした探究の中で、真澄が旅先

墓碑（秋田県立博物館提供）

から義方に送った品々が発見された。

その後、真澄が「三河の国乙見《おとみ》の里人菅江の真澄なり」と書いた文章があることなどから、出生地は岡崎《おかざき》ではないかとする説が有力になってきた。実際、真澄が書き残した文章が岡崎で発見されている。それだけでなく、後の日記や地誌・随筆の記述を見ても、真澄は岡崎あるいはその付近の出身であったと考えるのが自然であろうとされている（菊池勇夫著『菅江真澄』）。

真澄と図絵の関係を考える上で大胆な推定を残したのは、内田武志だった。真澄は、一七八一年、二八歳のとき、浄瑠璃《じょうるり》姫《ひめ》六百回忌の追善供養のために漢詩・和歌・連歌・俳諧を寄せるように呼びかけている。このことから、浄瑠璃姫の墓のある岡崎の曹洞《そうとう》宗・成就院《じょうじゅいん》で喝食稚児《かっしきちご》（禅宗で、食事の世話をする有髪の小童《こわらわ》）をして、寺社縁起の絵解きをしていたと推測した。それが御《お》伽草子《とぎぞうし》風の図絵を生み、記号を使った図絵に発展したと見るのである（『菅江真澄全集　別巻一』）。

遡《さかのぼ》って、七七年、二四歳のとき、遠江《とおとうみ》の国（静岡県西部）の大谷《おおや》村（浜松《はままつ》市）に住む国学者の内山真龍《うちやまたつ》を訪ねている。また、同じ年、尾張《おわり》の国（愛知県西部）名古屋《なごや》に住む漢学者・本草学者・画家の丹羽嘉言《にわよしのぶ》に指導を頼んでいる。七八年の「般室記《はんしつき》」、七九年の「石居記《せっきょき》」では、嘉言の庵室の様子を書き残している。真澄は東海道《とうかいどう》筋を移動し、新たな教えを求めていたことがわかる。

八〇年、二七歳のとき、嘉言らと美濃《みの》と近江《おうみ》の国境《くにざかい》（岐阜県と滋賀県の県境）にある伊吹山《いぶきやま》（標高一三七七メートル）へ採薬旅行に出かけた。伊吹山は薬草の宝庫として有名だからである。嘉言が書き残した『胆吹遊草《いぶきゆうそう》』の中には、真澄が詠んだ和歌も残されている。この経験によって本草学を実地に学んだだけでなく、和歌を詠みつつ旅をすることの意味も悟ったにちがいない。

この間、真澄が生活の拠点としたのは、やはり岡崎だったらしい。塩問屋の国分伯機《こくぶはくき》の市隠亭《しいんてい》に出入りしている。ここは文人たちが訪れた文化サロンであった。真澄は、八月一二日、市隠亭での観月の集いに行き、人々は漢詩を詠み、自身は二首の和歌を詠んだことを記している。これは八〇年または八一年のことではないかと推測されている（新行和子著『菅江真澄と近世岡崎の文化』）。

しかも、それだけでなく、幼いときから、駿河《するが》の国（静岡県中央部）へ富士《ふじ》参詣《さんけい》や秋葉《あきば》参詣に行ったり、信濃《しなの》の国（長野県）の姨捨《おばすて》に月見に行ったり、大和《やまと》の国（奈良県）の大峰《おおみね》登山に行ったりしたことが、日記や随筆から知られる（菊池勇夫著『菅江真澄』）。図絵集『百臼《ももうす》の図《かた》』には駿河の国や山城《やましろ》の国（京都府）の臼が含まれるが、こうした臼もそうした旅で見たものだろう。真澄は三河・尾張だけでなく、東海・近《きん》畿《き》地方を旅して見聞を広めていたと考えられる。

三河の国の枝下《しだれ》の山里（豊田《とよた》市）を冬季に訪ねて書いた『枝下《しだり》紀行（仮題）』（『筆のまま』所収）の断章が残っている。そこには、人に聞いた話を丁寧に書きまとめ、和歌を詠んだ様子が確認できる。これは何年の旅であったか不明だが、近隣の山里に小旅行を試みて、紀行を書き始めていたのである。その文体は後の日記にそのまま つながると考えられる。すでに旅立ちの準備は整っていたと言っていい。

しかし、八三年、三〇歳で旅立つ前の真澄については、なお不明なことが多い。それでも、吉田・岡崎・名古屋という東海道筋の城下町で暮らし、研鑽《けんさん》を積んで学問を形成したことが知られる。しかし、真澄はこの地域にとどまることはなく、果敢に北東北・南北海道へ赴くのである。そうした長期にわたる漂泊の人生を支えたのが、旅立ち前に身に付けた豊かな教養であったことは、十分に想像することができる。

旅の終わり

菅江真澄は、一八二六年、『月《つき》の出羽路《いでわじ》仙北郡《せんぼくぐん》』の地誌編纂《へんさん》を始めた。すでに七三歳になっていた。しかし、二五巻の雲然《くもしかり》村（秋田県仙北《せんぼく》市）で中断し、二九年の真澄の死によって、草稿のまま残された。二四巻までは清書されていたので、没後、秋田藩校の明徳館《めいとくかん》に献納されている。

よく知られるのは、晩年の真澄を描いた肖像画である。書籍を置いた机の前に、黒《くろ》頭巾《ずきん》を被《かぶ》った真澄が座り、「春雨のふる枝の梅のしたしづく香をかぐはしみ草やもゆらむ　真澄」という賛がつく。春雨が降って、梅の古枝から雫《しずく》が落ちると、香りがよいので、下草が萌《も》え出ているだろうか、という意味である。この歌は、日記『錦《にしき》の浜《はま》』に、五所川原《ごしょがわら》（青森県五所川原市）の閑夢亭《かんむてい》で「雨中梅」の題で詠まれたことが見える。一七九九年のことと推定される。

肖像画（秋田県立博物館蔵）

真澄は二八年に板見内村《いたみない》（秋田県大仙市《だいせん》）に行き、村長の出原三郎兵衛《ではらさぶろべえ》の世話になり、このときに肖像画が描かれたとされる。真澄が鏡に向かって自画像を描き、賛をつけて贈ったという説がある。しかし、出原家滞在は秋のことなので、肖像画に描かれた梅の季節と合わない。そこで、内田武志は、翌二九年に真澄が雲然村の後藤家《ごとう》に滞在している間に、出原が絵師を派遣して描かせたのではないかと推測した（『菅江真澄全集　別巻一』）。

この肖像画はもとは出原家で所蔵していた。六六年には、儒者の賀藤月篷《かとうげっぽう》に依頼して、「菅江真澄翁小伝」を書いてもらい、肖像画とセットにしている。その後、所蔵者は流転することになるが、繰り返し模写されて複本が作られたので、広く知られることになった。今、大館市《おおだて》立栗盛《くりもり》記念図書館と秋田県立博物館の双方に小室怡々斎《こむろいいさい》の模写があるなど、秋田県内外に八点ほどの模写が確認されている。

真澄の死去地についても不明なことが多い。二九年六月、雲然村から梅沢村《うめざわ》（仙北市）に移っている。そこで発病して、そのまま梅沢村で死去したとも、角館《かくのだて》の神明宮の神官の家に移されて死去したとも伝えられる。一九二八年の没後百年祭のときには、角館史考会によって神明社に菅江真澄翁終焉《しゅうえん》之地の記念碑が建てられた。二〇〇二年には、田沢湖《たざわこ》梅沢の大石《おおいし》家の前に、絶筆と思われる筆跡を刻んだ菅江真澄絶筆の碑が建てられた。それでも死去地ははっきりしないので、普通は両説を併記する。

真澄の遺体は、駕籠《かご》で寺内村《てらうち》（秋田市）の古四王《こしおう》神社摂社神職の鎌田正家《かまたまさやか》のもとに運ばれ、その墓所に葬られた。駕籠でというが、当時の水運を考えれば、遺体を舟に乗せて、玉川《たまがわ》と雄物川《おものがわ》を使って運んだのではないかと推測されている。今も共同墓地に残る菅江真澄翁墓は、一八三一年の三回忌に友人たちの尽力で建てられた。真澄を慕った鳥屋長秋《とやのながき》は真澄の功績を讃《たた》えた長歌を詠んで、それに刻んでいる。右側面には、「文政十二己丑《つちのとうし》七月十九日卒　年七十六七」とある。

所蔵者・図版提供

❶〜㉖　㉙〜㉟　㊲〜㊷　74〜85――辻良之

㉗　73　86〜97　105〜112――大館市立栗盛記念図書館

㉘〜㊱――青森県立郷土館

98　99――白坂淳太郎（旧蔵）

100〜104――国立国会図書館

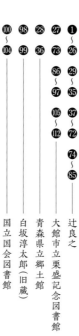

Ⅰ
信濃・南部・蝦夷地の旅

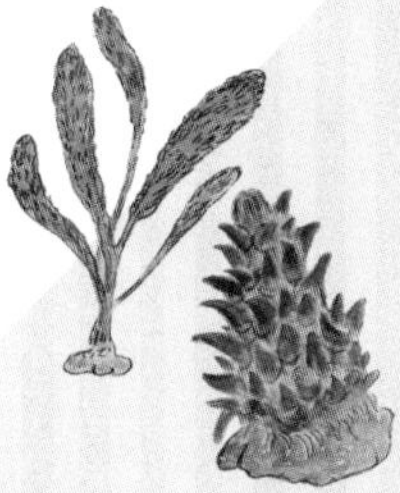

菅江真澄は、一七八三年二月、故郷の三河《みかわ》(愛知県東部)を出発し、信濃《しなの》(長野県)に向かった。三〇歳だった。それ以降、日記を丹念に書き残しているので、「I 信濃・南部《なんぶ》・蝦夷地《えぞち》の旅」では、九二年一〇月の蝦夷地(北海道)滞在までの図絵をたどることにした。当初、真澄は図絵を重視していなかったのか、点数は極めて少ない。しかし、蝦夷地に渡るとにわかに増え、点数ばかりでなく、内容も充実する。

内田武志は記録の到達点とも言える『えぞのてぶり』について、「真澄の全日記のなかでも傑作の一つといってよい」(『菅江真澄遊覧記2』)とした。この評価は、それまで誰も書かなかったアイヌの生活ぶりを初めて詳しく書いたことが念頭にあるにちがいない。しかも、文字で書き残すだけでなく、多くの図絵を入れることで、記録としての精度を遥《はる》かに上げたと言っていい。

信濃の旅は、一七八三年三月から八四年七月に及び、『伊那《いな》の中路《なかみち》』『くめぢの橋』を書いたが、その間の姨捨山《おばすてやま》行きは『わがこころ』、諏訪湖《すわこ》行きは『諏訪の海』として別立てにした。本洗馬《もとせば》(塩尻《しおじり》市)で一年余り滞在し、多くの人々と充実した日々を過ごした。そして、そこを拠点にすることで、周辺の名所をふさわしい季節に旅することができた。その後、越後《えちご》(新潟県)を通って、出羽《でわ》(秋田・山形両県)に向かう。

真澄は、出羽で一七八四年九月から八五年七月まで過ごし、『秋田のかりね』『小野のふるさと』を書くが、図絵はない。八月、津軽《つがる》（青森県西部）に入って、天明《てんめい》の飢《き》饉《きん》の惨状を目の当たりにする。青森の善知鳥《うとう》神社で、「蝦夷地（北海道）への渡海は三年待て」という神託を受け、秋田領を通って南部領（岩手県）を南下した。この間のことは『外が浜風』『けふのせば布《のの》』に書いたが、図絵は錦木《にしきぎ》が見られるだけである。

一七八六年の一年間、真澄は仙台《せんだい》領（岩手県・宮城県）の平泉周辺に滞在し、『霞《かす》む駒形《こまがた》』『はしわの若葉』『雪《ゆき》の胆《い》沢辺《さわべ》』を書くが、図絵はなく、翌八七年は日記も残っていない。八八年六月、真澄は前沢《まえさわ》（岩手県奥州《おうしゅう》市）を出発して北上し、蝦夷地に向かった。津軽半島の北端・宇鉄《うてつ》から乗船し、福山《ふくやま》（北海道松前《まつまえ》郡松前町）に到着する。この時の旅は『岩手の山』『外が浜づたひ』に書き、次第に図絵が増えてゆく。

しかし、真澄は松前で身元を改められ、入国を認められなかった。そこで、藩医・吉田《よしだ》一元《かつもと》に、「思ひやれたよりも波の捨小舟沖にたゆたふ心づくしを」という歌を見せた。縁故もなく、捨てられた小舟のように波間に漂うつらさを思いやってください、という意味である。吉田はこの歌に感銘を受けて、藩主・松前道広《まつまえみちひろ》に取りなし、松前逗留《とうりゅう》が認められたという（『松風夷談《しょうふういだん》』）。真澄は和歌の力で入国できたと言っていい。

蝦夷地での滞在は一七八八年七月から九二年一〇月まで四年余りに及ぶ。この間、八九年は西海岸を旅した『えみしのさへき』、南海岸を旅した『ひろめかり』を書く。

九〇年と九一年は松前城下に滞在したらしいが、日記を欠く。九二年は『千島の磯』で松前城下の和歌生活を書き残し、東海岸を旅した『えぞのてぶり』に続く。

なかでも、『えみしのさへき』と『えぞのてぶり』は、アイヌの生活を克明に記録した点で、大きな意義を持つ。『ひろめかり』で昆布漁の実態を書いたのも、重要だった。蝦夷地を統治した松前藩の城下町の生活は『千島の磯』に詳しい。それらを合わせて見ると、真澄がシャモ（和人）とアイヌの異文化接触に関心を持ち、総合的にとらえようとしていたことが知られる。

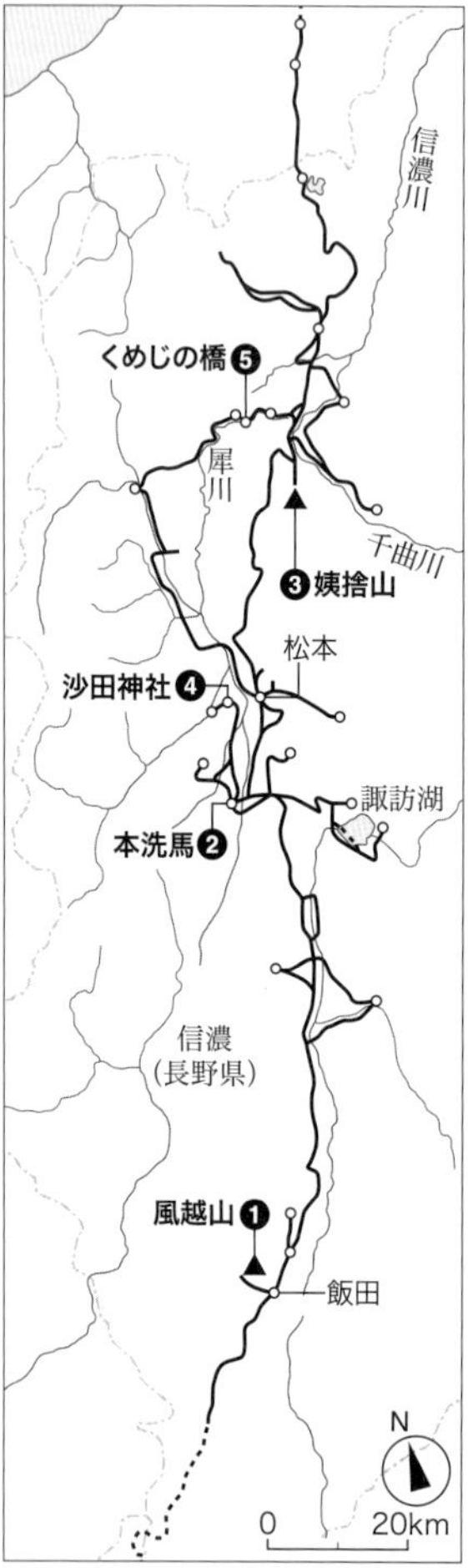

小幌⑲
長万部⑱
有珠岳
虻田
臼別温泉
有珠⑳
太田権現⑩
⑰山越内
奥尻島
茂無部
久遠⑪
⑯砂原
平田内⑫
相沼
熊石⑨
日本海
蝦夷地
（北海道）
函館
太平洋
江差⑧
上ノ国⑬
N
⑭銭亀沢
0 30km
松前⑮

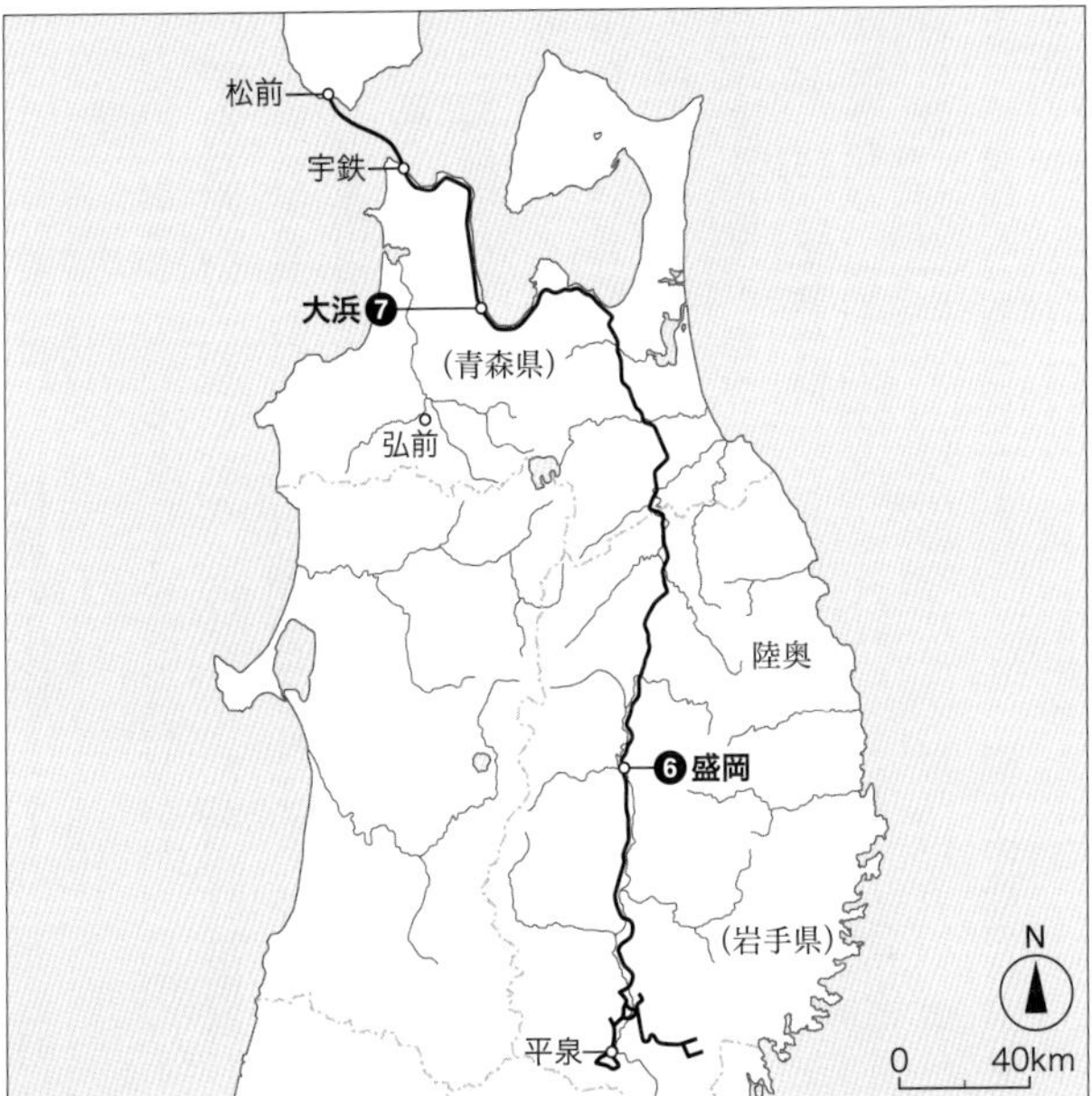

松前
宇鉄
大浜⑦
（青森県）
弘前
陸奥
⑥盛岡
（岩手県）
N
平泉
0 40km

❶歌枕・風越の峰　（『伊那《いな》の中路《なかみち》』一七八三年三月）

真澄が飯田《いいだ》（長野県飯田市）の宿に泊まっていると、その前を通りかかったのは中《なか》根某《ねなにがし》だった。彼は和歌を一緒に学んだ友人で、久しぶりの再会だったが、意気投合して風越山《かざこしやま》（標高一五三五メートル）の桜を見に行った。風越山は歌枕として知られる。盛りの桜を見て、「風越の山は名のみぞ治まれる御代《みよ》の春とて花の静けさ」と詠んだ。風越というのは山の名前だけで、風も吹かず、安定した御代の春というので、花が静かに咲く、という意味。しかし、高嶺《たかね》下ろしが吹いて花が散ったので、西行《さいぎょう》の「風越の峰の続きに咲く花はいつ盛りともなくて散るらん」（『山家集《さんかしゅう》』）と口ずさんだ。

図絵は満開の桜が咲く風越山を描く。麓《ふもと》の鳥居は菊理媛《くくりひめ》を祀る白山権現《はくさんごんげん》であり、風越山は権現山とも呼ばれた。入口の五軒は酒壺《さかつぼ》を据えて酒を商う家で、左下に小さく描く二人は、酒を酌み交わす真澄と中根某であろうか。右下には、堀《ほり》家二万石の城下町・飯田の家並みを描く。賛には、この歌枕を詠んだ古歌の中で最も有名な、「風越の峰のうへにて見るときは雲は麓のものにぞありける」を入れた。これは『詞花和歌《しかわか》集《しゅう》』巻第一〇・雑下の藤原家経《ふじわらのいえつね》の歌。詞書《ことばがき》には、「信濃《しなの》の守《かみ》にてくだりけるに、風越の峰にて」とあるので、受領《ずりょう》として赴任した際に見た実景である。風越の峰の上で見ると、雲は空の上でなく、山の麓にあると気がついた、という感動を詠む。

風越の
峯の
うへ
にて
見る
ときは
雲は
麓の
ものにそ
あり
ける

❷七夕人形（『伊那の中路』一七八三年七月）

一七八三年五月、真澄は本洗馬《もとせば》（長野県塩尻市）に入り、翌年六月まで滞在する。ここを拠点にして、姨捨山《おばすてやま》や諏訪湖《すわこ》も訪ねた。姨捨山行きは『わがこころ』、諏訪湖行きは『諏訪の海』として別立ての日記になっている。真澄は、青松山長興寺《せいしょうざんちょうこうじ》の洞月《どうげつ》上人《しょうにん》をはじめ、可児《かに》永通《ながみち》・熊谷直堅《くまがいなおかた》・三溝《さみぞ》政員《まさかず》らと、和歌を通して親しく交わった。洞月上人からは「和歌秘伝書」を授けられている。本洗馬での季節の変化と人々との交流は、別に随筆『いほの春秋《はるあき》』にまとめている。この庵《いおり》は今も残る釜井庵《かまいあん》である。真澄はここで一年余り滞在して、さらに旅を進める自信を得たにちがいない。

図絵は七夕人形を描く。七月六日から、四角の木で男女の人形《ひとがた》を作り、夜が明けるのを待って、子供たちはその頭に糸を付けて軒端に引き渡した。図絵では、七体の人形が吊《つる》され、膳《ぜん》に酒食が供えられている。これは釜井庵での七夕行事と想像される。また、夕暮れには、少女たちが着飾って大勢集まり、簓《ささら》を擦《こす》って歌を歌った。これも図絵があり、道の真ん中で踊る少女たちが簓を擦りながら、「大輪にござれまろわにござれ」と歌う。これは牽牛《けんぎゅう》・織女の二星《ふたつぼし》を慰めるのだという。

なお、真澄は、翌八四年の『くめぢの橋』でも、松本《まつもと》で七夕人形を見ている。その図絵では、少女が竹の小枝に糸を引き渡し、庭に九体の七夕人形を吊している。

六日より来るあかる妹らくめをのかたしろと造りて衣を掛けてなり

❸姨捨山の月見

（『わがこころ』一七八三年八月）

真澄は、八月一五日の中秋の名月を見に姨捨《おばすて》（長野県千曲市《ちくま》）に行った。南に聳《そび》える姨捨山（標高一二五二メートル。千曲市と東筑摩郡《ひがしちくま》の境にある冠着山《かむりきやま》）は「わが心慰めかねつ更級《さらしな》や姨捨山に照る月を見て」（『古今和歌集《こきんわかしゅう》』雑歌上）で知られる歌枕である。この地には棄老伝説があり、心が慰められないという印象を与える。

姨石《うばいし》のある姨捨は江戸《えど》時代は月の名所であり、中秋の名月を見に多くの人が訪れた。真澄もその一人であり、麓の八幡《やわた》村の八幡宮《はちまんぐう》の神事を見た後、姨捨山に向かった。姨石の上には百人ほどが居並んで漢詩・和歌・俳諧を詠み、酒宴を始めたが、下の平な岩に集まる男女はひたすら月の出を待っていた。月が出ると、真澄は捨てられた姨を思って、『大和物語《やまとものがたり》』を引く。再び八幡村に下って休んで歌を詠み、さらに「わが心」の歌の三十一文字を最初に置き、月を題材にした三一首を詠んだ。

真澄はその後に善光寺《ぜんこうじ》に参詣し、帰途、対馬《つしま》から来た雛川清歳《ひなかわきよとし》に会い、東北を旅してきた紀州《きしゅう》の俳人・香風《こうふう》とともに本洗馬に戻った。

図絵は姨捨山の月見の様子を描く。右の姨石におびただしい人が乗り、その下に真澄が幼いときに泊まった観音堂がある。右下に八幡村、中央に田毎《たごと》の月《つき》、左下に千曲川、左上の有明山《ありあけやま》（左）と鏡台山《きょうだいさん》（右）の間から月が昇り、右上は姨捨山へと続く。

袁波須氐夜麻
智久万可泊

❹御柱祭

（『伊那の中路』一七八三年一〇月）

真澄は、一〇月二一日、松本郊外の砂田《いさごだ》の御社（沙田《いさごだ》神社）で行われる御柱祭《おんばしらさい》を見に行った。この神事は諏訪《すわ》大社をはじめ、どの御社でも七年に一度行うが、他国では聞かない。神の御前に入ると、おし立てた柱の高さは五丈七尺（約一七メートル）以上あり、大綱小綱を四カ所に付け、その綱を高い木の梢《こずえ》に掛けて引き上げる準備をしていた。木の股《また》に足場を高く建て組んで、男たちが采配《さいはい》を振り、太鼓を叩《たた》くのに合わせて、大勢の人が四本の綱を曳《ひ》き、交叉《こうさ》させた丸太で下から支え上げる。そのようにして、無事に四本の御柱を立てることができた。宿の主人が、「この神事で怪我人が出たことがあったので、今回は一年早く実施したのだ」と語っていた。

図絵は御柱を曳き上げる様子を描く。木の股に綱を掛けて、滑車と同じ原理を使って曳き上げている。手前には木の股に板を渡して組んだ足場があり、采配を振る男と太鼓を叩く男が乗り、その下で大勢の人が見物している。御柱を立てるのに近づかないのは、木の枝が裂けたり、綱が切れたりして怪我をするのを恐れるからだという。これは危険な神事だったのである。見物の群衆の中には真澄がいたにちがいない。

この後にも図絵があり、三本の御柱が立ち、静まりかえった境内の様子を描く。御柱に使う木は七年前に決めておくが、立てられた御柱の長さを見ると、一定でない。御

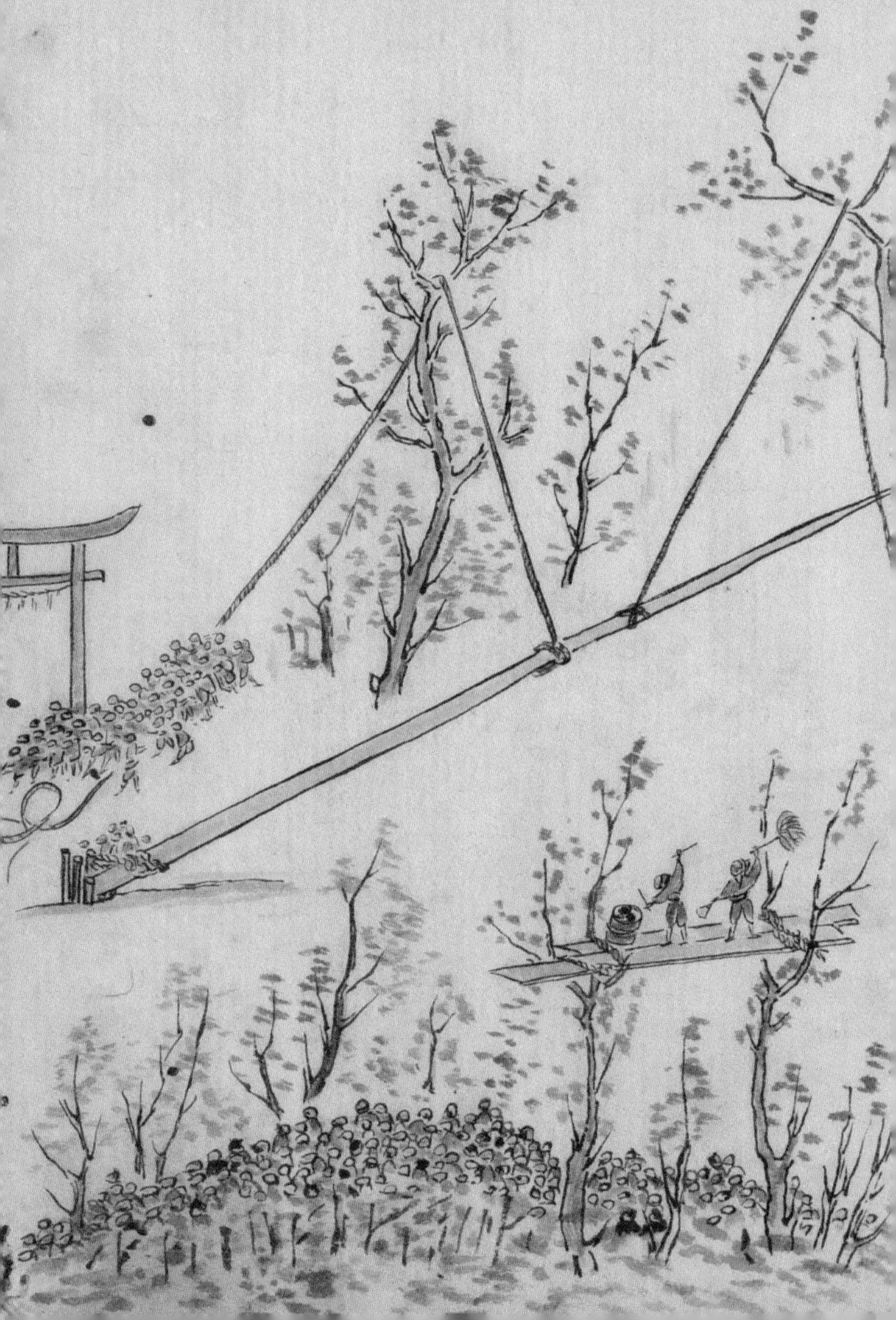

❺くめじの橋

（『くめぢの橋』一七八四年七月）

真澄は本洗馬《もとせば》（塩尻市）を発って北に向かって進み、式内社を参拝し、川に架かる橋に注目した。七月一五日、相道寺村《あいどうじ》（北安曇郡池田町《きたあづみいけだ》）で、とありおとしの橋を見に行く。その橋は大谷に臨んで二つ架けられていた。案内の翁《おきな》は、「恋敵の女二人が着物の褄《つま》を縫い合わせたまま谷底に落ちて死に、亡霊が頭二つの蛇になった」と語った。今は登波離橋《とはりばし》と呼ぶ。それは着物を縫った十針《とはり》に由来するという。

二〇日、水内村《みのち》（長野市）の犀川《さいがわ》で、大きな立岩をめぐって曲がり橋を渡った。この橋は、西から東に渡し、曲がって南に向かって渡してある。その形は大工が使う曲《かね》尺《じゃく》と同じである。これをくめじの橋といった。昔、白い猿が自分の腰に藤蔓《ふじづる》をまとい、高い岸から水を飛び越して対岸に渡り、それに従って次々に猿が渡ったのが起源であり、この橋は百済《くだら》の橋作りが造ったと伝える。遠くから見下ろすと、北と南の高い岸の岩に橋柱をいくつともなく斜めに立てて造っている。

図絵は犀川に架かるくめじの橋を描く。直角に曲がった曲尺のような橋であり、両岸の橋柱が斜めに立てられている。右上の東西は五丈四尺（約一六メートル）、中央の南北は一〇丈五尺（約三二メートル）で、幅は一丈四尺（約四メートル）だった。今はコンクリートの橋で、長野県歌の「信濃の国」では「心してゆけ久米路橋《くめじばし》」と歌われている。

❻岩手山と盛岡の舟橋　（『岩手の山』一七八八年六月）

一七八五年八月、真澄は青森の善知鳥《うとう》神社で、「蝦夷地《えぞち》（北海道）への渡海は三年待て」という神託を受けて南下する。その時の日記『けふのせば布《のの》』によれば、九月八日、盛岡《もりおか》に着く。盛岡は南部藩の城下町で、豊かな家が軒を連ね、町も広く賑《にぎ》わっていた。北上川《きたかみがわ》の岸辺に宿をとると、舟橋が目についた。舟橋は、川の瀬に舟を並べて、その上に板を渡した橋であり、馬も人も心配なく渡っていた。

一七八八年六月一五日、真澄は胆沢《いさわ》郡前沢《まえさわ》（岩手県奥州《おうしゅう》市）を出発して蝦夷地に向かう途中で二八日に盛岡を通り、舟橋を架け替える様子を見ている。二〇艘《そう》ほどの小舟を鎖《くさり》でつなぎ、馬の踏む板を並べ終わると、その上を続々と人々が渡った。曇って岩手山《いわてさん》の山頂だけが見えたり隠れたりしていたが、やがて晴れてきた。

図絵は、上に標高二〇三八メートルの岩手山、右に盛岡の城下町を描く。岩手山の麓には雲がかかり、中州に柱を立てた舟橋の様子が詳しい。同じ場面は『粉本稿《ふんぽんこう》』にも見えるが、『岩手の山』の方が遥かに写実的である。この場所は城下町の入口であり、北上川舟運の起点だった。舟橋は一六八二年に最初に造られ、大船一八艘・中船二艘を鉄の鎖で両岸の大黒柱につなぎ、舟の上に二九四枚の板を敷いたという。この舟橋は明治《めいじ》七年（一八七四）に明治橋が架けられるまで長く使われていた。

❼かぜ・ほや・すぼや・いぬすぼや　（『外が浜づたひ』一七八八年七月）

一七八八年七月、真澄は津軽（青森県西部）に入り、七日、三年ぶりに善知鳥《うとう》神社（青森市）に参拝した。空洞なものをうとう、うつろな木をうとう木といい、空坂《うとうざか》、うとう山という地名があり、うとうという鳥は海辺に穴をあけて巣を作るので、こう呼ぶと考察している。この晩は大浜《おおはま》（青森市）の漁師の家に宿をとっている。

八日は、前夜からの雨風が激しく、潮霧（塩分を含んだ霧）が窓から吹き込んでひどく寒いので、宿の老主婦が「潜《くぐ》り坂《ざか》のかせ」と「青森のこはく漬」を出してきて、酒を勧めてくれた。「潜り坂のかぜ」は、前日に久栗坂《くぐりざか》を通ったところに見え、キタムラサキウニの生殖巣を塩辛にしたものをいう。その色が味噌《みそ》のような茶褐色なので、法師たちは海味噌と名づけて酒の肴《さかな》にしていた。「青森のこはく漬」は、ほや・すぼや・いぬすぼやなどほやの種類が多い中で、すぼやを漬けたものである。その色が琥《こ》珀《はく》に似ているので、こう名づけられた。真澄は陸奥《むつ》湾の海産物と食文化に注目した。

図絵は「潜り坂のかぜ」「青森のこはく漬」の原材料を描く。甲は「可是《かぜ》」、乙は「宝夜《ほや》」、丙は「酢保夜《すぼや》」、丁は「犬酸保夜《いぬすぼや》」である。すぼやを味噌で漬けて、その名をこはく漬と呼び、青森の名産とした。甲に木製の桶《おけ》を描くのは、「潜り坂のかぜ」をこれで塩辛にしたことを示すのだろう。

八十一 隣阪の土毛
靈蠃子をかきて可是 甲 といふ
世俗海栗の文字を用ゆ
石蜐を本夜といふ本夜は
ころひ多し
寶 乙 夜　酢保 丙 夜　犬酸保 丁 夜
寸保也を味噌にて漬て
名を琥珀都祁といふ
蒼杜まいづ

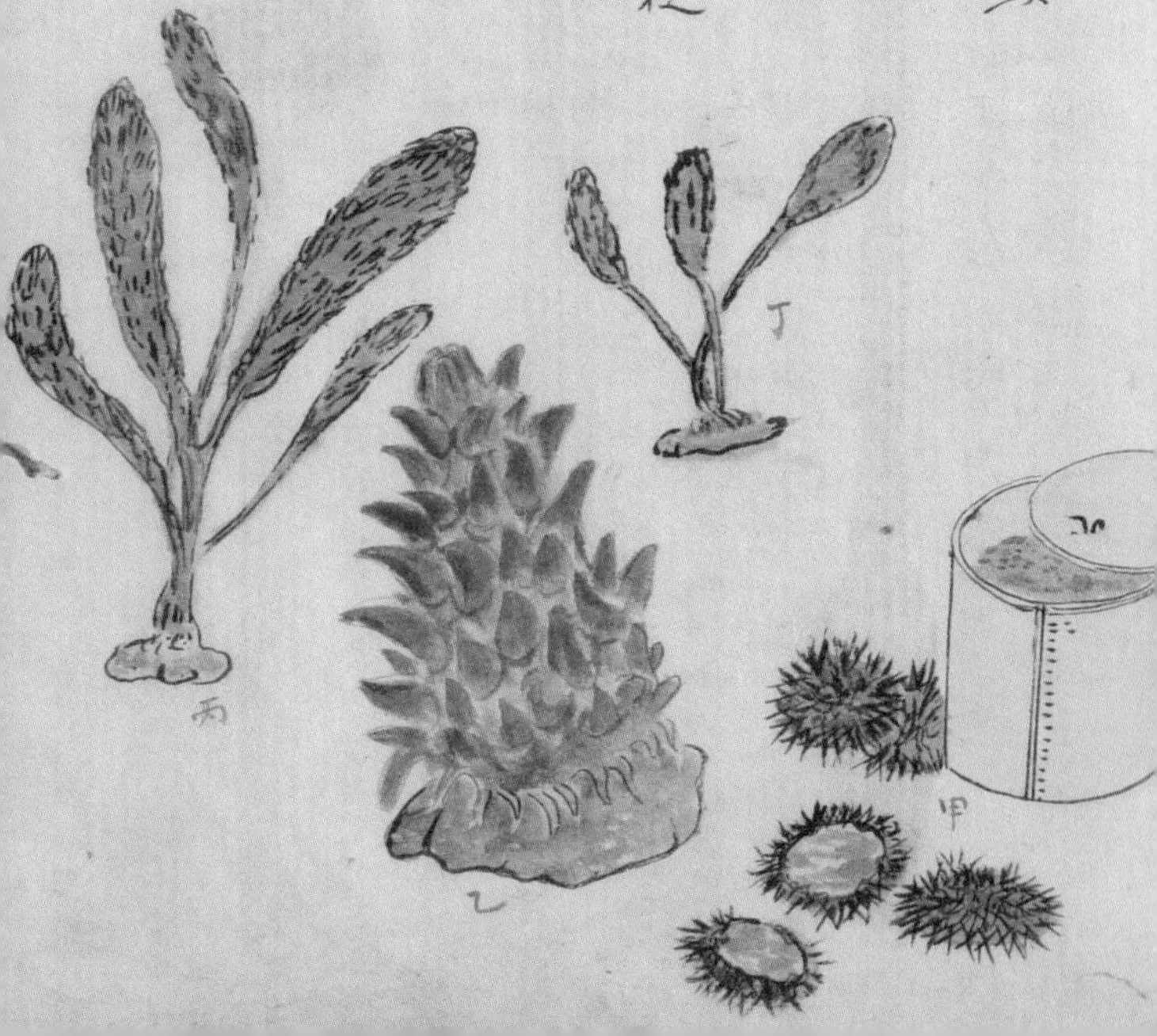

❽江差の港と奥尻島（『えみしのさへき』一七八九年四月）

一七八八年七月一三日、真澄は宇鉄《うてつ》（青森県東津軽郡外ヶ《そとが》浜《はま》町）から乗船し、翌朝、福山（北海道松前郡松前町）に到着し、藩医・吉田《よしだ》一元《かつもと》の取りなしで上陸することができた。

翌八九年四月、真澄は西海岸の霊場・太田《おおた》権現（久遠《くどお》郡せたな町）へ参詣する。旅人の旅行は禁じられていたので、修行のかたちをとり、超山法師が同行した。二五日に江差《えさし》に着き、二六日は正覚院《しょうがくいん》という山寺に泊まった。二七日、高い岡に登って眺望すると、磯辺近くの弁天島をはじめ、遠い波間には黛《まゆずみ》の姿をしたおこしり（奥尻島《おくしりとう》）が見えた。この島は舟路二〇里（約八〇キロメートル）ばかりの所にあり、島の周囲は二里（約八キロメートル）くらいに見えたという。島陰には仮の宿があり、沖を行く船が時化《しけ》にあったときなどはこの島に避難した。島にはたくさんの鼠が棲《す》んでいるので、小舟は停泊するのを恐れた。また、この島には大蕗《おおぶき》（アキタブキ）が生えていた。

図絵は、下に江差の町、沖に弁天島、潮曇りのかなたに奥尻島を描く。江差はたいへんな繁栄であり、入江には多くの船が停泊する。甲は「山背泊《やませどまり》（東風泊《やませどまり》）」、乙は「伝兵衛間」、丙は「鍋弦《なべつる》（岩）」、丁は「阿袁奈為《あおない》（青苗《あおなえ》）のさき」で、奥尻島の地名を北から南へ挙げる。「山背泊」は強い東風が吹いたときの停泊地だったのだろう。

江差の港より
奥尻《オコシリ》の島
甲　山背泊
乙
丙　鍋弦
丁

❾立てられたイナオ（『えみしのさへき』一七八九年四月）

四月二八日、真澄は江差から船に乗り、相沼《あいぬま》（二海《ふたみ》郡八雲《やくも》町）で泊まり、鰊《にしん》漁を家業とする人が営む苫小屋《とまごや》に宿を借りた。浜辺に建ち並ぶ丸小屋では、大勢の人が焚火《たきび》の周囲に居並び、三味線をかき鳴らして歌っていた。軒端に高く木を立て、鱈《たら》を干《ほ》し肉《にく》にするために掛け並べた魚屋《なや》が見えた。

二九日、船が飛ぶように進んで熊石《くまいし》を過ぎ、シャモ（和人）とアイヌの国境《くにざかい》のイナオ崎に来た。「とどろふ」という木を伐《き》って、枝のまま岩の出崎に押し立てていた。それには、木を麻苧《あさお》の糸のように削り、幣帛《へいはく》の木綿《ゆう》のようにとりかけてあった。磯辺の神に鰊の豊漁を祈って、アイヌたちが春の初めごとに手向けるのだという。福山に住む杉田晴安が、アイヌ語で、「タンパ《此年》、アナキネ《旧歳》、ヘロキ《鯡》、イロンネ《多》、ヰナヲシリ《幣儀》、シヰシヤモ《和人》、アヰノ《夷》、カモヰ《神》、レンガイ《随意》」と詠んだのはこのことだった。

図絵はイナオ崎の突端に立てられたイナオを描く。渡島《おしま》半島の西海岸では、この熊石が和人地と蝦夷地の境界であり、それを象徴するのがイナオだった。真澄は三年後の一七九二年の東海岸の旅を日記『えぞのてぶり』に書いていて、茂無部《モナシベ》（八雲町）の辺りにイナオ埼《さき》の地名が見える。天註《てんちゅう》では、東海岸は西海岸のような境界ではないとする。東海岸は和人の進出が進み、境界が曖昧《あいまい》になっていたのである。

❿太田山に登る（『えみしのさへき』一七八九年四月）

四月三〇日、真澄が久度布《クドフ》（久遠《くどお》、久遠郡せたな町）から船に乗ると、あっという間に太田《おおた》に着いた。運上屋（場所請負人《ばしょうけおいにん》の出張所）があったので、そこで休んだ。磯を伝い岩むらを歩いて、鳥居が二つ立つ場所に入った。山は彩色画のような景色であり、桜は散り残りも咲き始めもあって、木の根元からは早蕨《さわらび》が萌《も》え出ていた。

木の根や岩をよじ登って山の中腹まで行くと、桜が盛りだった。たたずんで見ていると、同行の超山法師に、「早く行こう。こうしていたら日も暮れてしまう。雨も降ってくるだろう」とせきたてられた。路傍には、木の根を刻んだ斧彫《おのぼ》りの菩薩《ぼさち》があり、衣を着せていたのも尊かった。

高くそびえ立つ岩の面に掛けられた二尋《ふたひろ》（約三メートル）の鉄の鎖《くさり》をたぐり登ると、岩の空洞に堂があり、太田権現が鎮座していた。太田の命《みこと》を祀《まつ》ったのかと思ったら、オタという浦の地名がなまって太田になったという。オタは砂という意味のアイヌ語である。この堂の中や近くの岩の空洞には、斧で刻んだ仏像が多かった。これは一七世紀の廻国《かいこく》修行者・円空《えんくう》が作って納めたものだった。

図絵は、遅い桜が美しく咲く太田山に登る真澄（中）と超山法師（下）を描く。前後の図絵には、太田上陸、木の根を刻んだ菩薩、太田権現の堂が見える。

⑪草の根四種

（『えみしのさへき』一七八九年五月）

五月一日、久度布《クドフ》（久遠《くどお》、久遠郡せたな町）まで戻って、運上屋に泊まった。二日は雨が降り風も吹くので、出かけなかった。このコタン（集落）のアイヌ婦人《メノコ》たちが、木皮袋《サラネフ》というものに、草の根などをたくさん入れて背負ってきた。それは、イケマかずら（イケマ）、ルレッフ（オオウバユリ）、トベエフイ（チシマザサの筍《たけのこ》）、チマキナ（独活《うど》）、ヌベ（オオシュロソウ）だった。ルレッフについて、天註では、陸奥でつばゆり、つんばゆり、おおばゆり、おばゆり、うばゆり、うばいろといい、夷言《いげん》（アイヌ語）でルレッフというのだとする。オオウバユリはユリ科ウバユリ属の多年草だが、同じ植物をアイヌ語と日本語の方言でどのように言っていたかを記録している。

婦人の名はウベレコ、シロシロ、後から来た男性の名はカンナグ、シキシヤ。男性たちは運上屋で酒を乞《こ》い求め、宴会を始めた。真澄はその所作を丁寧に記述している。

図絵はまずサラネフ（木の皮を編んで作った袋）とカモカモ（弦桶《つるおけ》）を描き、その次に、このアイヌ婦人たちが採ってきた草の根四種を描く。上から左回りに、ルレッフ、イケマかずら、トベエフイ、ヌベである。これらは夏の山菜であり、アイヌの女性が採集して食材にしたのである。オオウバユリの鱗茎《りんけい》を使った保存食の作り方などは、萩中美枝《はぎなかみえ》（ほか）著『聞き書　アイヌの食事』に詳しい。

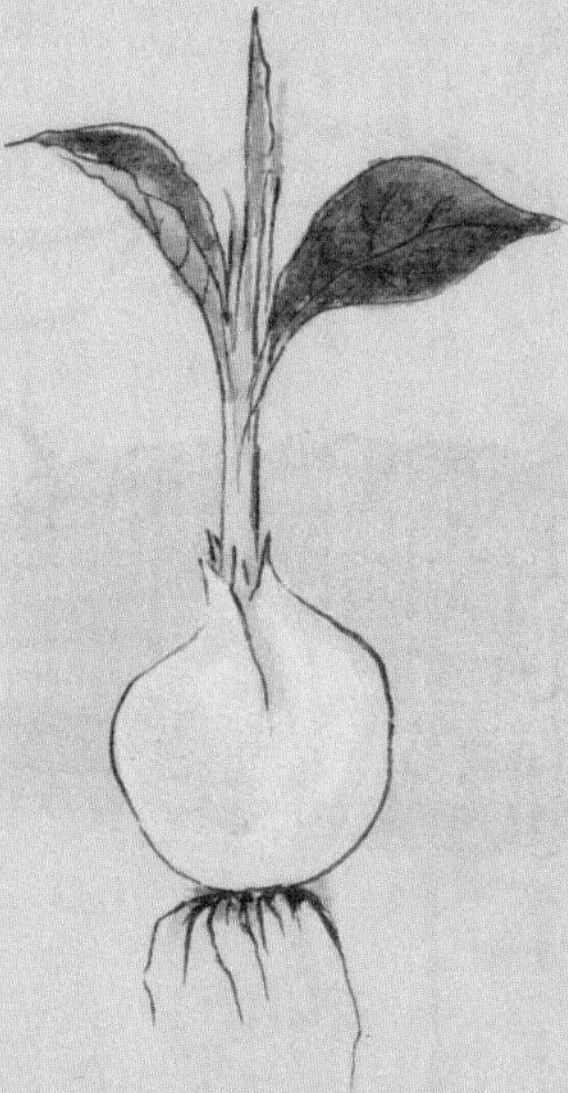

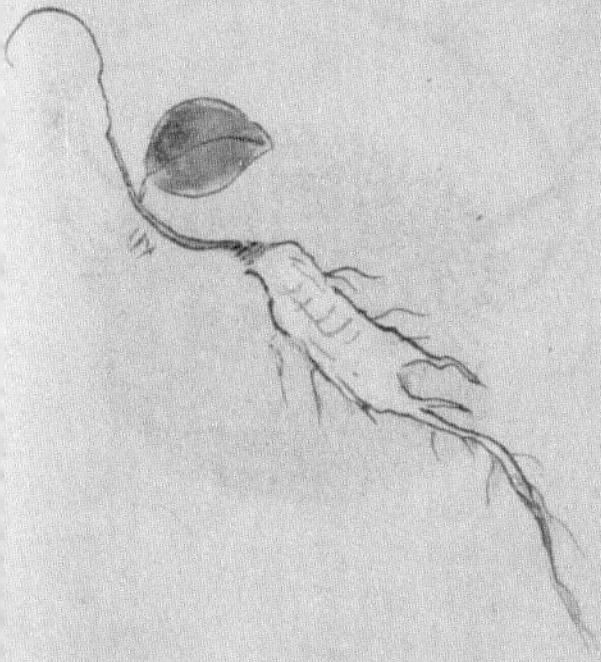
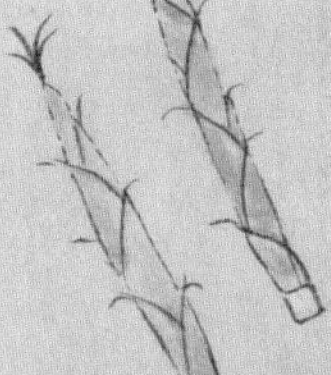

⓬てろてろぼうず

（『えみしのさへき』一七八九年五月）

五月三日、平田内《ひらたない》（久遠《くどお》郡せたな町）に着く。四日は山奥の温泉（臼別《うすべつ》温泉）に行った。五日、平田内に戻ると、漁師たちの住居は、端午の節句で、蓬《よごみ》（エゾヨモギ）と萱草《かんぞう》（エゾカンゾウ）を葺《ふ》いていたので、この辺りにあやめがないことが知られた。前に泊まった家に宿を借りると、笹巻やホドイモでもてなしてくれた。六日の夜、「沖に灯《あか》りが見えるのは漁《いさ》り火《び》か」と尋ねると、「津軽の鰺《あじ》ヶ《が》沢《さわ》の漁師の船があの辺りで難破して、大勢の人が死んだので、それらの亡《も》霊《れ》火《び》だろう」と言って、戸を閉ざした。

七日、雨が続くので、子供たちは、てろてろぼうずといって、紙で人形を作り、頭から真二つに切って、半身ごとに糸を付け、逆様に木の枝に吊して、雨が晴れるように祈った。雨が晴れると、このてろてろぼうずを一つに合わせて完全な形にし、御馳《ごち》走《そう》をしてお礼を申すという。これはアイヌらに交じって住む和人の習俗ではなく、鰊《にしん》漁のために福山（松前郡松前町）から親に従って来た子供が知っているものだった。この記述からすると、てろてろぼうずは古くから住む和人の習俗ではなく、新しく来た和人が持ってきた珍しい習俗だったと知られる。

図絵は、垣根から外に出た枝に吊した半身の人形二体を描く。普通のてるてる坊主の吊し方と違って、強い願望を表す習俗だと見る説がある（『菅江真澄遊覧記2』）。

⑬きつねむすび　（『えみしのさへき』一七八九年六月）

六月六日、真澄は上ノ国《かみのくに》（檜山郡上ノ国町《ひやま》）で早馬を見る。国後島《くなしりとう》のアイヌが百人ほどのシャモ（和人）を鉾《ほこ》で突いたり毒矢で射たりして、たいへんな騒動であると告げた。これは、五月に起こったクナシリのアイヌの蜂起を知らせるものだった。

七日、「家の障子に書かれた七里酒とはどのような酒か」と宿の主人に尋ねると、「この島には稲田がなく、米はよその国から運ぶので、濁り酒を造るのを禁じている。濁り酒を密《ひそ》かに売るために、二里五里の酒の意味と解かせたり、あるいは、酒という字に濁点を打って知らせているのだ」と語った。その家の子供が、「このきつねむすびを御覧なさい」と言って、葉先が片寄れに結ばれた葦《あし》を持ってきた。真澄は、これは狐が人を惑わせているのではないかと考えた。

図絵はきつねむすびを描く。これは随筆『かたゐ袋』と図絵集『凡国奇器《はんこくきき》』にも見え、狐がしたとも、兎の仕業（兎が結んだ）ともいって、このようなものが多いと、五穀の実りがよいという。きつねむすびは豊作の予兆と信じられたのである。越後《えちご》（新潟県）では七不思議の一つとされ、「親鸞上人《しんらんしょうにん》ムスビアシ」といった（『菅江真澄遊覧記2』）。生成原因には虫説と生長阻害説があり、それぞれに成り立つという（竹谷克巳「菅江真澄のきつねむすび」）。

吉都尼武自備

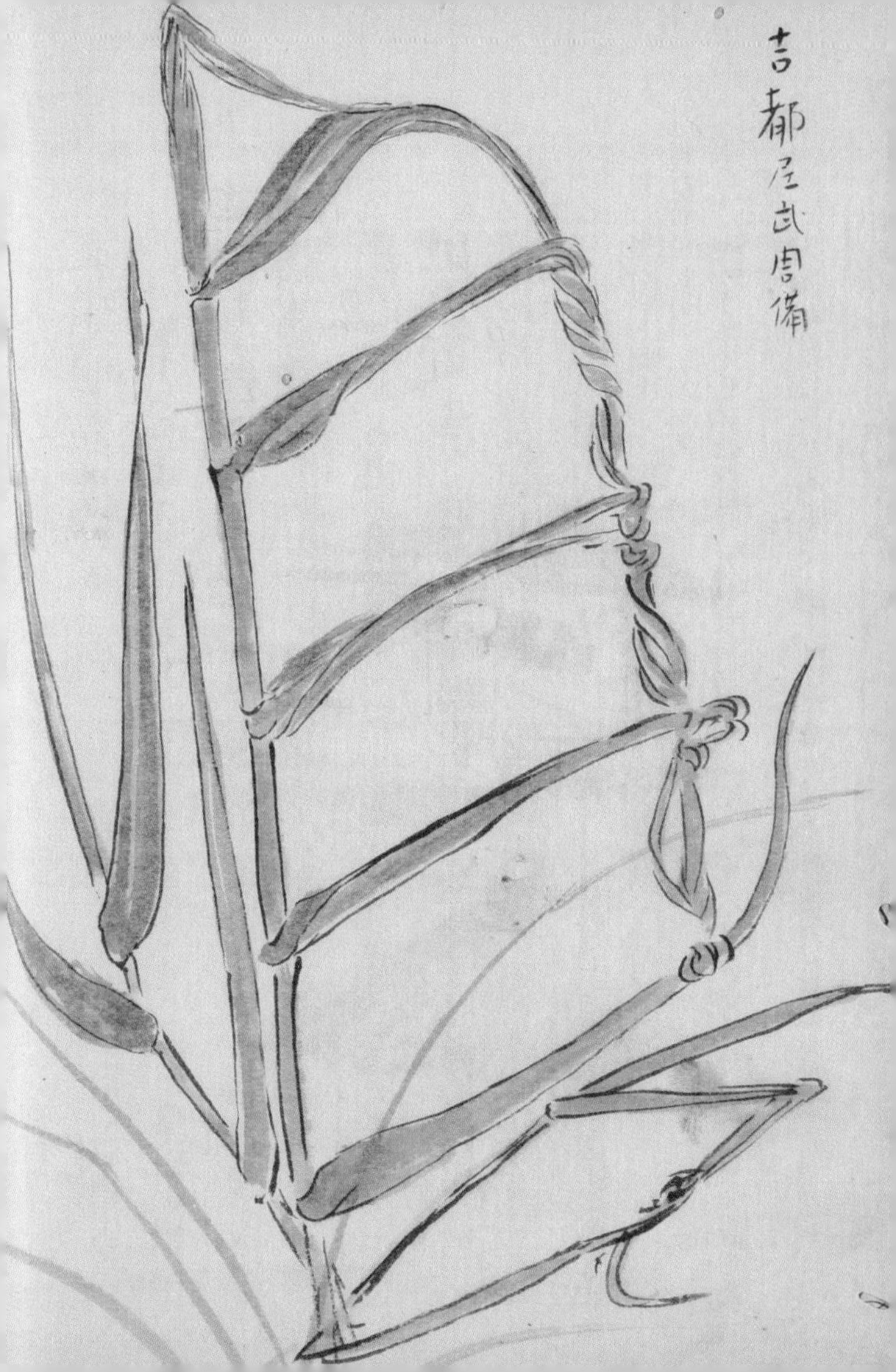

⑭鎌で昆布をとる

（『ひろめかり』一七八九年七月）

一七八九年七月、真澄は銭亀沢《ぜにかめざわ》（函館市《はこだて》）に一カ月近く滞在し、亀田《かめだ》、有川《ありかわ》、箱館《はこだて》に遊んだ。そのときの日記が『ひろめかり』であり、ひろめ（真昆布）刈りに使う漁具など多くの図絵を残した。

この島人は幼いときから昆布漁にだけ携わっているので、潜水する男性がたくさんいた。海の深さを測り、荒海の底をたどって、我先に鎌《かま》を立ててへたこんぶを刈りめぐり、体が隠れるまで抱えて担ぎ上げる。たいそう深い所では、縄で棹《さお》を結びつなぎ、継ぎ目ごとに蟬《せみ》という楔《くさび》をさし、つぶいしという石を付けて錘《おもり》とし、何本もの昆布をからめて根こそぎ引き上げる。それはたいへんな重量だった。

『ひろめかり』は、本文は簡潔だが、昆布漁の図絵は三三点に及び、実に詳しい。「潜頭巾《かずきずきん》」「潜鎌《かずきかま》」「梣縄《ずし》」「錘石《つぶいし》」「組《ぐみ》」といった昆布漁の漁具を図示する。昆布を刈る舟二艘が波に揺られる様子や昆布を干す人々の作業だけでなく、実際に並べて干された昆布や出荷するために結んだ昆布も描く。干した昆布の大きさを揃えて結ぶのはやらめという草で作った縄で、これは海が荒れたときに刈るという。さらには、若芽の昆布や海中に生える昆布、波に揺られて育つ昆布まで描く。この図絵は、先端にねじぎを付けた棹（右）を使って、昆布を巻き付けてとる様子（左）を描く。

⑮松前福山のあらまし（『えぞのてぶり』一七九二年五月）

真澄は引き続き、松前藩の城下町・福山（松前郡松前町）で暮らした。しかし、一七九〇年と翌年の日記は残っていない。一七九二年一月からの様子は日記『千島の磯』に詳しい。神々に法楽の和歌を献上したり、季節の移り変わりの歌題を設けて和歌を詠んだりしている。真澄は、藩主・松前道広の継母の文子《あやこ》や重臣の下国季豊《しもくにすえとよ》、稲荷《いなり》社神主の佐々木《ささき》一貫《くにつら》、商人の土田《つちだ》直躬《なおみ》らと和歌を通じて交流を重ねている。真澄の長期滞在は松前歌壇の興隆に大きく寄与した。

真澄は、東方の蝦夷《えみし》が住む海の荒磯近くに、臼のみたけ（有珠岳《うすだけ》）といって、人が尊む高山があると聞き、登ってみたいと思って、五月二四日に出立する。船に乗ると、朝夕見慣れた磯辺だったが、貴賤《きせん》の人の住居、神社、寺院、四阿《あずまや》が見えた。沖には小舟が連なり、柄の長い鎌を海底に下ろして、ほそめ（ホソメコンブ）を刈っていた。ひろめ（真昆布）は夏に採るが、ほそめは常時刈って、江差《えさし》昆布と偽って売った。

図絵は海から見た福山。松前城があるはずだが、はっきりしない。手前には道沿いに家が並ぶ。北山《きたやま》の地蔵大士の堂、七面山《しちめんざん》の堂と四阿を描いたとする。沖に浮かぶのはほそめを刈る舟である。海岸に並ぶ柵《さく》は沖ノ口番所だろうか。蝦夷地は寒冷地のため米が作れず石高はなかったが、交易権を独占して繁栄した松前藩の様子がうかがえる。

芸前福山のあたり
泊川山いろやうろきて
馬形の国をはへて
北山子名あの地蔵大士
の堂そんりろ〜七重山
坐文田所あろ道つ沖よ
ゐをあろさあの
う

⑯磯回船路の図

（『えぞのてぶり』一七九二年五月）

五月三〇日、松屋《まつや》が碕《さき》（茅部《かやべ》郡森《もり》町）に至って、高い岸から谷底を見下ろすように海岸を見ると、煙が立ち上っていた。案内を先立てて下りてゆくと、髪も髭《ひげ》も白いアイヌが若いメノコ（婦人）二人の中でカナチ（幼女）を撫《な》でていた。前日、漁《レバ》をするために、エドモのコタン（室蘭《むろらん》の村）から内浦湾《うちうらわん》を舟で渡ってきていた。砂原《さわら》に着くと、和人ばかりが住んでいた。内浦岳《オシラナイノノボリ》（駒ヶ岳《こまがたけ》）の麓で、浦の波も高い。沖の方に州が流れ出たような所を砂埼《すなざき》といって、エドモの浦（室蘭の港）への船路がとても近い。淡海屋某《おうみやなにがし》に泊まった。この宿に向き合う海上は近く、西には臼の岳（有珠岳《うすだけ》）、北にはエドモのコタン、遠くにはシリベツのノボリ（羊蹄山《ようていざん》）など、半ばは雲に埋もれて見えた。

この前の図絵はこの眺望に対応する鳥瞰図《ちょうかんず》を描き、続いてこの磯回船路の図が載る。朱の曳糸《ひきいと》形は歩行往復の街道、朱の繡糸《ぬいとりいと》形はウラウチヤマ（駒ヶ岳）からエドモの浦まで巡る磯回船路の航路である。右下には「有川」「大野《おおの》」「大沼《おおぬま》」「小沼《こぬま》」「函館《はこだて》」「シノリ」「ヲサツベ」「カヤベ」「サワラ」の地名が見え、内浦湾の対岸にあたる左上には「エドモ」「ウス」「アブタ」「ヲシヤマンベ」の地名が見える。砂原と有珠の間は七里（約二八キロメートル）だった。

朱 曳綫形ハ歩行往復の街道　朱 繍線形ハ鍼路
而して凡斯離宇地夜未より
衣度母の浦まてめくりしまれ
磯回船路のあらましを圖彫ス

⑰アイヌの家と村

（『えぞのてぶり』一七九二年六月）

六月二日、雨がひどく降ってきたので、真澄は物岱《モノダイ》（二海郡八雲町）に泊まった。ここは、シャモ（和人）の住み家もアイヌのチセイ（住居）もたいそう多い。三日、アイヌの舟に乗って、山越内《ヤムオコシナイ》で下りた。このコタン（集落）の運上屋から向こうは、シャモの入り交じったコタンもなく、アイヌの住居だけが密集していて、それらのコタンが続く。物岱までは和人とアイヌの混住が見られたが、山越内から北はアイヌの専住地域だったのである。西海岸に比べて東海岸は、和人が進出していたことがうかがわれる。真澄の関心がこうした異文化接触にあったことは間違いない。

『えぞのてぶり』は、本文にアイヌのコタンの様子を書かないが、図絵では詳しく描く。上の甲は木の股に木棹《オツフ》を横たえて、軒端の林になっている。手前の乙は籬堆《ツセイ》に羆《チラマンデ》（ヒグマ）の霊を祭る。これはイヨマンテ（熊送り）で送られた熊の頭骨やイナオである。右下と左上の丙は楼倉で、貨財を収蔵する。大きく二軒のチセイがあり、右上には同じようなチセイがいくつも見え、コタンを形成している。左の丁は囲柵（檻《おり》）で、チラマンデ（子熊）を養う。この子熊はやがてイヨマンテの対象になるはずである。手前の棹に掛けられているのは、カモカモ（弦桶）と昆布らしい。

蝦夷舎村《アイノコタン》に木棹《イナウ》
ところ／＼又(甲)に
あまたさしはさみて
軒端の林となせり
羅堆《ツセイ》又は羆《チツマンデ》の靈
と祭る(丙)棒倉に
貨財を蔵し
園柵にはチラマンテ
と美良め

⑱酒を酌み交わすアイヌ　（『えぞのてぶり』一七九二年六月）

六月四日、真澄は長万部《オシャマンベ》に着いた。前年からオットセイの貢ぎ物の役目に携わっている青山芝備《あおやましげよし》を訪ねた。久しぶりの再会を珍しがっていると、そこに前年、福山（松前郡松前町）で会ったシャバポロというアイヌが来た。また、トシベツに住むコウシというアイヌが青山氏に面会を求めてきた。シャバポロは頭が大きく、腕が長く、身長は低く、コウシは一三〇歳を超えて、鬚《ひげ》が真っ白だった。

二人は差し向かいで酒を酌み交わした。コウシが盃《ツーキ》を空けると、シャバポロが提《ひさげ》（かたくち）で注ぎ、シャバポロが盃を空けると、コウシが提で注ぐ。「ああ楽しいことだ。一杯の濁り酒にまさる宝はない」と、酔って笑いながら語り合う様子は珍しく、蝦夷地《えぞち》（北海道）でも二度と見ることはかなわないだろうと思った。この会話は『万《まん》葉集《ようしゅう》』の歌を踏まえているので、真澄は二人のやりとりに古代を見たにちがいない。

アイヌの酒宴は、『えみしのさへき』の久度布《クドフ》（久遠《くどお》、久遠郡せたな町）で、カンナグとシキシャの二人を描いていた。しかし、この図絵ではアイヌの二人をさらに詳しく描く。風貌《ふうぼう》から見ると、右がシャバポロ、左がコウシと思われる。手前にあるのは煙草入《たばこい》れ。本文にはないが、シャバポロは、盃で濁り酒を飲む際、盃を左手に取り、イクハシウ（捧酒箸）を右手に持つ。これは『えみしのさへき』と同じである。

斯良黎加の廣《シヤム》太頭《ボ》ハ
身のたけ三尺ニ寸足り
もとゐとりて
刀志弊都の山蝦夷《アヰノ》にて
巨宇志とてこれかしら
百三十餘歳なれとも
ひのもとをわすれず告かつて
飲くみれし風情なりけり

⑲多数のイルカ

（『えぞのてぶり』一七九二年六月）

六月七日、ケボロオイ（小幌《こぼろ》、虻田郡《あぶた》豊浦町《とようら》）の岩屋の観音に参詣すると、岩屋の中に五体の木像の仏が並べてあった。背面から、寛文六年（一六六六）に円空が彫った仏像だと知られた。多くの新古のイナオがとりかけてあった。

ここを漕《こ》ぎ出ると、岩の姿がおもしろかった。舟のアイヌたちはサラネフ（葛蔓《かずらつる》の籠《かご》）の中から、大蕗の葉に包んだ鱒《ます》、ブイ（エゾリュウキンカ）などを取り出して食べ、ニヤトス（檜桶《ひのきおけ》）の水《ワッカ》を飲んで休んでいた。すると、たくさんの黒魚《タンヌ》（イルカ）が沖も狭しと群がり行き、波から五、六尺（約一・五〜一・八メートル）も飛び上がるのを見て、ハナリ（銛《もり》）を撃とうとする。アリンベ（一本銛）にギテイ（鏃《やじり》のような銛頭）を挿し、そのギテイにアイドス（細い縄）を付け、銛の柄と一緒に取り持って額にかざし、舟に立って狙う。それに恐れたのか、イルカは波の底に沈み隠れてしまった。それを見て、「ああ残念だ」と言って、なおも舟で追った。

図絵は二艘の舟に乗るアイヌがイルカを捕ろうとする姿を描く。「黒魚許多《タンノホロノオカイ》」と見え、イルカが多数という意味。舳先《へさき》に立つアイヌが群れをなすイルカをめがけて銛を撃つ場面であるが、この後に載った図絵を参照すると、右の舟の銛はアイドスの付くハナリ、中央の舟の銛はマリツフ（投鍵）であり、漁の仕掛けが異なる。

黒魚《タシノ》許多《ホロヲカイ》

⑳有珠の潟と有珠岳　（『えぞのてぶり』一七九二年六月）

六月一〇日、有珠岳《うすだけ》に登るので、アイヌ二人が案内に付き、虻田《あぶた》から岡を越えた。有珠の運上屋で休み、そこから小舟をヘカチ（少年）二人に漕がせて乗り出した。鳥居が立つ所に舟を漕ぎ寄せ、小坂を登ると、堂があった。そこには円空の作った仏像が二体あり、傍らの祠《ほこら》にも円空の作った仏像が三体あった。今の有珠善光寺《うすぜんこうじ》である。

有珠岳に登ろうとすると、高峰も晴れていた。アイヌ二人に藁沓《わらぐつ》を与えたが、履こうとしない。登ってゆくと、山は赤土色で彩ったように赤い。頂上の岩山に登ると、下方に煙を盛んに噴く岩群がある。アイヌが「噴火口に落ちたら、身も亡《ほろ》びる」と戒めるので、行かなかった。この山は臼《うす》の形をしているので、ウスという名なのかと思ったが、アイヌ語ではウショロノ・ノボリというそうだ。ウショロの語源は「ush-ro入江・の内」（山田秀三著『北海道の地名』）とされる。この山陰には湖水《トフ》（洞爺湖《とうやこ》）があり、その彼方《かなた》にはシリベツの岳《ノボリ》（羊蹄山《ようていざん》）がそびえる。

図絵は有珠の潟を見事な鳥瞰図で描く。甲は運上屋、乙は善光寺の仏像を移して祀る堂、丙はアイヌの村《コタン》である。上には、朝日が昇り、噴火する有珠岳の煙が棚引く。有珠岳は標高七三三メートルの活火山である。中央に運上屋から漕ぎ出した小舟を描くが、それには真澄自身が乗っている。

善光寺の仏うつしまつる堂
滷西にハ報恩の舎あり
みなみに旭さし出る

Ⅱ　下北・津軽の旅

菅江真澄は、一七九二年一〇月、福山（北海道松前郡松前町）から南部領の下北《しもきた》半島に渡った。それから二年余りを下北半島で過ごして、九五年に津軽《つがる》に入り、一八〇一年まで暮らす。真澄は今の青森県で、九年余りを過ごしたことになる。そこで、この期間の日記に描かれた図絵を、「II　下北・津軽の旅」としてまとめることにした。

まず南部領の下北での二年半ほどをたどる。

九二年一〇月に福山を出発して、下北半島北端の奥戸《おこっぺ》（青森県下北郡大間《おおま》町）に上陸した様子は、『牧《まき》の冬枯《ふゆがれ》』に詳しい。その後は田名部《たなぶ》（むつ市）を中心に生活している。九三年四月からの『奥《おく》の浦々《うらうら》』では、下北半島の西海岸を巡り、田名部に南下して、恐山《おそれざん》に登って地蔵会《じぞうえ》を見ている。続く七月からの『牧《まき》の朝露《あさつゆ》』では、北海岸の大畑《おおはた》や易国間《いこくま》（下北郡風間浦《かざまうら》村）辺りで過ごしている。

さらに『おぶちの牧《まき》』では、歌枕の尾駮《おぶち》の牧《まき》や壺《つぼ》の石碑《いしぶみ》を訪ねたいと考え、冬も深まる一一月、田名部を出発、下北半島の太平洋《たいへいよう》側を南下して、野辺地《のへじ》へ向かった。しかし、尾駮（上北《かみきた》郡六ヶ所《ろっかしょ》村）まで来ると、雪が深くて先に進めないので、田名部に引き返した。

翌九四年一月はそのまま田名部で正月行事を見て、『奥のてぶり』に書き残している。その後しばらく日記が散逸しているが、一〇月からは田名部にいて越冬していることが『奥の冬ごもり』でわかる。

その後、津軽領に移り、六年半ほどを過ごす。しかし、この間の日記は整ったものが少なく、後に合綴《がってつ》しているので、日記の順序が複雑になっている。

一七九五年三月に田名部を出発、津軽領に入って、夏泊《なつどまり》半島の椿崎《つばきざき》を見る。一〇月には青森から弘前《ひろさき》に向かっている。

九六年の新年は浅虫《あさむし》（青森市）で迎え、三月には百沢寺《ひゃくたくじ》（岩木山《いわきやま》神社）に参詣する。この間のことは合綴の『津軽《つがろ》の奥《おく》（仮題）』に見える。四月に三内《さんない》（青森市）に花見に行き、縄文《じょうもん》土器を記録する。これは『すみかの山』に書かれているが、自筆は所在不明。

続く『外浜奇勝《そとがはまきしょう》（仮題）』も合綴である。六月に弘前で氷室《ひむろ》のためしを記録して、小泊《こどまり》（北津軽《きたつがる》郡中泊《なかどまり》町）から十三湖《じゅうさんこ》を経て、鰺ヶ沢《あじがさわ》（西津軽《にしつがる》郡鰺ヶ沢町）に至る。七月に深浦から海岸沿いに南下し、秋田領（秋田県）との境の大間越《おおまごし》（深浦町）に行く。一〇月の『雪のもろ滝』では、深浦を出発し、雪の中の暗門《あんもん》の滝《たき》（中津軽《なかつがる》郡西目屋《にしめや》村）を見て、深浦《ふかうら》（西津軽郡深浦町）に戻っている。

九七年は深浦で新年を迎え、正月行事を詳しく書いた。五月には弘前に出て、津軽藩の薬園に行き、ある宿で医師たちに会う。このことは合綴『津軽《つがろ》のをち』に見える。

その後、真澄は津軽藩の採薬を手伝うことになる。合綴『錦の浜』によれば、六月は阿闍羅山《あじややま》（南津軽郡大鰐町《みなみつがるおおわに》）で採薬をしている。『津軽のつと』《つがろ》によれば、九八年は、童子《どうじ》・小湊《こみなと》（東津軽郡平内町《ひがしつがるひらない》）で正月行事を記録している。『外浜奇勝（仮題）』では、三月に小湊を出発、浅虫に行き、五月には弘前を出発、採薬のために山々を巡り歩く。『錦の浜』によって、七月は津軽半島で採薬をしていることが知られる。

さらに『錦の浜』によれば、九九年は藤崎《ふじさき》（南津軽郡藤崎町）で新年を迎え、その後は弘前に滞在した。二月には五所川原にいる。四月には採薬の手伝いを免ぜられた。しかし、その後の日記を欠き、一八〇一年八月に弘前を出発して、鯵ヶ沢に行って滞在したことが確かめられるだけである。

こうして見ただけでも、真澄が津軽で書いた日記は散逸したり、合綴したりしていて、満足な形で残されていない。これについて内田武志は、「わたくしは、津軽藩の役人が真澄の著書を全部押収して検閲し、藩内で書いた五年間の記事で、さしさわりのあると思われる部分は遠慮なく措置したという当時のうわさは、おそらく事実だろうと考えている。その証拠が現存の日記をみると、はっきりとあらわれているからである」（『菅江真澄遊覧記3』）と述べている。おそらくそうなのだろう。

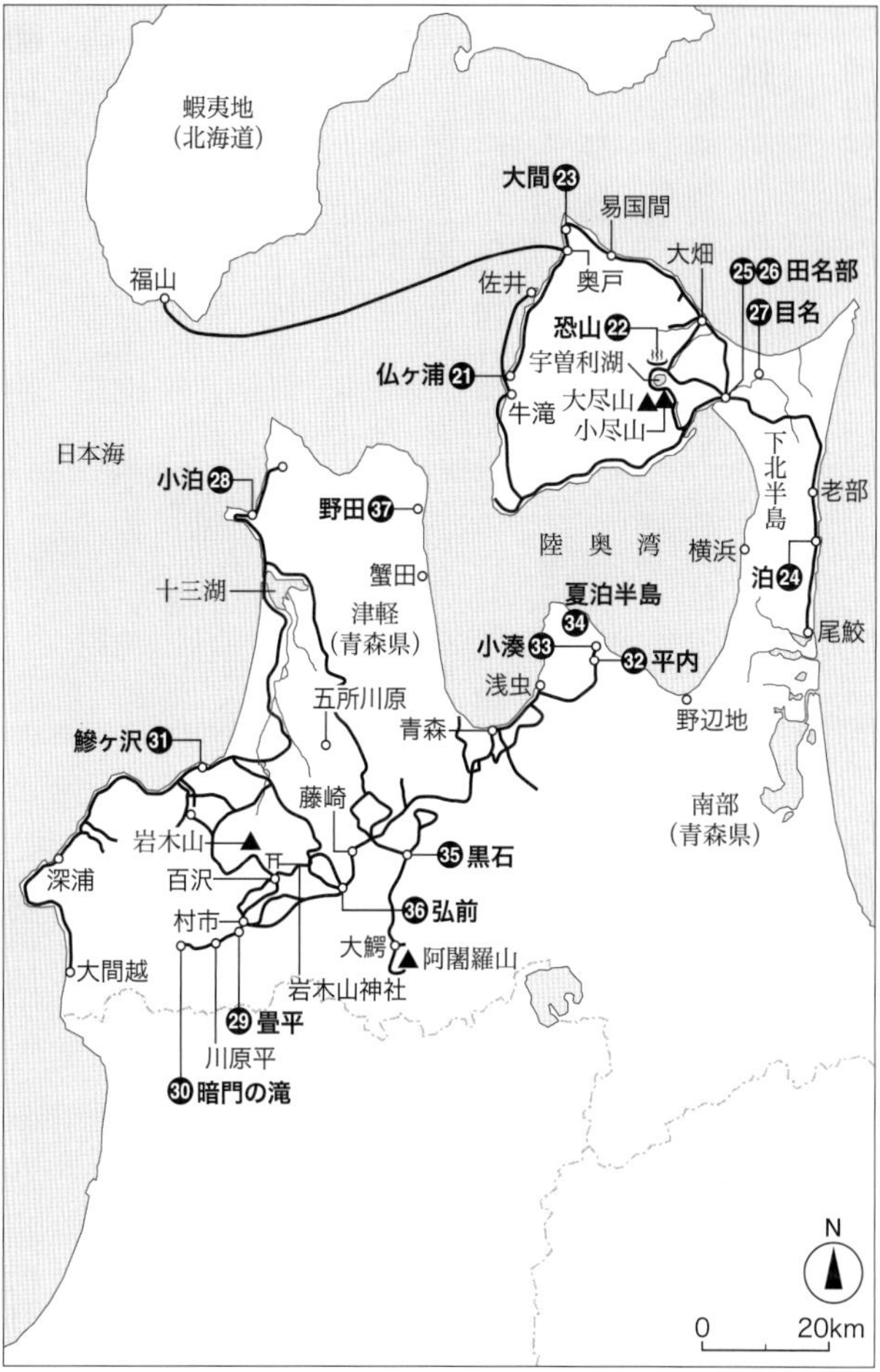
蝦夷地
(北海道)
福山
大間㉓
易国間
奥戸
大畑
佐井
㉕㉖田名部
㉗目名
恐山㉒
宇曽利湖
仏ヶ浦㉑
大尽山
牛滝
小尽山
日本海
小泊㉘
野田㊲
下北半島
老部
陸 奥 湾
横浜
泊㉔
蟹田
十三湖
夏泊半島
津軽
(青森県)
㉞
小湊㉝
㉜平内
尾鮫
浅虫
五所川原
野辺地
青森
鯵ヶ沢㉛
藤崎
南部
(青森県)
岩木山
㉟黒石
深浦
百沢
㊱弘前
村市
大鰐
阿闍羅山
大間越
岩木山神社
㉙畳平
川原平
㉚暗門の滝
N
0
20km

㉑仏ヶ浦　（『奥《おく》の浦々《うらうら》』一七九三年四月）

　四月一日、真澄は下北半島西岸の牛滝《うしたき》（下北郡佐井《さい》村）の磯や浦山の桜も見たいと思って、佐井の港から小舟に乗って南下し、仏がうだ（仏ヶ浦《ほとけがうら》）を見た。ここの磯辺の石群は、筍《たこうな》が並び生えたさまであり、まるで大工が削り出したようだった。なるほど、これらの岩は仏に似ていた。また、極楽浜《ごくらくはま》という所がある。砂は白雪を敷いたのに等しい。世に類《たぐ》いなく見所の多い岸辺であるが、山々に桜の花が咲いているので、それに心を奪われて、磯の方はどこも目に留まらない。荒い潮瀬の灘《なだ》分かれ（潮流が速く、航海が困難な潮目）を進んだが、船酔いの心地にもならず、牛滝に着いた。

　牛滝に滞在し、四日は朝凪《あさなぎ》だったので、浦々を巡ってみようと思って、小舟で岸近くを漕がせた。仏がうだを過ぎ、極楽浜に舟を着けて、ここでしばらく休もうと思って下りた。磯の砂は精白した米に譬《たと》えられるほど白く、雪霜を踏むような心地がして、白洲《しらす》の上に指でこんな戯《ざ》れ歌《うた》を書いた。

　　極楽の浜の真砂《まさご》し踏む人の終《つひ》に仏がうたがひもなし

極楽浜の真砂を踏む人は、仏がうだが近いので、終に成仏することは間違いない、という意味。「極楽の浜」「仏がうだ」という地名にちなんで詠んだ歌である。

図絵は、沖から見た「ほとけがうだ、ごくらくはまのかた」を描く。

㉒恐山の湖と恐山十景 （『奥の浦々』一七九三年六月）

一七九二年一〇月、真澄は雪の積もる宇曽利山《うそりやま》（恐山《おそれざん》）に登った。翌九三年五月二五日にも、季節を改めて、再び宇曽利山に登っている。剣《つるぎ》の山《やま》の麓には湯桁《ゆげた》が五カ所あり、病人が湯浴《ゆあ》みをしていた。その後、いったん田名部《たなぶ》（むつ市）に戻り、六月二日にも宇曽利山に登る。長期滞在して湯浴みをしたいと考えていたようだ。

七日、登ってきた里人から、「オロシャ人（ロシア人）が根室《ねむろ》から松前の福山（北海道松前郡松前町）に向かったが、この岩屋《いわや》の浦（青森県下北郡東通《ひがしどおり》村）に漂着した。代官に届け出たが、いつの間にか見えなくなった」という話を聞いた。ロシア使節ラクスマン一行の事件である。その後ラクスマンは福山に行き、幕府の使者と会見している。

一〇日、晴れたので、近くを歩く。恐山は、峰の一つを須弥《しゅみ》山の佉羅陀《からだ》山《せん》になぞらえて、蓮《はす》の花びらのように、鶏頭山《けいとうざん》、剣の山、大尽山《おおづくしやま》、小尽山《こづくしやま》、屏風山《びょうぶやま》、釜臥山《かまぶせざん》など八つの峰がそびえている（蓮華《れんげ》八葉《はちよう》）。湖の水は八つの滝となって落ち、正津河《しょうづがわ》（上流を三途川《さんずのかわ》と呼ぶ）に流れて海に注ぐ。

一六日、恐山の十景を決めて、「鶏頭山躑躅《つつじ》」「釜臥積雪」などの題で一〇首の歌を詠んだ。これは和歌による新たな名所づくりであると言っていい。

二三日は地蔵会《じぞうえ》だった。午後一時頃から村里の人々が大勢集まってきた。廻国修行者が鉦鼓《しょうこ》を打ち、鈴を振って、阿弥陀仏《あみだぶつ》を唱える。卒塔婆塚《そとばづか》の前には棚を作り、薄《すすき》を刈り敷き、高いいたやの木を左右に立て、草花をあげ、七つの仏の幡《ばん》を懸け、閼伽水《あかみず》を供えている。柾仏《まさぼとけ》といって、先祖の戒名を書いてもらった削《そ》ぎ板《いた》を一本六文の銭で求めて、老若男女がこの棚に置き、水を汲《く》んであげ、「ああ、はかないことだ。わが花と思っていた孫子よ。こうなってしまったか。わが兄弟、妻よ子よ」と、亡き魂を呼び、泣き叫ぶ声が山にこだました。日が暮れると、大勢の人が群れ歩き、思い思いの人と物を言い合って、どの建物もいっぱいだった。この時代にはまだ、宮本常一が『私の日本地図3　下北半島』で書いたようなイタコの口寄せは見られない。

図絵の右図は、南に向かって恐山の風景を描く。右に大きな湖（宇曽利湖）があり、大尽山、小尽山、釜臥山、屛風山が見える。中央の三途川の岸には石楠花《しゃくなげ》が咲く。右下の林崎《はやしざき》の明神の岡は円仁大徳《えんにんだいとこ》の袈裟《けさ》を埋めた所で、女性は登ることができなかった。三途川には丸木の橋が架かるが、これは今の太鼓橋にあたる。

左図は、反対に、北に向かって恐山を描く。これは右図と連続しないが、湖の畔《ほとり》と山の頂の位置が方角を知る目印になる。正面に地蔵堂、その背後が佉羅陀山（地蔵山《じぞうやま》）、左に鶏頭山、右に剣の山を描く。参道の左側が各種の地獄。右上に引く懸樋《かけひ》は温泉の湯を導き入れるもので、参道の左右にある湯屋は、今は恐山温泉と呼ばれている。

つきのみ
ちをはる
けきのこ
そなたくし
かねてつ
うき
さを
なら

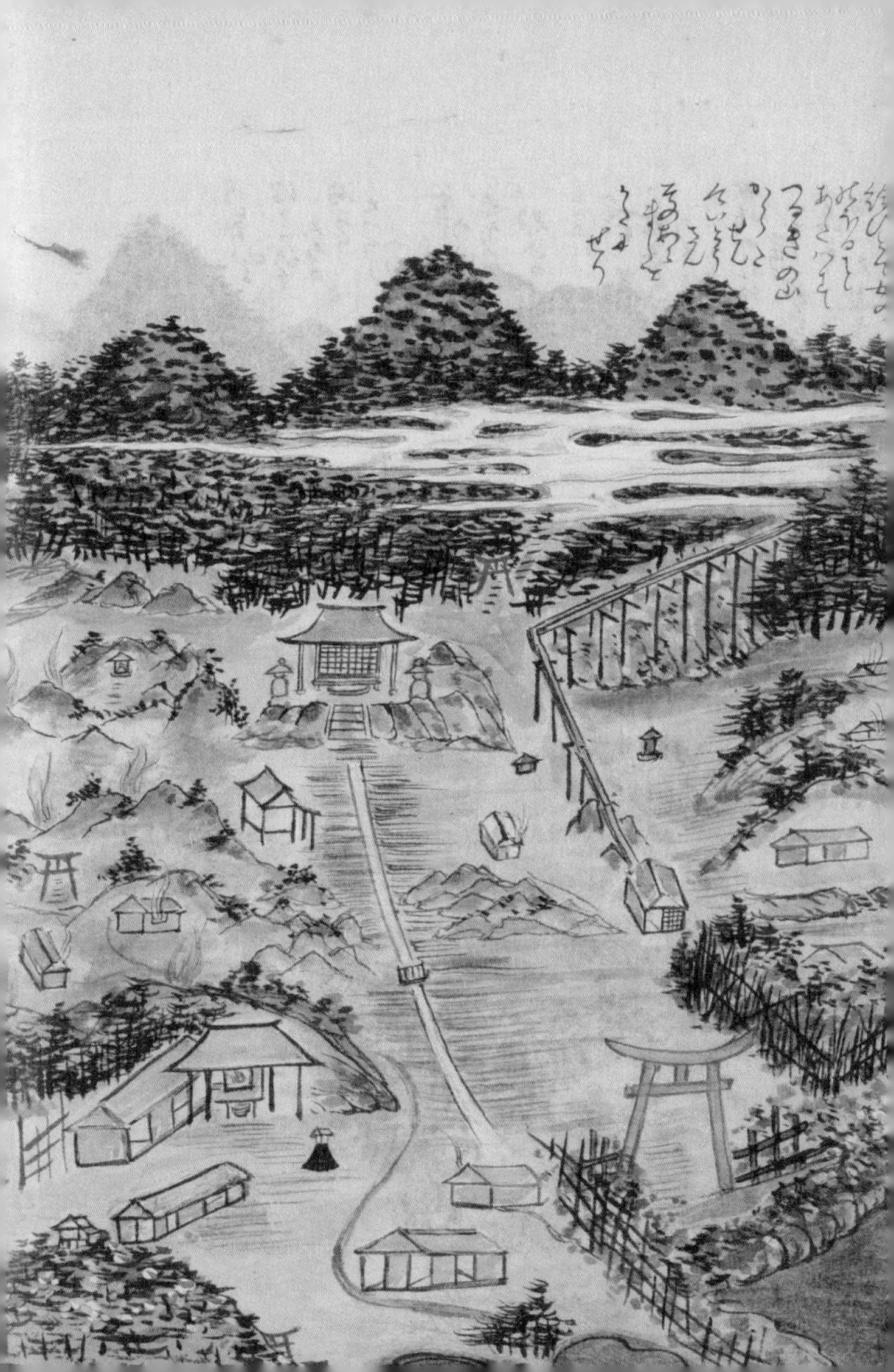

㉓大間の浦　（『牧《まき》の朝露《あさつゆ》』一七九三年九月）

八月四日、真澄は易国間《いこくま》（下北郡風間浦《かざまうら》村）に行った。宿の主人の中井業陳《なかいなりのぶ》とは久しぶりの再会であり、和歌を通して旧交を温めてきた。ロシア使節に対応した石川忠房《いしかわただふさ》・村上義礼《むらかみよしあや》が帰途の巡視で易国間に立ち寄った。

九月一四日、大間の浦（大間町）の百々稲荷の社殿を天妃《てんぴ》の祠《ほこら》の辺りに建てることになり、神階を授けられたという話を聞いた。そこはこの春に参詣したことがあったので、稲荷神社の繁栄をことほぐ、次のような歌を詠んで献上した。

飯形山《いなりやま》うつす末葉の末までもさかふ印《しるし》の杉やさかへん

天妃は中国の航海守護神であり、一六九六年、名主・伊藤五左衛門《いとうござえもん》が水戸《みと》藩那珂湊《なかみなと》から大間に遷座したとされる。今は大間稲荷神社に合祀《ごうし》されているが、むしろ、天妃の祠のあった場所に稲荷の新しい社殿が建てられたことになる。

図絵は大間の浦を鳥瞰図で描く。右上が稲荷の杜《もり》と天妃の祠である。沖は津軽海峡で、沖の島は弁天島、手前の牧場では柵の中に馬が放牧されている。左上は奥戸《おこつぺ》の港の若宮の観世音の堂。真澄は大間へは行かず、歌を贈っただけなので、このときに見た風景ではない。説明には、大間の浦と奥戸の港について、「この二の浦のうまきのかた」とあるが、『牧の朝露』の内容とは齟齬《そご》が生じている（『菅江真澄遊覧記2』）。

大間の浦
奥戸乃
観世音の堂
浦の

㉔ぼっとあげ

（『おぶちの牧《まき》』一七九三年一一月）

　真澄は、冬も深まる一一月三〇日、老部《おいつぺ》（下北郡東通村）を出発し、下北半島の太平洋側を南下した。山坂は困難だというので、牛に乗って、左に海、右に高い山の雪を見ながら進んだ。次左衛門《じざえもん》ころばしは、そのような名の人が昔落ちた所だという。そこを行くと、柴《しば》の桟《かけはし》が渡してある。実に危険で、渚《なぎさ》からの高さはどれくらいかと思った。

　ここを過ぎると、岩石おとしという坂があった。水晶を張りわたしたように凍ってすべり、歩くことができない。牛追いや木樵《きこり》たちが集まってきて、腰のこだし（編袋）から灰を出してまき散らし、たくさんの牛を追い下ろした。

　大穴という所は、昔、放牧の牛がこの岩屋に入って、横浜《よこはま》（上北郡横浜町）の辺りにはい出したからだという。白砂の浜を進むと、足元から突然三尋《みひろ》も四尋も（約四・五〜六メートル）波が上がる。人に尋ねると、「これはぼっとあげといって、波が寄せてこない間に通り過ぎる磯辺だ。波が引いているうちに早く越えなさい」と言う。磯辺の伏し岩には長い横穴があり、それに波が入ると、ごうごうと雷《かみなり》が響くように鳴り、まるで水鉄砲で水を上げたり、鯨《くじら》が潮を吹いたりするかのようだった。

　図絵はぼっとあげを描く。後方には弁財天を祀った鳥居があり、その先に泊《とまり》（上北郡六ヶ所村）の集落が見える。

㉕さいとりかば焚く　（『奥のてぶり』一七九四年一月）

真澄は、一七九四年の正月を田名部《たなぶ》（むつ市）で迎えた。

ここでは一月一日を前年に数え入れる。南部藩主の先祖が甲斐《かい》の国（山梨県）から来たが、その年は一二月二九日で大晦日《おおみそか》になってしまい、正月の用意が間に合わなかった。そこで、一月一日を前年の大晦日としたのである。その習慣があるため、正月になっても、まだ年が暮れていない気分であり、外は商人の往来が激しい。

ゆずる葉は挿さないが、小松に注連縄《しめなわ》を引き回す。日が暮れると、福取樺《さいとりかば》といって、門《かど》ごとに樺《かば》の皮を串《くし》に刺して松明《たいまつ》にし、雪の上に立て並べている。その光で、軒端の雪も消えてゆくかと思われる。家の隅には、大臼を伏せて、昆布の木綿《ゆう》を懸けた年縄（注連縄）を引き巡らしている。年棚の御霊《みたま》に飯を奉る頃、わずかばかりの供え物を調えて捧《ささ》げ、額《ぬか》ずいた。何事もすべてこの里の風習に倣っているので、今日は元日だが、大晦日だと思って惜しんだ。

『奥のてぶり』には図絵が六点載るが、うち四点は田名部における正月の習俗である。この図絵は雪景色の中でさいとりかばを焚《た》く様子を描く。右下は小松を立てたもので、左下に描かれた二つの松明がさいとりかば。軒先には昆布の木綿を懸けた年縄を張っている。なお、注連縄を懸けて伏せた大臼はこの後の図絵に見える。

瑳香刀利
香波
まくのうち

㉖藤九郎の予祝

（『奥のてぶり』一七九四年一月）

一月一四日の夕方には、かせぎどりが来る。鋤《すき》や鍬《くわ》を持った男が春田を打つ姿を作った人形を作って小さな折敷《おしき》のようなものに載せ、子供たちがそれを手に持って門《かど》ごとに回る。「春の初めにかせぎどりまいりた」と呼ぶので、「どちの方《かた》から」と問うと、「あきの方から」と答える。これは仙台領の民俗と同じである。

夜が更けると、餅《もち》とともに魚の鰭《ひれ》や皮を焼き串のようなものに挿《はさ》んで、家々の戸ごとに挿して歩く。これをやらくさという。故郷の三河《みかわ》（愛知県東部）で、節分の夜、鰯《いわし》の頭を焼いて豆の茎に刺し、柊《ひいらぎ》と並べて門の柱に挿したのに似ている。

小正月の一五日の昼頃、上に湯帷子《ゆかたびら》を着て、紅《くれない》の裾《すそ》を高くたくし上げ、脛巾《はばき》（脚絆《きゃはん》）を着けて、草鞋《わらじ》を履いた田植え姿の女性たちが、「右衛門《えもん》と左衛門《さえもん》が宝田《ほうたん》だ、一本植えれば千本になる、街道《かいどう》の早稲《わせ》の種とかや、ほいほい」と、鳴子《なるこ》を打ち鳴らして去っていった。実際に早苗《さなえ》を取るときにも、このような歌を専ら歌うのだという。

図絵はえぶりすりを描く。朳《えぶり》とは長い柄の先に横板を付けた農具。この歌は歌謡集『ひなの一ふし』にも見える。先頭の人が鳴子を打ち鳴らして拍子を取るが、女性の男装姿は異様だとする。えぶりすりを田名部《たなぶ》（むつ市）では藤九郎《とうくろう》、仙台では弥十郎《やんじゆうろう》という。一七九八年の日記『津軽《つがろ》のつと』にもえぶりすりが見える。

正月のごいひまちの宴と
ゆまのちく
いふものハなか
あれをまれがなり気んど
えもとさえもう
ほりきしど一本植れ、
せんぶりなる
街道の早稲のまつ
つる
とらうひと松まつり
鳴子ちうらし
かりしやる男姿
のかりまとまり
ふうぐうきりとこてまて
義九郎といひ仙臺まて、
やん十郎やいふ

㉗山ぶどう、さなずら

（『奥の冬ごもり』一七九四年一〇月）

一七九四年、真澄は田名部《たなぶ》（むつ市）を中心に巡遊しながら越冬している。冬に入った一〇月二日は、目名《めな》（下北郡東通村）の山里にいた。最近の時雨《しぐれ》ですっかり紅葉した山々では、小松や檜原《ひばら》の梢に見えるめくらぶどう、黒ぶどう、さなずらぶどうなどは、まるで唐錦《からにしき》の色を尽くしたようだった。わけてもさなずらの赤い葉が珍しいので、「紅も深く太山《みやま》のさなかづらくり返し降る鐘礼《しぐれ》をぞ知る」と詠んだ。さなかずら（サネカズラ）はマツブサ科の常緑蔓草《つるくさ》だが、秋に赤い果実が熟する。これはぶどうではないが、さなずらをさなかずらに置き換えて、このように詠んでいる。

この前の図絵では「めくらぶどう」を描いた。「めくらぶどう」はのぶどうの東北方言で、その実が盲目の人の目に似ていることに由来する。この図絵は、上に山ぶどう、下に小ぶどうを描く。山ぶどうは黒ぶどう、大ぶどうともいった。実の味は殊にすばらしい。この辺りの人は採って、うまい食べ物として食べる。小ぶどうはさなずらともいう。味は大ぶどうと同じ。山ぶどうは山野に自生し、秋には大きな葉が紅葉する。図絵はこれらが食用に供され、美味であることを記した点で、特筆に値する。今では、その実からジュースやワインが作られたり、蔓から籠《かご》が作られたりしている。「さなづら」は秋田銘菓の名前として知られる。

山蒲陶あるいは黒蒲萄
大なるとしてあり此くらゐの葉
の如きは西洋にもきこえなきよ
あまり実は味よろしくいらし
此あたりの人とりて喜ぶとしてくふ

小蒲陶 あるいは
左奈豆三良
味大よろしきなり

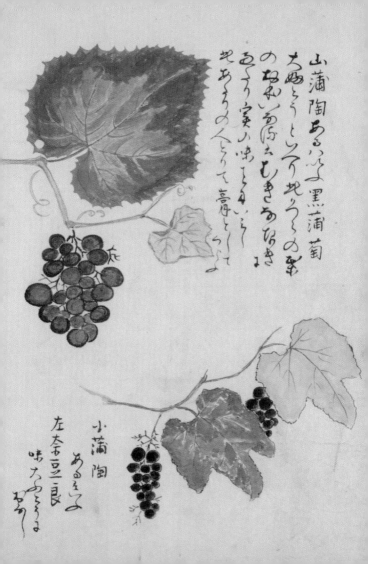

㉘小泊の磯山陰と十三湖、岩木山　（『外浜奇勝《そとがはまきしょう》（仮題）』一七九六年六月）

真澄は、六月二四日、小泊《こどまり》（北津軽郡中泊町）に着いた。禅宗や一向《いっこう》宗・浄土《じょうど》宗の寺があったが、日蓮《にちれん》宗の正行寺《しょうぎょうじ》では、一三年前の天明の飢饉で餓死した人々の亡き霊を弔う法要をしていた。下前《したまえ》の隠れ里に行く人がいたので、後について行った。赤倉《あかくら》が岳《だけ》から谷底を望むと、荒海に続いて畑が見え、住居があった。そこからは、遠く岩《いわ》木山《きさん》、近く十三湖《じゅうさんこ》も見えた。その日は麓の家に宿を借りた。

二七日、下前を出発し、十三湖（五所川原市）のほとりの早乙女平《そとめたい》（五月女萢《そとめやち》）を過ぎた。ここは広い野で、さおとめ（ノハナショウブ）が真っ盛りだった。湖の入口にあるのは、三本をより合わせた百尋《ももひろ》（約一五〇メートル）もある綱を引いた渡し舟で、馬も人も折り重なって危うげに乗っていた。

図絵は、小泊の磯山陰を描き、次に十三《とさ》の湖を描く。前者は下前の港を舟橋山から南に見下ろし、後者は十三湖を南に眺める。甲は赤倉、乙は立待《たつまち》で、この岩に上って、寄ってくる鮭をやすで突き、丙は羽黒崎《はぐろざき》で、昔、祠があり、丁はこの水中に寺の跡が見えると説明する。下前からは十三湖が南に見えるので、二点の図絵は描く方角は異なるが、連続している。十三湖の遠方には鰺ヶ沢《あじがさわ》、岩木山が見え、右は日本海《にほんかい》。湖の入口には綱を引いた渡し舟が見えるが、今では十三湖大橋になっている。

刀舎の湖

あまたよ

十三の潟

早し女を比

そわし

・を

うこ

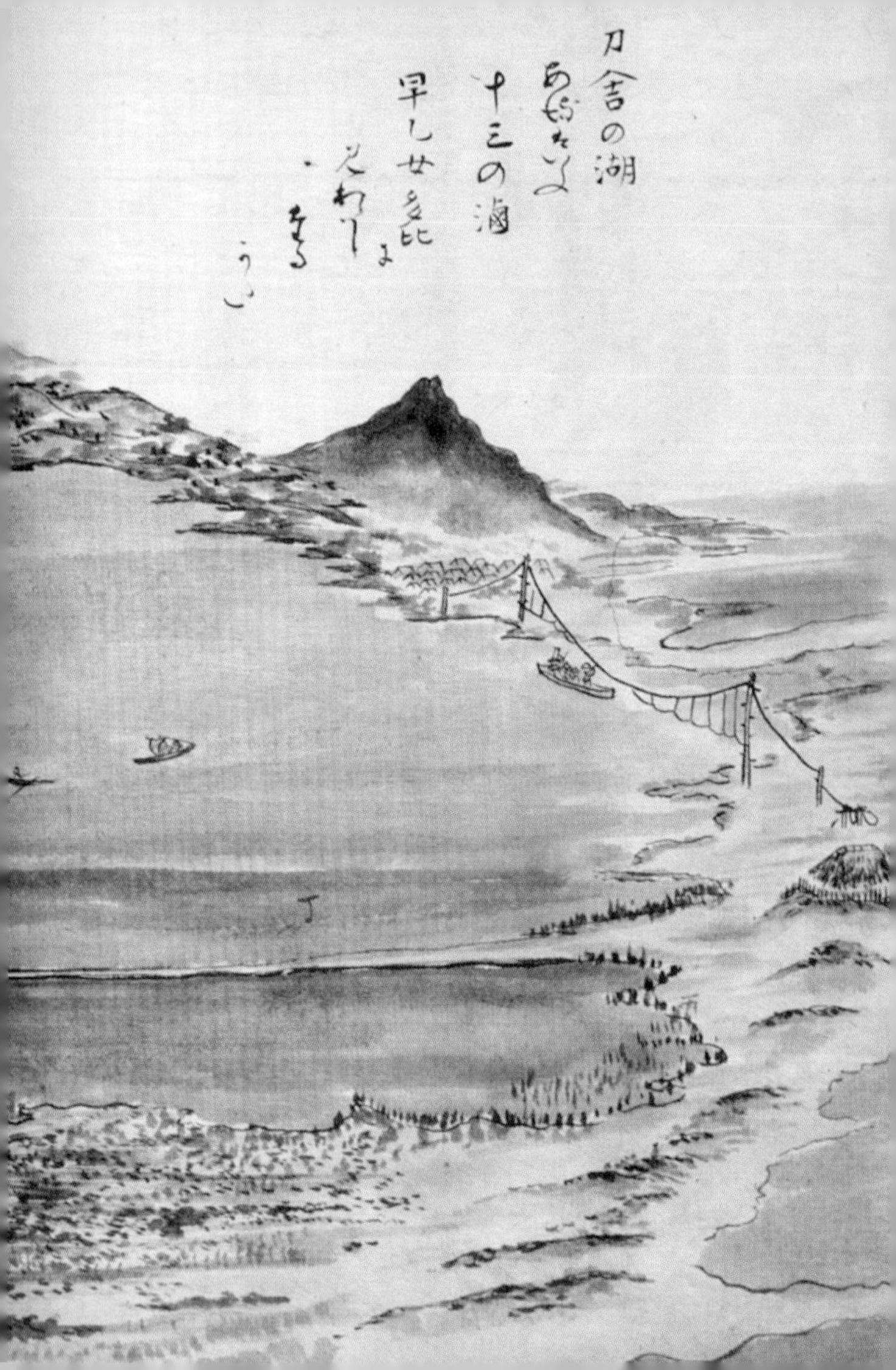

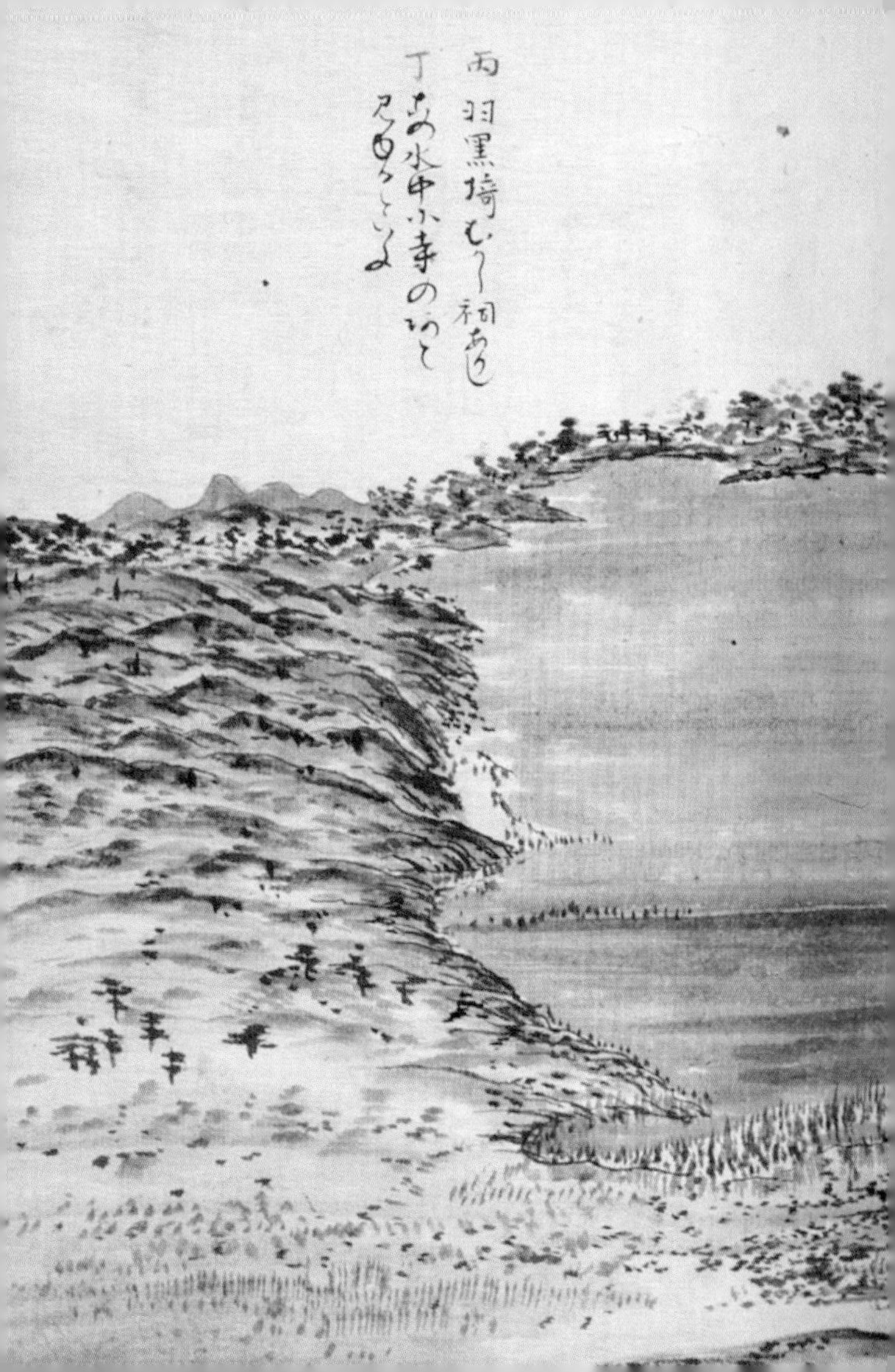
両羽黒埼むかし祠あり
丁あり水中小寺のあと
見ゆるとぞ

㉙池の杉　（『雪のもろ滝』一七九六年一〇月）

真澄は、深浦（西津軽郡深浦町）を出発し、白神《しらかみ》山地の暗門《あんもん》の滝《たき》（中津軽郡西目屋《にしめや》村）に向かった。わざわざ寒い冬を選んで出かけたのである。

一〇月二九日、村市《むらいち》を出て、畳平《たたみたい》から入って、守沢《もりさわ》という辺りに行くと、大同《だいどう》年間（八〇六～一〇）創建という多聞天《たもんてん》の堂（毘《び》沙門《しゃもん》堂）があった。ここには群れ立つ杉がたいそう多い。前年かこの年改修されたと思われる清らかな堂に入ると、昔の仏であろうか、六、七尺（約一・八～二・一メートル）ほどの朽ちた像が二体立っていた。

この堂の後方には、人の身長くらいの高さで測ると、周囲が七尋《ななひろ》（約一〇・五メートル）ほどある大杉があった。たくさんの杉の中でも、この杉はとりわけ大きく、どれほどの年を経たのかわからなかった。この木の幹の真ん中辺りが朽ちて、空洞に水が溜《た》まっていた。これを池の杉といって、昔から今まで立っている。「三枚平《さんまいひら》という峰に登って、この杉の真ん中の空洞を見ると、そこに鮒《ふな》が躍ることがある」と、案内人が指をさして、見上げながら言った。

まず畳平の毘沙門堂を描き、その後方に杉木立の中でもひときわ高い池の杉を描く。その次がこの池の杉を見上げた図絵である。案内人が「三枚平の峰に登って」などと語るのはほら話のように聞こえるが、この杉は遠方からでもよく見える巨樹だった。

以雛乃數起

㉚暗門の滝

（『雪のもろ滝』一七九六年一一月）

一一月一日、真澄は川原平《かわらたい》（中津軽郡西目屋《にしめや》村）を出発した。宿の主人がかっころ（カモシカの毛皮）を貸してくれた。案内人や友人とともに、雪の積もる深山を越えていった。山川《やまがわ》の二つの急流が流れ合い、滝となって落ちるところから、もろ滝という。この水が落ち流れて暗門《あんもん》の沢に入るので、他の土地の人は暗門の滝と呼ぶが、木樵《きこり》や山稼ぎたちはもろ滝あるいは暗門のもろ滝と呼んでいるようだ。

そこで、左手の高い山の岸に生い茂る小笹をつかみ、木々の根元に足を踏みしめて雪の中に立って身を縮め、冷や汗をかくような気持ちで見下ろした。その高さはどれほどだろうと推し量ったが、百尋《ももひろ》（約一五〇メートル）を超えていると思われた。ただ水が天から中空に下るようだ。一の滝の末に二の滝が落ち連なるのをわずかに見たが、三の滝には行くことができなかった。

案内人が、「夏の頃、流し木といって、伐りためた木材をこの滝に落とし流す。二の滝でせき止められたのを、長い綱にすがって下りてかき流すのである。この作業に携わることができる者は、山男の中でも限られている」などと話した。

図絵は、雪景色の中のもろ滝を見下ろした風景を描く。甲は二の滝。

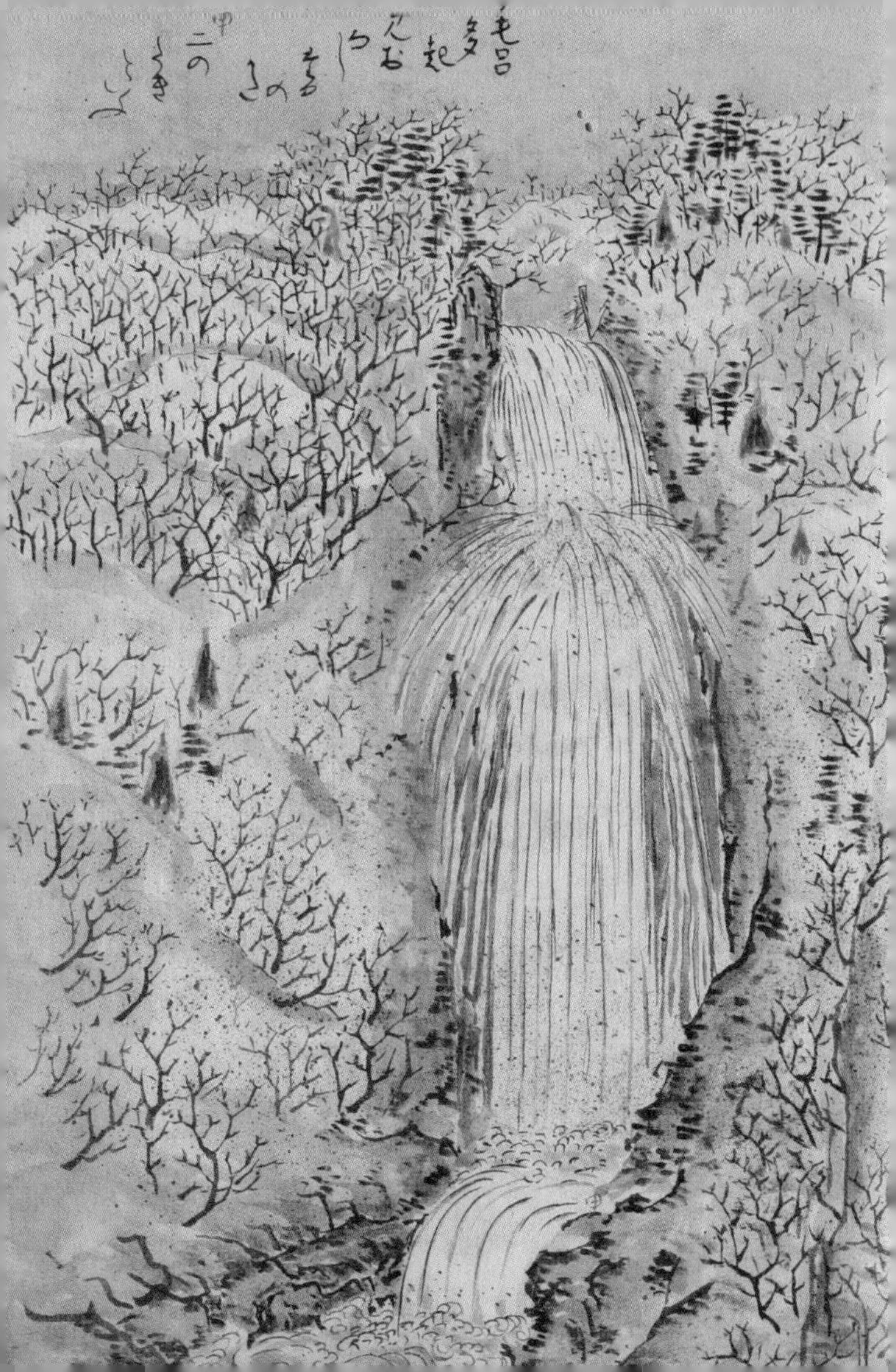

㉛四手網によるしらす漁　（『津軽《つがろ》のをち』一七九七年五月）

五月七日、真澄は多くの人に見送られて深浦を出発、鰺ヶ沢《あじがさわ》の港近くの七ツ石《ななついし》に着いた。一〇日、宿の主人の兄弟に案内されて岡に登ると、近年建てた芭蕉の句碑があり、眺望ができた。権現《ごんげん》が岬《みさき》（小泊岬《こどまりみさき》）、大島、小島、十三《とさ》の崎《さき》、安日《あび》氏《し》（松前）の山々が連なる。南西の雲の中には雪をまだらに帯びた岩木山が見えた。

この山をめぐる谷川の水が海に入る辺りに、四手《よつで》網《あみ》を使ってしらすという雑魚《ざこ》の漁をする人が川岸ごとに並ぶ様子が遠く見えた。他の道から坂を下り、この川を伝って、その魚を見ると、都（京都《きょうと》）の町で売っているちりめんざこに似ていて、駿河《するが》（静岡県中央部）の清水《しみず》の流れで獲《と》るしらす（カタクチイワシなどの幼魚）と同じだった。

図絵は、川岸に四手網をかけ、この地でしらすと呼ぶしろうおを獲る様子を、北に向かって鳥瞰図で描く。この川は中村川《なかむらがわ》で、河口の家並みは鰺ヶ沢。四手網で漁をする人物が川岸だけでなく、河口にも見える。下の岡の上に四人を描くのは真澄一行であり、その左に芭蕉の句碑（現存）がある。この四手網は、一七九八年の日記『外浜《そとがはま》奇勝《きしょう》（仮題）』で、岩木川《いわきがわ》に四手網を下ろし、似鯉《にごい》を獲る様子を描いた図絵と比較することができる。その図絵では、四手網の傍に番屋があり、その中の番人は雨で水量が増して漁ができなかったことを嘆きつつ、網につながる手糸を引いていた。

㉜平内の雪景　（『津軽《つがろ》のつと』一七九七年一二月）

一七九七年も早くも暮れようとしていた。真澄は、この年も津軽で雪中の生活を送った。ここは平内《ひらない》の近くにある童子《どうじ》（東津軽郡平内町）の山里であり、比企《ひき》の腰《こし》が岳《たけ》（引ノ越山）の麓である。「昔、錦木《にしきぎ》の里といった跡だ」と人が言う辺りも、ここから近いという。

天註では、南部路古川《ふるかわ》村にだけ錦木の古跡があるとする。これは一七八五年の日記『けふのせば布《のの》』で錦木を書き記したことを意識している。しかし、それは今の秋田県鹿角《かづの》市にある伝説であり、ここからはかなり遠い。むしろ、「真澄の随筆集〔筆のまにまに〕に、童子村（平内町）の東方に槻《つき》の大木が二本あり、これをにしきぎというとある」（『菅江真澄遊覧記3』）という指摘を念頭に置くのがよいか。後年になって、真澄は錦木の古跡はさまざまな場所にあると見ていたことになる。

図絵は雪景色の童子の山里を北に向かって描く。特に、家々がすっぽり雪に埋もれているのが目を引く。上は引ノ越山で、標高は二六七メートル。

柳田国男は『雪国の春』で、この図絵を模写して口絵に置き、「青森県東津軽郡中平内村大字内童子附近の実景である。この一つ一つの家には、今でも色々の仕来りと言い伝えとを持って居ると云う」と説明して、真澄の図絵の価値を賞賛した。

㉝正月の田植え

（『津軽のつと』一七九八年一月）

真澄は小湊《こみなと》（東津軽郡平内町）に行って、一月一五日の小正月を迎えた。栗穂《あわぼ》・稲穂《いなぼ》・繭玉《まゆだま》になぞらえた餅を木の先に刺したり、柳の枝にたくさん刺し貫いたりして飾ってある。

えぶりすりが群れになってやって来た。変わった立烏帽子《たてえぼし》に白兎やとが矢のかたちを描き、五葉の松の小枝を持って舞い、あるいは扇やゆずる葉を折りかざして舞う。笛・鼓で囃《はや》し、鍬《くわ》の柄に鳴子《なるこ》・馬の鳴輪《なりわ》などつなぎ、これを突いて拍子を取り、歌を歌う。これは村々の若者が戯れに行うものだった（㉖参照）。

正月の田植え、やらくさ、鳥追いの行事は毎年記したので、省略した。家の周囲に豆をまいて突いて歩くのをやらくろずりとするが、津軽では普通ほがほがと呼ぶ。霞《かすみ》（檀家《だんか》）を回る優婆塞《うばそく》（山伏）がその家の人数に合わせて配った守り札を、鳥居の形や御社の姿に並べて、壁や板戸に貼ってあった。

『津軽《つがろ》のつと』の図絵では、繭玉、えぶりすりの用具、やらくろずり、田植え、守り札を描く。この図絵では早乙女《さおとめ》が田植えをしている。大雪をかきならし、田の代《しろ》（一区画）を作って、萱《かや》を稲とし、畔《あぜ》ごとに豆殻を挿し、女性は早乙女姿で苗を植え、男性は鎌で刈り取る。屋根が見えるので、軒先まで雪に埋まっていることがわかる。

おなしくつゝきやよ中ころの
太郎なとは田代とるへし
つく長くれとてあゆりて稲とし
畔をかためつゝいとなし女
つゝ早乙女のさうゝしく
植つけてやかて男鎌もちて刈
とるのこともいくゆるしもあつれ

㉞ 鱈の尾鰭の名称

（『津軽のつと』一七九八年か）

陸奥にはとりわけ大口魚《たら》（鱈《たら》）が多い。気仙《けせん》（宮城県気仙沼《けせんぬま》市）、盛《さかり》（岩手県大船渡《おおふなと》市）、糠部《ぬかのぶ》（青森県八戸市付近）、泊《とまり》（上北郡六ヶ所村）、脇野沢《わきのさわ》（むつ市）にもとても多い。松前の相沼《あいぬま》（北海道二海郡八雲町）などの海では、夏にも釣れるので、ほじし（干し魚）にして、四方に売った。それに対して、津軽では網で獲り、寒い冬至《とうじ》の頃から耐えがたい寒《かん》の半ばまで行う。南部では、春にかけても釣ることがある。アイヌも獲るが、アイヌ語ではイレクチという。

津軽では、網下ろしといって、網引きの始めの日から網代家《あじや》（網元）に集まる。妻たちは鱈の子楽《しとぎ》というものを搗《つ》いて、炒《い》り豆《まめ》を練り混ぜて、子供たちが来ると与え、神に供える。漁に出る漁師たちは、それをお互いに身にも頭にも塗り合い、鱈が獲れるまでは払い落とさない。初鱈を獲ることができると、まず神に供え、自分でも食べて酒を飲んだ。そして、門《かど》ごとに立って、「食いに来い」と呼び歩くと、網代家に集まって、みんなで鱈汁を食べる。

その時季は雪がひどく降るし、海も荒れに荒れ、木の葉が吹き散ったように、多くの舟が漕ぎ乱れる。海水で濡《ぬ》れてしみ凍った袂《たもと》に雪が降りかかり、吹雪《ふぶき》にまみれて、身にしみる荒潮のつらい思いが想像される。

浦人の言葉に、「鱈を食う」という場合がある。それは、一つの舟に複数の人が乗り合わせるので、自分の網にかかった魚の印として、尾や鰭《ひれ》を食い切ることをいう。自分の魚だと識別するために、それぞれに食い切る部位を決めておくのである。舟が大きくて、人が多く乗っているときには、尾や鰭では足りないので、鱈の背や頭などを食い裂いて印にすることもあった。

また、浦人は、「鱈には一二種類ある」という。その名称として、小腹のごぼうたら、色の白いゆうがおたら、大きくて色の黒いどうけたらなど、細かく列挙している。

この図絵は鱈を描き、「一番　二番　タカサゴ　ワヲ　シタヲ　ヲシタ　ドウノヒレ　コビレ　ワキ」と、細かく尾や鰭の名称を入れている。この名称は、「鱈を食う」ときに役立ったのである。

他の三点の図絵も鱈漁に関わる。「魚鹹《なばり》」は、津軽の漁師の家で、子持ち鱈の子(卵)が出てこないように、これを木で作って挿したという。鱈漁は、荒れた海で網を引く漁船五艘を描く。集落から離れて海岸に建つ二軒は小屋であり、ここに漁具を入れたのだろう。『菅江真澄全集　第三巻』では「鱈漁の小屋」としたが、小屋というより、鱈漁に携わる漁師の家に見える。家の前には、横に架けた棹に多くの鱈が吊してある。これは寒風にさらして干し鱈づくりにいそしんでいるのだろう。

ウヲ
シタヲ
ヌカサゴ
ヲシタ
ドウノヒレ
二番

一番
ワキ
コビレ

㉟黒石市花巻の出土品
（『津軽のつと』一七九八年か）

『津軽《つがろ》のつと』には鱈《たら》以外の観察記録も残る。月日の記載がないので、日記というより、随筆と見るべきだという考えもある。鱈の後にあるのは縄文土器である。

寒苗《さむなえ》（青森市三内《さんない》）の里から、みかべのよろい（甕甲《みかべのよろい》。襟付短甲）のようなもの、埴輪《はにわ》のようなもの、古瓦《ふるかわら》のようなものが出土するのは、実に不思議だと思った。このことはすでに一七九六年の日記『すみかの山』に見えた。古い堰《せき》の崩れた所から、縄形・布形の紋様のある古い瓦、甕《かめ》の壊れたような形をしたもの、人の頭・仮面などの形をしたもの、頸鎧《みかべのよろい》に似たものが出土したことを書いていた。

また、「最近、黒石《くろいし》の近くの花巻《はなまき》（黒石市）の山畑から、寒苗で掘ったのと同じ形のものを掘り出した」と、知人が送ってくれたので、珍しく思って描き留めた。

かつて、亀ヶ岡《かめがおか》（つがる市）の館の小高い広野を掘ると、小甕、瓶子《へいじ》、平瓫《ひらか》、小壺《おつぼ》、手壺、天《あま》の手抉《たくじり》のようなものは、掘っても掘っても尽きることがなかった。同様の記述は、すでに一七九六年の日記『外浜奇勝《そとがはまきしょう》（仮題）』の亀ヶ岡にも見えた。

この図絵は、知人から送られてきた黒石市花巻の出土品を描く。確かに、『すみかの山』で描かれた甕甲とよく似ている。縄文前期中頃から中期末葉の三内丸山《さんないまるやま》遺跡、縄文晩期の亀ヶ岡遺跡の出土品の比較を行って、考古遺物への関心を示している。

㊱とぶさたて（『外浜奇勝《そとがはまきしょう》（仮題）』一七九八年五月）

五月、真澄は弘前を出発し、採薬のために深山を巡る。

一〇日、植田《うえだ》（弘前市）を過ぎ、愛宕《おたぎ》の社に向かった。坂の傍らにある真言《しんごん》宗の橋《きょう》雲寺《うんじ》では、新たに造り替えるために、山の大杉を何本も伐り倒していた。その枝葉の先を折って、伐った木の根株ごとに挿してある。これは祝詞《のりと》に「本末をば山の神に祭りて」と書き記してある古い風習であろう。「鳥総《とぶさ》立て足柄山《あしがらやま》に船木伐り木《き》に伐り寄せつあたら船木を」という『万葉集』の古歌も、このようなことをいうのだろう。木樵《こり》や山稼ぎの家々にはそれぞれのやり方があると聞いていたが、実際に見たのはこれが初めてだった。

この「鳥総立て」の歌は沙弥満誓《さみまんぜい》が詠んだ歌である。足柄山（神奈川県）は船材の産地として有名であり、船木を伐採した後、山の神に感謝して、その切り株に梢の枝葉を立てたのである。この歌は、船木を評判の美女に見立て、木樵が船木を伐るのを評判の美女を人妻にすることに喩《たと》えている。

図絵は、下にとぶさを立てたさまを描く。切り株に枝葉の先が立てられ、右に伐採した大杉が横たわる。上は橋雲寺の石段である。真澄はこれがとぶさたての初見だったが、一八〇五年の日記『みかべのよろひ』の秋田領の森吉山《もりよしざん》にもこれが見える。

刀布差

㊲歌枕・野田の玉川

（『錦《にしき》の浜《はま》』一七九八年七月）

『錦の浜』は数年間の日記の断片を集めて、真澄が後に綴《つづ》ったものである。その中に、一七九八年七月に津軽半島で採薬した記述が含まれる。

真澄は弘前を出発し、松前街道を北上して蟹田《かにた》（東津軽郡外ヶ浜町）を通り、野田《のだ》の浦に着いた。磯から波が寄せるので、潮が引いたときだけ玉川を渡ることができた。そこに鎌を差した男が通ったので、「河の名のたまもやからん海士《あま》の子が袖吹きわたる野田の秋風」と詠んだ。川の名を玉川というので、その名のとおり玉藻を刈るのだろうか、野田では秋風が漁師の袖《そで》を吹きわたることだ、という意味。

図絵は野田の集落を南へ向かって鳥瞰図として描く。中央に松前街道が通っている。本文では潮の引いたときに川を渡るとするが、図絵では橋が架かっている。玉川は、津軽の外が浜へ、野田村（甲）の、雷神山《なるかやま》（乙）の辺りに出て、菅大臣《かんだいじん》の杜《もり》（菅原道《すがわらのみち》真《ざね》を祀る天満宮）（丙）を巡って、西北から東に流れて海（陸奥湾《むつわん》）に注ぐ。秋の末から冬の初めなど、夕暮れに千鳥が鳴くのは感慨深いとする。

説明の「汐風《しほかぜ》越して陸奥《みちのく》の野田の玉川」「千鳥」は、『新古今和歌集《しんこきんわかしゅう》』冬歌の能因《のういん》法師の歌を踏まえる。歌枕・野田の玉川は南部領にも仙台領にもある。どれが本当かわからないが、津軽領の野田の玉川は知られていないので、取り上げたのである。

汐风越て陸奥の野田の玉川を
南倍仙基至小のつゝ岩流りぬ
よろしやまはあらん津刈の舟ゝを通へ
甲田村の雷神《ナルカミ》山の辺を出て
蕎々古代す杜とめぐり西北より東に
流て海にのぞ 淀の末冬をめぐりて
千鳥鳴くなれ ゝ あれとも
此玉川は謌にても名高き
あるさなりき

Ⅲ　秋田の旅（1）

一八〇一年、四八歳になった菅江真澄は、津軽領《つがる》（青森県西部）を離れて、秋田領（秋田県）に入る。信濃《しなの》（長野県）を出た後、一七八四年から翌年にかけて秋田領に滞在しているので、これは一六年ぶりの再訪だったことになる。だが、その後、南部領の鹿角《かづの》（明治以降は秋田県）を訪れることはあっても、一八二九年、七六歳で亡くなるまでの二八年間を秋田領で過ごしている。

ここでは、一八〇一年に秋田領に入ってから〇七年までの六年ほどを、「Ⅲ　秋田の旅（1）」としてまとめることにした。真澄が秋田領で旅を続けて日記を書き継いだ期間は一〇年あまりなので、この期間はその前半期にあたり、一八〇八年が転換期にあたると見られる。それ以降は、それまでの旅の豊かな経験や知識が記述に表れ、さまざまな比較が随所で始まっているのが特徴的である。

一八〇一年の日記『雪《ゆき》の道奥《みちおく》雪《ゆき》の出羽路《いでわじ》』では、一一月、真澄が深浦（青森県西津軽郡深浦町）を出発する際、多くの人が別れを惜しんでいる。深浦は六年あまりを津軽で生活する中で、重要な拠点の一つだった。真澄は一挙に南下して、能代《のしろ》から久保《くぼ》田《た》（秋田市）に行き、そこで年末を迎える。なお、翌〇二年一月もそのまま久保田に滞在し、八郎潟《はちろうがた》で氷下漁を見たことが明らかにされている。

日記『しげき山本』では、三月に木戸石《きどいし》（北秋田市）から藤琴《ふじこと》（山本郡藤里町《やまもとぐんふじさと》）の太良《だいら》鉱山に行った。六月にも太良鉱山を訪ねている。一〇月には森吉山《もりよしざん》（北秋田市）に登り、一二月には雪の積もる北麓《ほくろく》の白糸《しらいと》の滝（北秋田市）を見て、独鈷《とっこ》（大館市《おおだて》）の浅利《あさり》氏の旧跡を訪ね、大滝《おおたき》温泉で越年したことが、日記『雪の秋田根』からわかる。日記『薄《すすき》の出湯《いでゆ》』によれば、〇三年の正月はそのまま大滝温泉で迎えて正月行事を記録し、五月には季節を改めて、再び白糸の滝を訪ね、大葛《おおくぞ》鉱山（大館市）に行っている。六月には、二井田《にいだ》で藤原泰衡《ふじわらのやすひら》の話を聞き、大披《おおびらき》で引欠川《ひっかけがわ》の川岸から出た発掘品を調べ、松峰《まつみね》の修験・伝寿院《でんじゅいん》で鈴の図を見ていることが、日記『にへのしがらみ』にある。

〇四年は、合綴『浦《うら》の笛滝《ふえたき》』によって、正月を川井《かわい》（北秋田市）で迎えたことがわかる。その後の動きはわずかに知られるばかりだが、日記『男鹿《おが》の秋風《あきかぜ》』によれば、八月、久保田を出発、八郎潟で舟に乗って中秋の名月を見て、寒風山《かんぷうざん》に登った後、男鹿半島の南海岸を門前《もんぜん》まで歩き、九月、天王《てんのう》（潟上市《かたがみ》）から八郎潟の西側を北上して、能代に着く。

〇五年の前半は不明だが、日記『みかべのよろひ』によって、八月、川井を出発し、やはり季節を改めて、再び森吉山に登った。下山後、戸鳥内《ととりない》で縄文土器の破片を見て、阿仁《あに》の山奥を歩いていることが知られる。九月、川井を出発し、田代《たしろ》（能代市）の山里の様子を記録し、仁鮒《にぶな》から薄井《うすい》に着いた。

〇六年の二月、三月は能代を拠点にして桜や桃を見て回ったことが、日記『霞《かす》む月《つき》星《ぼし》』からわかる。合綴『浦の笛滝』によって、その後も能代に滞在して、四月に長崎《ながさき》の五月雨沼《さみだれぬま》を見て、七月には岩館《いわだて》（山本郡八峰町《はっぽうちょう》）の笛滝《ふえたき》を見ていることがわかる。

日記『おがらの滝』では、〇七年三月に岩館を出発し、四月、大柄《おがら》の滝（能代市）を見に行った。日記『錦木』によれば、五月末に雪沢《ゆきさわ》を発って毛馬内《けまない》（鹿角市）に着き、付近を巡遊している。八月に毛馬内から十和田湖《とわだこ》を見に行き、九月に大湯《おおゆ》の銚子《ちょうし》の滝を見たことが、日記『十曲湖《とわだのうみ》』から知られる。

秋田領に入った真澄は、主に、今の能代市・大館市・北秋田市で過ごしている。森吉山とその北麓にある白糸の滝を季節を変えて訪ねているのは注目される。太良鉱山・大葛鉱山・阿仁《あに》鉱山（これは図絵だけ残った『阿仁の沢水』に見える）や、笛滝・大柄の滝・七滝《ななたき》・銚子の滝を訪ねているのは、特徴的な動きかもしれない。

こうして見ると、男鹿半島を歩いた『男鹿の秋風』は異質な動きだったかと思われる。一八一〇年から翌年、改めて男鹿半島を巡り、日記『男鹿の春風』『男鹿の鈴風』『男鹿の島風』『男鹿の寒風』を書いた。そのため、これらを「男鹿五風《おがごふう》」として見ることがある。内田武志・宮本常一編訳の『菅江真澄遊覧記』の場合も、『男鹿の秋風』を「男鹿五風」の最初に位置づけ、日記の年代からは引き離している。

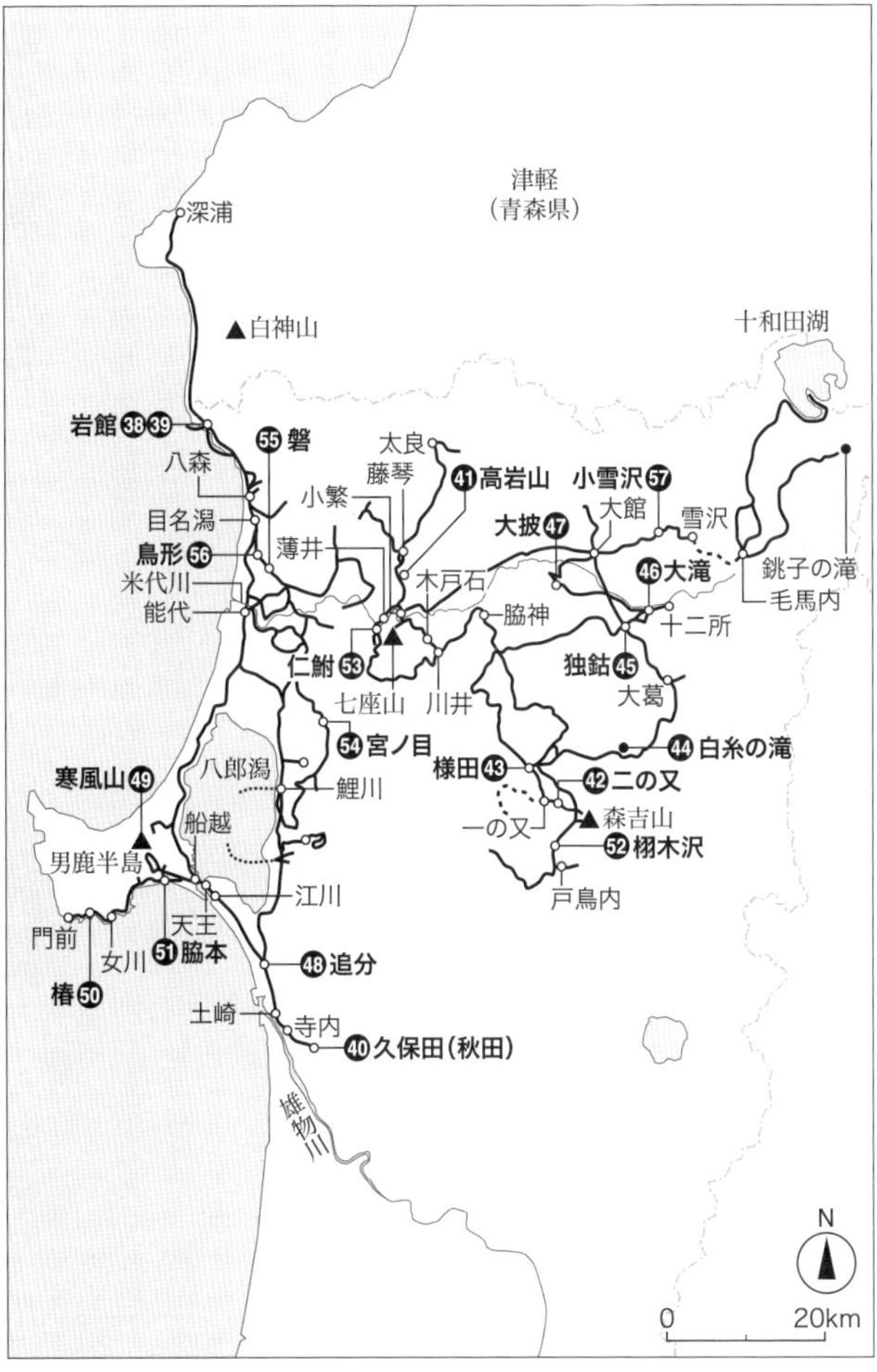
津軽
（青森県）
深浦
白神山
十和田湖
岩館㊳㊴
八森
目名潟
鳥形56
米代川
能代
55 磐
太良
藤琴
小繁
薄井
41 高岩山
小雪沢57
大館
雪沢
大披47
46大滝
銚子の滝
毛馬内
木戸石
脇神
十二所
仁鮒53
七座山
川井
独鈷45
大葛
54宮ノ目
44白糸の滝
様田43
42二の又
八郎潟
鯉川
一の又
森吉山
52栩木沢
戸鳥内
寒風山49
船越
男鹿半島
江川
天王
門前
女川
51脇本
椿50
48追分
土崎
寺内
40久保田（秋田）
雄物川
N
0
20km

㊳ぶりこ獲る浦乙女

（『雪《ゆき》の道奥《みちおく》雪《ゆき》の出羽路《いでわじ》』一八〇一年一一月）

一一月、真澄は深浦（青森県西津軽郡深浦町）を出発する。別れを惜しんで、老若男女六十人の人々が見送ってくれた。国境《くにざかい》にある境《さかい》明神の祠《ほこら》に幣《ぬさ》を手向けて、秋田領（秋田県）に入って、岩館《いわだて》の浦（山本郡八峰《はっぽう》町）に泊まった。

六日、漁師たちが「鰰《はたはた》の網引きをする」と言って、たくさんの小舟を漕ぎ出した。冬の漁師の世渡りは、蝦夷《えぞ》地《ち》（北海道）のオットセイ狩りと同じである。岸辺の岩の上では男女が群がって立ち、魚群のいる場所を教える。この岩館の浦では鰰がたいへん多く獲れ、八森神魚《はちもりはたはた》と呼んでいる。

漁期の終わりには、鰰が藻に産み付けたぶりこ（卵）を柄の長短がある金熊手《かなくまで》のような道具でかき寄せて獲ったり、波に打ち上げられた浜のぶりこを拾ったりする。

図絵は、浦乙女が熊手のような漁具で荒磯の藻に付いたぶりこをかき寄せ、それを腰に着けたこだす（編籠）にとり入れる姿を描く。「八森《はちもり》はたはた男鹿《おが》ぶりこ」という諺《ことわざ》があり、岩館の浦は岩が多く、波にあてられてぶりこの半分は傷むが、男鹿は北の浦も南の浦も藻が多く、ぶりこはみな姿がよいので、このように言う。この前の図絵では、金熊手のような鰰の漁具と、縄でつないだつなぎぶりこ、鰰の腹から絞り出したぞろりこ、折敷《おしき》に盛って固めたおしきぶりこを描いている。

神魚子《ぎりこ》の藻に付たるとて
浦乙女集りてかきよせる
巨多《こだ》すゞえ濱《はま》葡萄《ぶだう》の
あらかづ女乃ちぎとるあり
さりのぬ
八森てふところ雄鹿
がりことは詠のあり
八盛乃岩館浦なん
岩のいと多くしほひのこ
浪まにあそぶ
なりしてまとりするなる
多し雄鹿の北の浦も
南の浦も藻の多くして
ふる海女の孝をみれど
しらすあり

㊴鰰の雌と雄

（『雪の道奥雪の出羽路』一八〇一年一一月）

岩館《いわだて》の浦（山本郡八峰《はっぽう》町）の鰰《はたはた》漁では、秋の土用から二〇日と一夜を経ると、といいづまといって、一〇月半ば頃は海が荒れに荒れ、沖ではごろごろと雷が必ず鳴る。それをいわつめという。魚集《いおあつ》めという意味だろうか。浦人の口癖として、あつめるをまつめると訛《なま》るので、そんな気持ちで言うのか。雷をはたたがみというのは、この魚の名から起こったのか。それとも、雷の鳴り響く頃に獲れるので、魚の名としたのか。「この魚集《いわつ》めが沖に鳴るのは豊漁だ。山に響くと魚が少ない」と言う。

鰰には、黒めす、白めす、霰形《あられがた》、黄肌、黄金肌《こがねはだ》などといって、五種類がある。黄金肌は鰰だけでなく、鱈《たら》や鮭についてもいう。

網には、起こし網、小曳《こび》き網《あみ》、投網《とあみ》、掬網《すくいあみ》などがある。掬網は五尋（約七・五メートル）ほどの柄の長さのある網で、荒磯の岩の上で、一日中一晩中、魚が寄ってくるのをすくう。起こし網は曳き網にやや似ている。投網はあまり用いられない。漁の最中は沖に鷗《かもめ》が群れ、磯に鴉《からす》が群がる。人がたくさん集まって、獲った魚をはかり桶で量って、あじか（編籠）に入れる。それを仲買い人が争って買って馬に背負わせ、関山を越えて陸奥《むつ》（東北地方の太平洋側）に運んだり、能代《のしろ》の港や阿仁《あに》、比内《ひない》（北秋田市・大館《おおだて》市）に持ち運んだりして売る。

漁の真っ盛りの頃には、浦々に魚舎《なや》がびっしりと並ぶ。盛んに網引きが行われる頃は、磯辺に魚が山をなし、村外れには新しく役人を置いて馬の荷を改めるので、たいそう賑わって見ものである。

天註には、鰰は秋田の名産であり、秋田藩主の佐竹《さたけ》家が常陸《ひたち》（茨城県）から秋田に移封されたのに従ってきた魚だ、という話がある。

図絵は鰰の雌と雄の姿を描く。右図は雌鰰とぶりこの図絵である。甲が雌鰰で、乙は産み落とされたぶりこである。この雌鰰には、色によって、黒めすと白めすの種類がある。左図は雄鰰の図絵である。雄鰰も色の違いによって、黄金肌、黄肌、白肌（前の霰形のこと）などの種類がある。丁は黄肌である。

この前には、岩館の浦の荒れた海で、舟に乗って網引きを行う鰰漁の図絵がある。

この後の一つは、群れ来る鰰を荒磯の岩から昼夜を問わずすくう持網《もちあみ》を描く。これは掬網のことで、柄が四尋から五尋（約六〜七・五メートル）、網袋の長さは五尺（約一・五メートル）ほどある。もう一つははかり桶を描く。これは米が五斗（約九〇リットル）入る。鰰の大きさで区分し、一桶に最上品の大形は四四〇から五〇匹、中形は五〇〇匹ほど、小形は六〇〇匹ほど入る。四桶分を馬に積む一駄として、四、五〇〇文の値段で浜買いをするが、四、五倍の二貫ほどの金額で市路《いちじ》で売るという。

咩波多播駄及布離姑乃圖《カタ》

甲

乙

雌鰰ハ黒女生《メス》 白女生の品あり
雄神奥に黄金肌 黄肌 白肌
みとのまくひありき

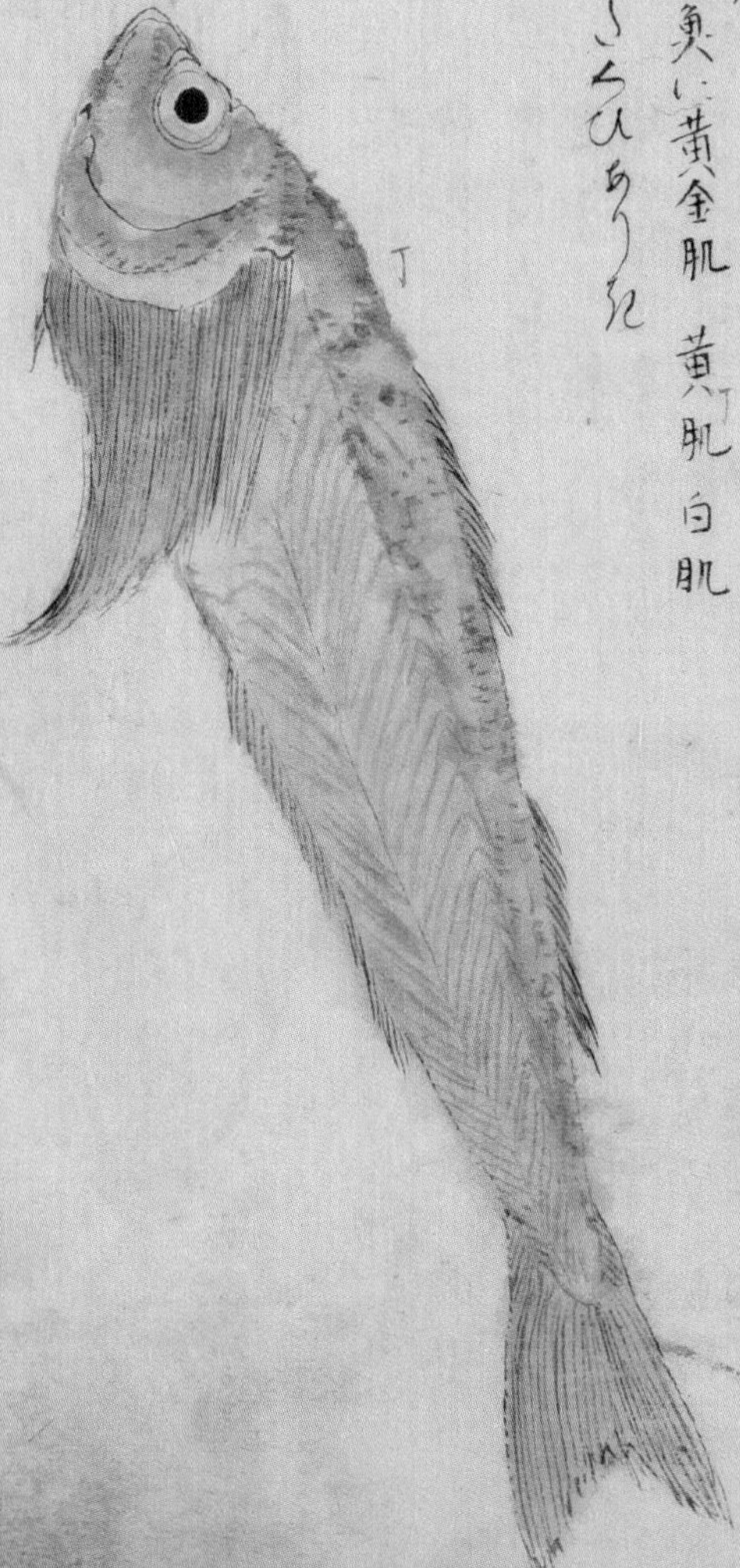

40 年の市と買い物帰りの二人 （『雪の道奥雪の出羽路』一八〇一年一二月）

真澄は、一二月半ばに土崎《つちざき》（秋田市）を出て、秋田城下の久保田に入る。

一二月二九日は、この頃毎日立つ年の市を見ようと宿を出た。家々の軒端に仮の屋台を作り並べている。そこには、なのりそ（ホンダワラ）、荒布《あらめ》、芹《せり》、青菜、芋、百《ゆ》合《り》、鮭の子（すじこ）、たがねこ、鮭のおおにえ（年の神に供える塩鮭）、鱒《ます》の荒巻、牛蒡《ごぼう》、人参《にんじん》、葱《ねぎ》、大根、つか（ワカサギ）、鮒がある。

他にも、あぶりこ（魚や餅を焼く道具）、火箸、高坏《たかつき》、窪坏《くぼつき》（神に食物を供える器）、折敷《おしき》、掛盤《かけばん》（食器を載せる道具）もあるし、小鍋、大鍋、小皿、大皿、徳利、花瓶、平瓮《ひらか》（土の容器）、斎瓮《いわいべ》（神に供える神酒《みき》を入れる容器）などの陶器も並ぶ。

いか（凧《たこ》）、鶯笛《うぐいすぶえ》（鶯の鳴き声のように鳴る笛）、桶、小桶、手桶、半切盥《はんせつだらい》、若水桶、雪舟木《そりぎ》、橇《そり》の爪、しんべ・ごんべなど藁製の雪沓《ゆきぐつ》、草履、あとがけ（藁沓の踵《かかと》にかける藁製の覆い）、乳子《ちご》草履《ぞうり》などがある。

古物店には、黄金色の仏像、釈迦《しやか》仏《ぶつ》の画像がある。壊れた靫《うつぼ》（矢を入れる武具）、弦《つる》のない弓、羽根のない鋭い矢が並ぶのは、太平の御代の姿を表している。鏡懸け、耳盥《みみだらい》、紐《ひも》鏡《かがみ》、ます鏡（よく映る鏡）を懸け並べてある所を、大勢の男女がうち群れて歩く。挿《さ》し櫛《ぐし》、簪《かんざし》、笄《こうがい》があり、針屋では、南京針、みすや針（京都で売られた針）、白粉《おしろい》、都の紅を売る。

ぶりこ（鰰《はたはた》の卵）、折敷《おしき》ぶりこ、ひろめ（真昆布）、からすみ（鯔《ぼら》などの卵巣を塩漬けにして乾燥させた食品）、うちあわび（のしあわび）、黒海苔《くろのり》、布海苔《ふのり》を売る。「籠提灯《かごちょうちん》、へり（茣蓙《ござ》）、筵《むしろ》」などと呼び立てる声が賑やかだった。
小松、姫小松、霜ふり（ハイマツ）、五葉松、ゆずる葉、炭、柿、かえ（榧《かや》の実）、胡桃《くるみ》、栗、柚《ゆず》、蜜柑《みかん》、野老《ところ》、穂俵《ほだわら》（新年の飾り物の一つ）が並ぶ。

雪を堤のようにつき固めて、その上に、楓《かえで》の紅葉、櫨《はじ》、柞《ははそ》、山橘《やまたちばな》（ヤブコウジ）、白蓬《しらよもぎ》、しのぶ、榧の葉、いつ葉、ひむろ、はまばい（ハマゴウ）、あすなろう、はまがき（ツルウメモドキ）、あおきばなど、すべて一年間の草木の花を干《ほ》しておいて、雪の降る野山の木枝を折り交ぜ、手で汚れた枝葉は降りかかる雪で清めて神仏に供える。「召せ召せ、三世の仏の花を」と言って雪の上に折り散らすと、通りがかりの人が踏みしめるのもおもしろい。

初めの図絵は年の市で物を売る様子を描く。煙管《キセル》で煙草《たばこ》を吸う売り主は、軒先の雪の上に店を構える。前に置き、後ろに並べるのは干した草木であり、向かって右には魚、左には小松を置く。次の図絵は年の市で買い物をした二人が話しながら帰る姿を描く。空に凧が上がるのは、これが年末の遊びだったことを示している。

同じ頃、秋田藩直臣の荻津《おぎつ》勝孝《かつたか》が描いたとされる『秋田風俗絵巻』には、小正月の市の風景が見える。

㊶目籠石に隠れる猿　（『しげき山本』一八〇二年三月）

三月、真澄は木戸石《きどいし》（北秋田市）から藤琴《ふじこと》（山本郡藤里町）の太良《だいら》鉱山に向かった。九日は七座山《ななくらやま》（能代《のしろ》市）に登る。七つの峰の連山なので、この名がある。やがて頂上（権現座《ごんげんくら》）に出ると、大きな岩屋があった。中の大きな岩の面が獅子《しし》頭《がしら》の姿に造られ、円仁《えんにん》が造った権現様として厚く信仰されていた。その日は小繋《こつなぎ》に泊まった。

一〇日は高岩山《たかいわさん》に登った。深く分け行くと、茅葺《かやぶ》きの堂があり、自然石の五輪塔のようなものもある。男御殿《おとこごてん》の岩の下の格子には三十三菩薩の石像が置かれている。女《おんな》御殿《ごてん》の大きな岩にはたくさんの穴があって、それを目籠石《めかごいし》といった。なるほど、おおまあらこ（大目荒籠）、かだま（編籠）などを見るようである。この石面の穴ごとに猿がたくさん伏し隠れ、かがんでいる様子は、春日山《かすがやま》（奈良県）の石燈籠《いしどうろう》に猿が身を潜めているのと同じだった。「この目籠石の穴に銭を投げ入れることができた人は、願いがかなう」と言って、連れの人が盛んに投げ入れた。そこにいた猿の頭に銭が当たったのか、目鼻を蔽《おお》い頭を抱えて一匹が逃げ出すと二匹が出て、連れ立ってみんないなくなった。

数点の図絵では、高岩山の権現の堂、五輪塔、三十三菩薩のある窟《いわや》、目籠石の全体を描いて、この図絵で改めて、目籠石に猿が隠れている様子と男御殿を詳しく描く。

凡もて
咲加巨委志ぬ
るぬ
らるこくろ

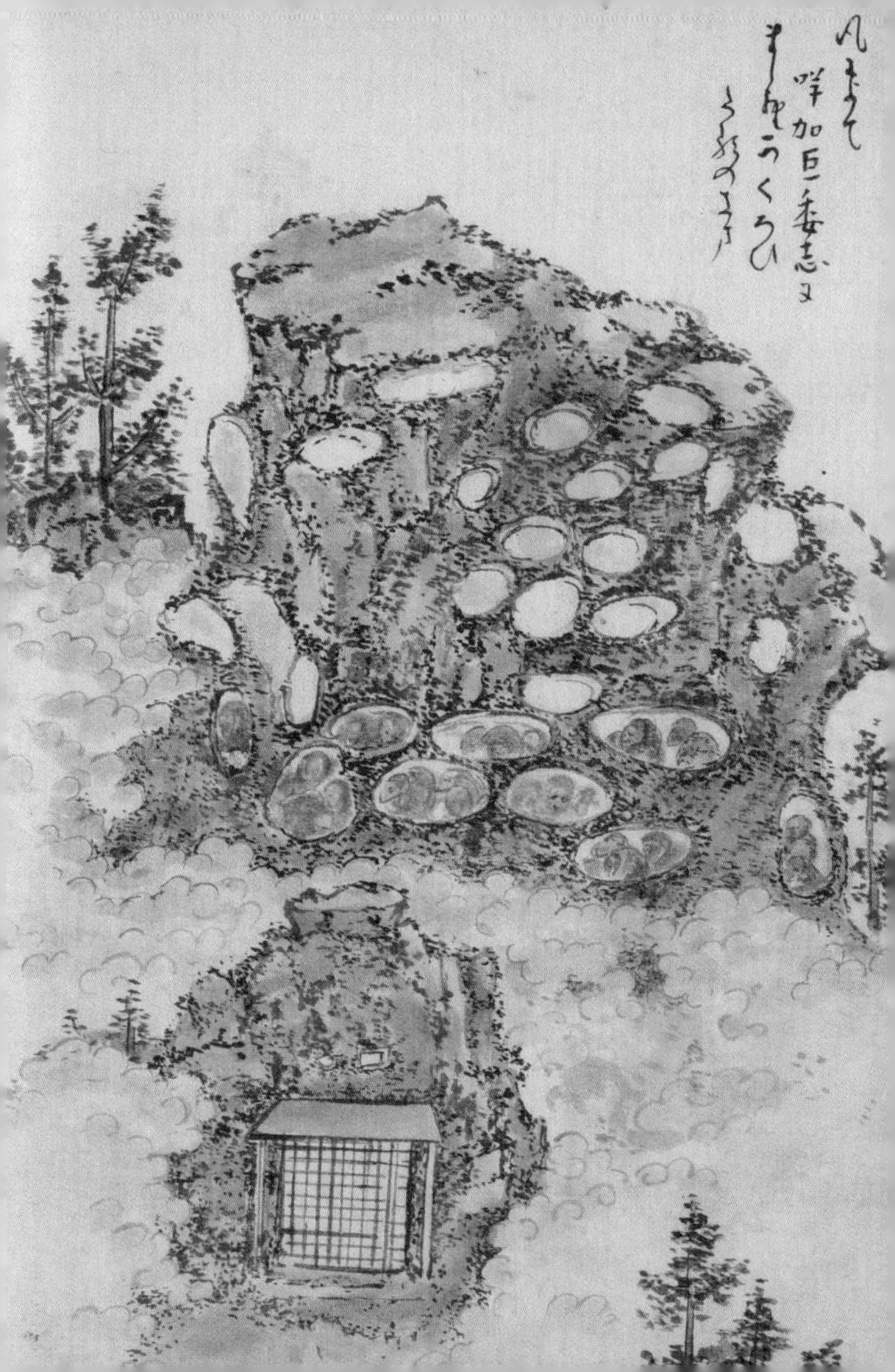

㊷はたけまぶの坑口

（『雪の秋田根』一八〇二年一〇月）

一〇月一三日、真澄は笹平《ささたい》（北秋田市）という所を出発して、はたけまぶの鉱山も過ぎると、蛇腹《じゃばら》の岩坑《いわしき》というのがあった。この大岩が高く聳え立っているのを見て、谷をめぐり崖《がけ》を伝って、天狗比良《てんぐひら》などの鉱石を掘る者たちの宿を過ぎると、深い谷を隔てて獅子鼻という大岩が立っていたとする。

図絵には、谷を隔てて見える鉱山の坑道を描く。説明には、はたけまぶの鉱山の宿から楼架というものが続いているところを通って、いぼというものを背負い、竹火《たかび》を点《つ》けて、坑口に入る様子を描いている。楼架というのは、坑道の形状が蛇の腹のようなので、蛇腹の岩坑のことであろう。ともし火を点けて、いぼを背負っている掘子がいる。いぼというのはともし火にする笹竹のことだろう。左に坑口が見えるが、ともし火を点けた掘子が中に入ってゆく後ろ姿が確認できる。

続く一六日にこんな一節がある。鉱山で使うともし竹を伐る者が、夏から秋にかけて笹小屋を掛けていた。小屋は法師の冠のような形をしていて、小川の岸に道もいっぱいになるほどに建ち並んでいた。隙間から小屋の中を覗《のぞ》くと、やすの木（サワグルミ）の広い皮を敷いていた。この場面の図絵には、笹小屋が一五棟並ぶ。説明には、これはぶな台《たい》の笹小屋で、はらい川が流れるとある。

そけまで
くと山のその
権瑞このの
うらつき
ろかそとな
りのひるふと
しのちてけ
ある水にしき
のふようこ
ろとを

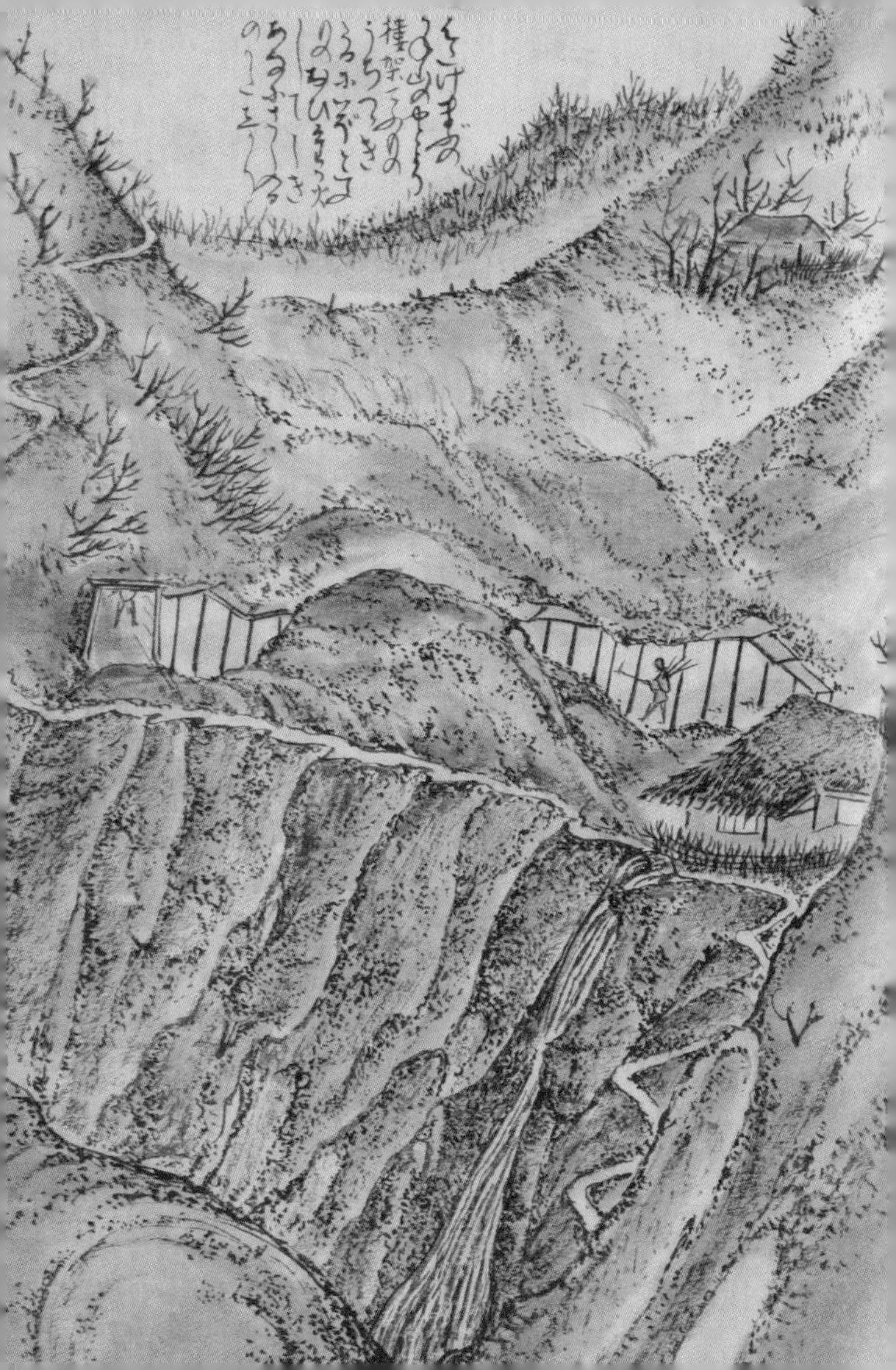

㊸小角の橋を渡る

（『雪の秋田根』一八〇二年一二月）

一〇月一六日、真澄は「御岳詣でをしよう」と人に誘われて、二《に》の又《また》（北秋田市）から森吉山《もりよしざん》（標高一四五四メートル）に登る。

この御岳は、大同《だいどう》（八〇六〜八一〇）の昔に踏み初めて、頂上の祠《ほこら》には大汝《おおなむち》（大国《おおくに》主命《ぬしのみこと》）、少彦名《すくなひこな》の二柱の神を祀る。昔は夏草を刈るために登る人でさえ厳しい斎戒を守ったが、最近は軽く精進して登るようになった。それでも、魚やくれのおも（ウィキョウ）を食べ、女性に触れ、身を清めていない人は神が嫌って、谷が鳴り、峰が響き、空がかき曇り、疾風《はやて》が梢を鳴らし、その人はどこかへ吹きさらわれてしまう、と伝える。

森吉山は昔、人が歌に詠んだ秋田《あきた》山《やま》のことである。昔は北面から登ったが、今では一の又、二の又、萱草《かやくさ》などからも登る。海の沖の方からこの山を見ると、蝦蟇《がま》がうずくまっている形に似ているので、船人たちはひきが岳と仰ぎ見て、航海のしるべとして港入りをする。この山は兎の他に獣が棲み隠れる所もない。兎を追い、蛙を獲った者は、必ずその報いを受けるという。

一一月三〇日、雪が降り積もって幾重にも重なる深い山を越えようとよじ登った。二の又峠の頂から、露が散るほどの小さな雪の塊が土塊《つちくれ》が転がるように落ちはじめたと見るうちに、卵のような礫《つぶて》になり、それがわろうだ（栈俵）の大きさに広がり、なお岩が崩れかかるように落ち重なって、岩面に打ち砕かれて散った。「これをわしといって、人が打たれて死んだり、家も壊されたりする」と、みな恐れている。音を立てて雪が崩れ落ちるのをなで（雪崩《なだれ》）といい、音もしないで落ちるのをわしというそうだ。吹雪の中を進んで、一の又に泊まった。

一二月四日、しっかりした男たちを雪踏みに先立たせて出発した。頭に奴帽額《ともつこう》（布製の大形頭巾）をまとい、その上に逆さ帽子という菅菰《すがごも》で作った物を被り、蒲《がま》の脛巾《はばき》につまご藁沓《わらぐつ》（浅い雪沓）を履き、かんじきを着け、手に小長柄《こながえ》という杖《つえ》を突いて、非常に深い高山の大雪を踏み分けて、案内人の後について行く。

小又《こまた》の山沢に行く。小又川の高い岸から望むと、岩がそびえ、水が深かった。小角《こかど》という所で、高い柱を二本立て、岩の端から端に架け渡した柴橋をまず渡った。十尋（約一五メートル）の大木を二本渡した丸木橋には、雪が深くかかっていて、途中まで踏み進むと揺れ動き、天で雲を踏むような感じだった。あまりの危うさに冷や汗が出て、思わず案内人に取りすがって助けられ、向様田《むかいさまだ》に向かった。

図絵は、甲の挟間田《さまだ》（様田）から乙の向様田へ向かう場面を描く。小角の小又川に架かる二つの橋を渡る二人のうち、前を行くのは真澄、後ろを行くのは案内人だろうか。橋にはいくつもの氷柱《つらら》が垂れている。行く先に見える集落は向様田である。

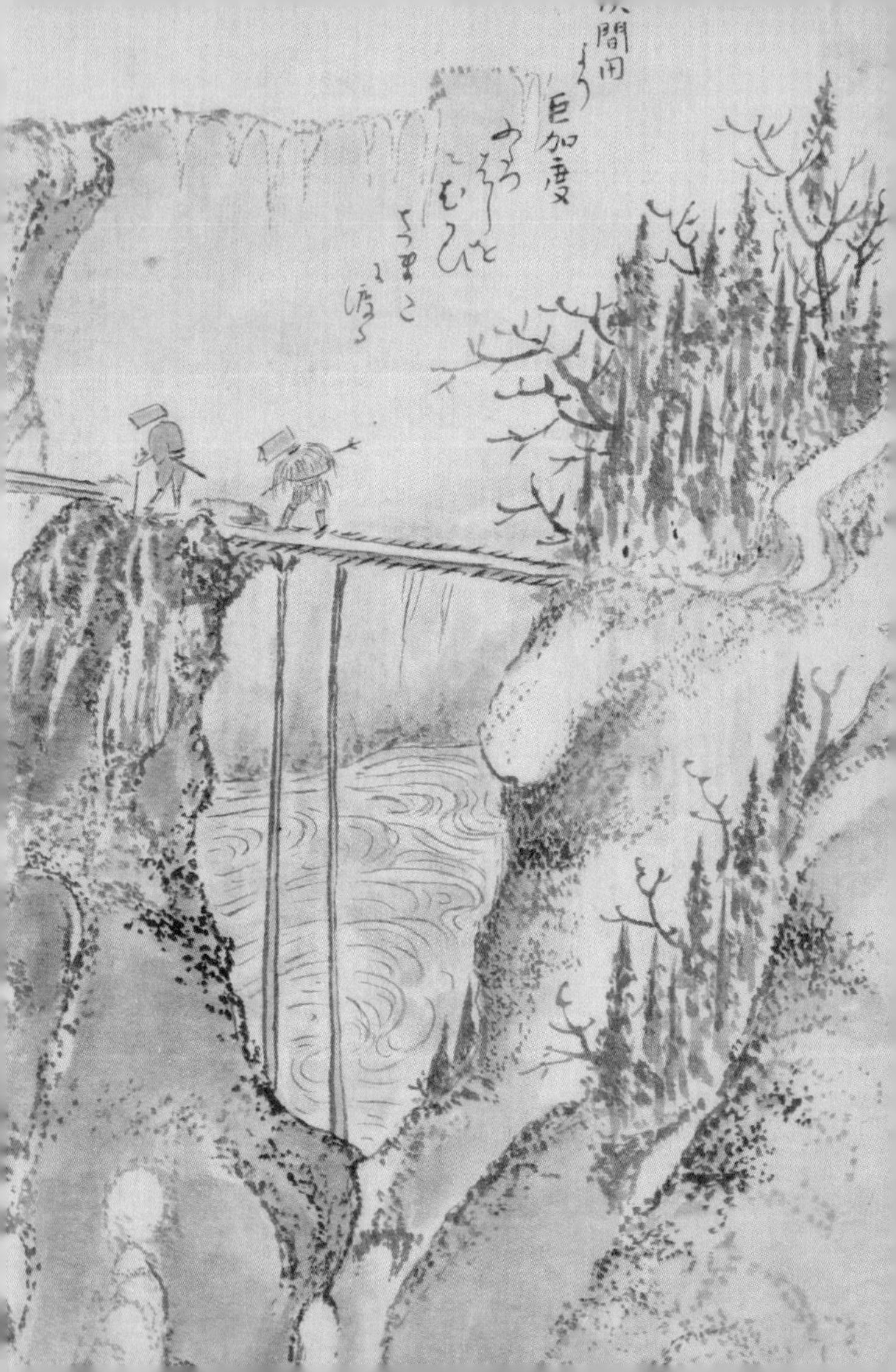
間田より
巨加度

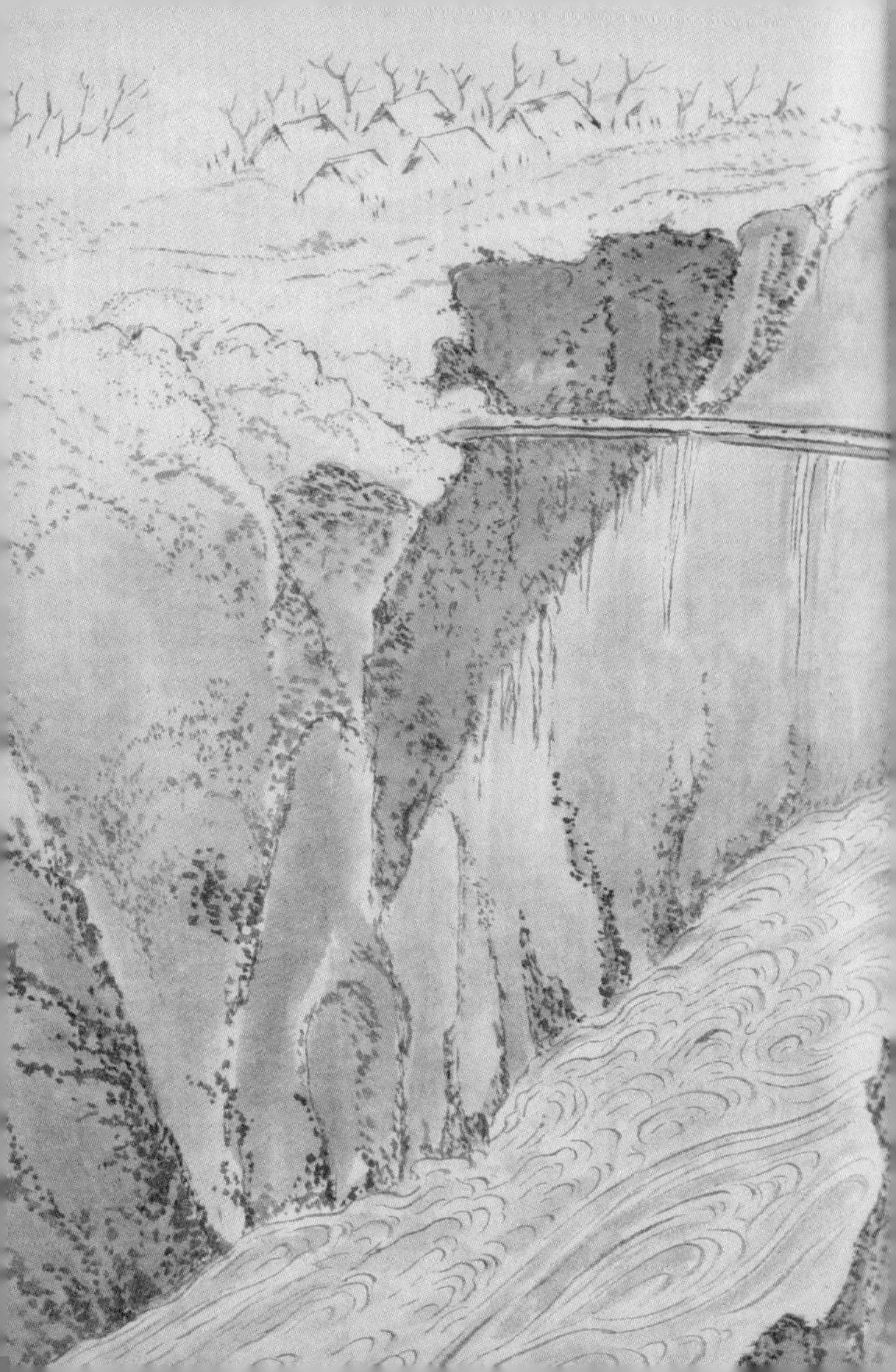

㊹雪の白糸の滝　（『雪の秋田根』一八〇二年一二月）

真澄は森吉山《もりよしざん》（北秋田市）の北麓をさらに東に向かった。

一二月六日は早朝からますます雪が降った。白糸の滝を見たいと思うが、大雪で道もまったくないので、三人の案内人に道踏みを頼んだ。案内人は手ごとに猿手《さるで》（さって。雪べら）を持ち、雪に突き立て、かき分けて進んだ。かんじきの跡をしるべとして、雪の小坂を作って、木の梢や柴を折っては敷き、雪に折れ伏す木の枝を越えて、山陰に至ると、高い山の間に白糸の滝が落ちていた。滝水が黒い岩の面に白い糸筋を縒《よ》りかけるように乱れかかっていた。山の姿も殊におもしろい。枯れた木々の中に赤檜・黒檜（ともにクロベ）などが常緑の枝を交え、松も他の木々もよく茂っていて、雪のかかった梢は真っ盛りの桜のように見えた。桜の古木も多いが、「紅葉は色を尽くして見事であり、春秋は白糸の滝に来る人が多い」と、案内人たちが語った。

この滝の水上に行くと、研台《すずりたい》という所があって、石材がたくさん出る。稀《まれ》に、花紋石もある。

図絵は、雪の中で見た白糸の滝の全体を表すために、上下の見開きで描く。この後の図絵には花紋石も描いている。「木の葉石。植物の葉の化石をふくむ硬質黒色泥岩。ここに産する花紋石は硯《すずり》として珍重された」（『菅江真澄遊覧記4』）とされる。

斯良季騰
冬奇
雪
尺余

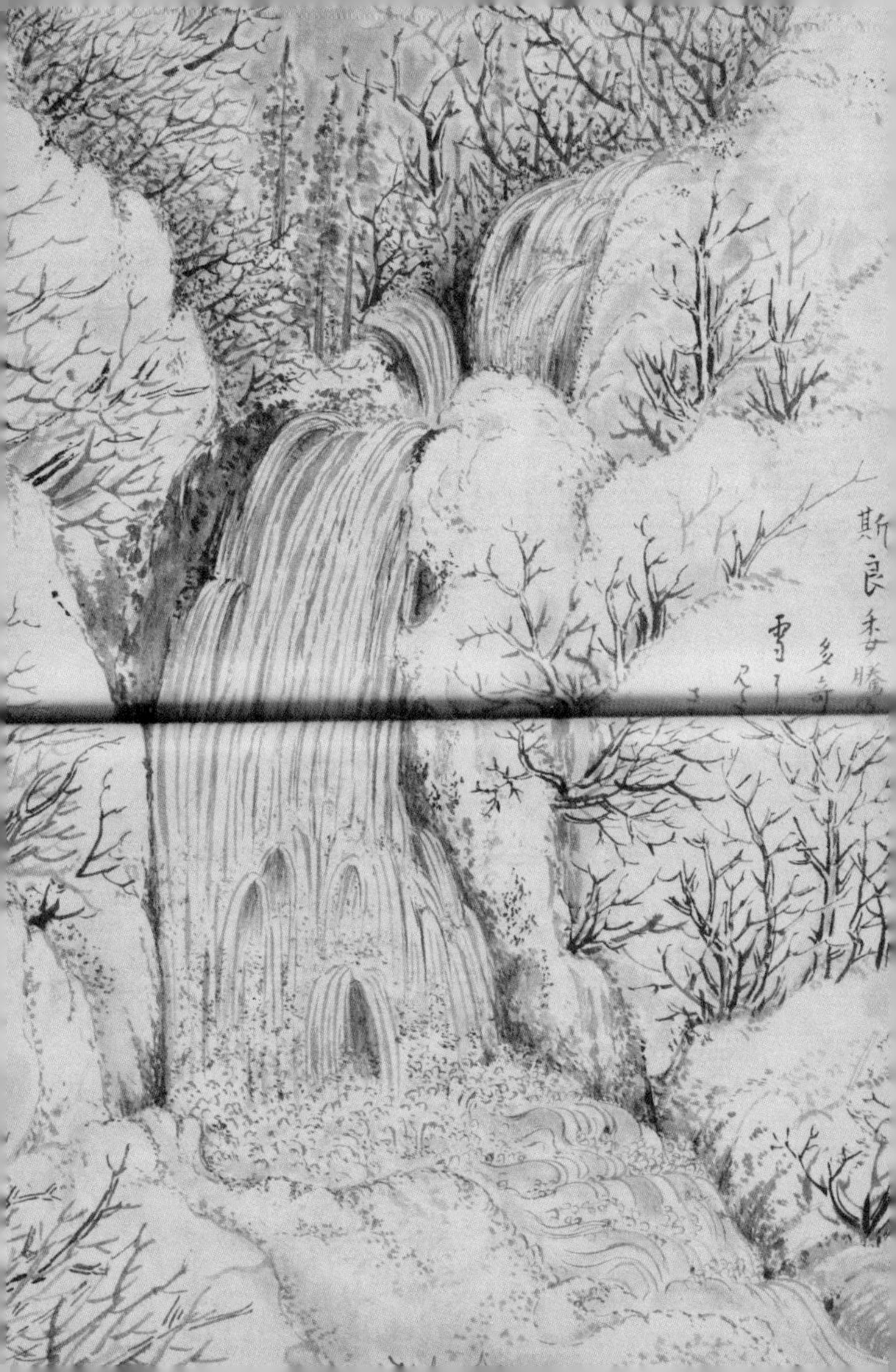

㊺浅利の琵琶

（『雪の秋田根』一八〇二年一二月）

真澄は、白糸の滝を見た後、独鈷《とっこ》（大館《おおだて》市）を訪ねる。一二月一六日、行基菩薩《ぎょうき》の作った大日如来を祀る堂があるので、宿の主人に案内してもらった。その堂は大永《だいえい》年間（一五二一〜二八）に修理を加えて、いかめしく建てた堂だった。雪のかかった杉木立の辺りは、浅利《あさり》氏が住んでいた古跡だという。浅利氏は甲州《こうしゅう》（山梨県）から比内《ひない》に来て独鈷城を築き、この地域を戦国時代に支配したが、近世大名になることはできなかった。

堂の中には朽ちた仏像がたくさん並んでいた。鉄刀木《たがやさん》を材料とした琵琶《びわ》が置いてあった。かなり傷んではいるが、これこそ浅利家重代の古器だろう。案内の翁《おきな》も掻《か》き撫でて、その持ち主に思いをはせている。昔が頻《しき》りに偲《しの》ばれて、

むかし誰《た》が手に馴《な》らしけん四つの緒《を》のしらべかへたる松風の声

と、堂の柱に書き付けた。

図絵は浅利氏伝来の琵琶を描く。縦は二尺（約六〇センチメートル）、横は一尺五寸（約四五センチメートル）。この琵琶は大日堂・大日神社に現存し、「琵琶の内側に貼られた真澄筆の短冊断片には、詞書と詠歌の三字しか確認できないが、《雪の秋田根》に記されたものと同歌と考えられる」（『菅江真澄、旅のまなざし』）とされる。

安左利の家くつよ

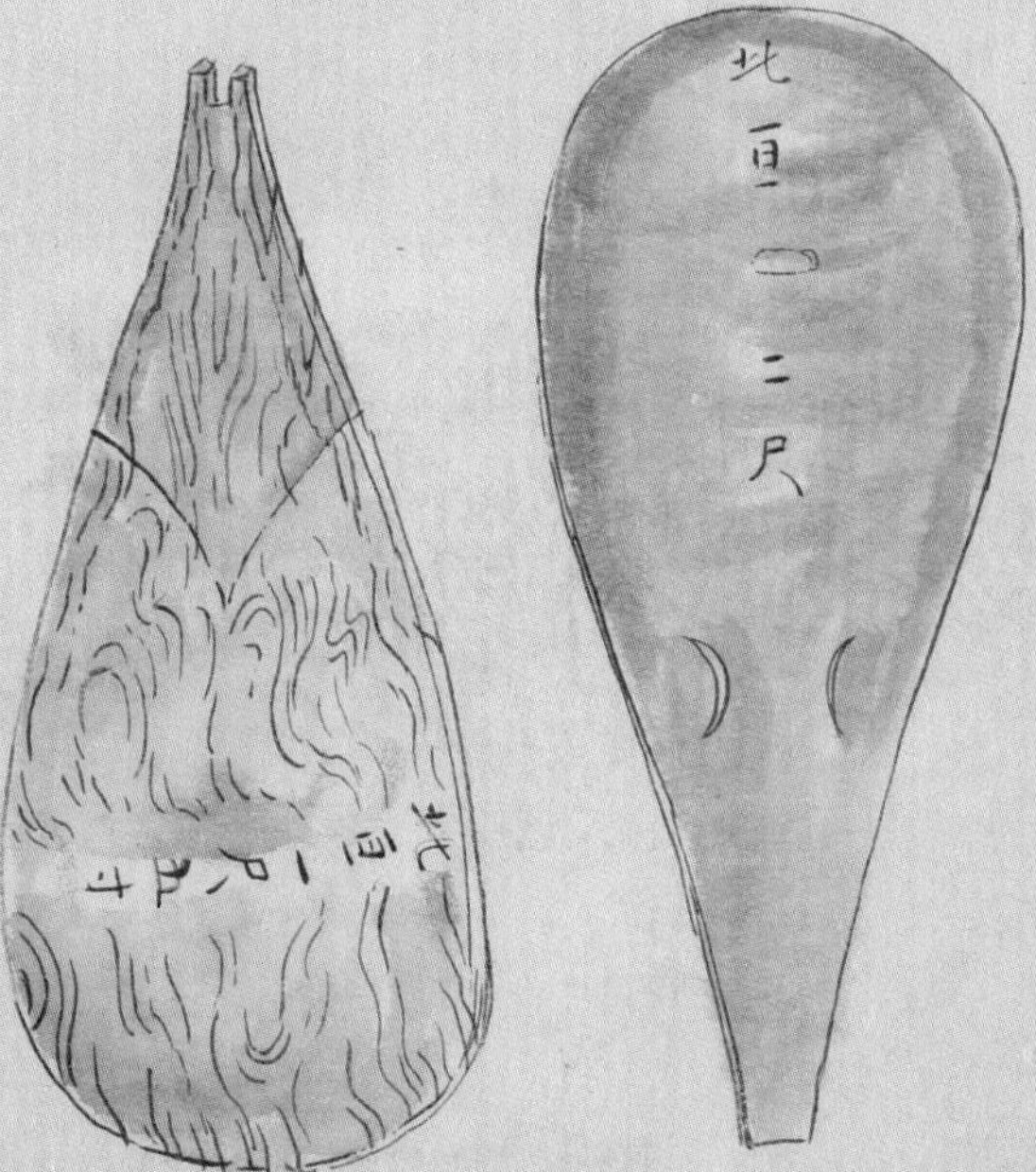

㊻薄の出湯（『薄《すすき》の出湯《いでゆ》』一八〇三年二月）

真澄は大滝温泉（大館市《おおだてし》）で越年した。

二月二〇日、真澄は大滝の湯元を訪ねて、薬師仏の堂に詣《もう》でた。傍らの出湯《いでゆ》がとくとくと涌《わ》き出るが、そこに板を敷いて土を載せ、一本植えた薄が芽ぐんでいた。その理由を尋ねると、遠い昔、不思議な翁《おきな》が鶏卵の殻に湯を詰めて、薄で包んでここに置いて行った。それ以来、温泉がふつふつと涌き始めた。その翁は神か仏だったのだろうと考えて、このように薄を植えるようになったという。

秋の頃は、六、七尺（約一・八〜二・一メートル）にまで生い茂り、尾花の穂波がなびき、それを見に来る人が多かった。そこで、薄の出湯、卵の湯という名が広まった。

この堂の中には仏像が安置されている。

信濃（長野県）で見たのは、すすきの社といって、もろつまのすすきを植えるものだったが、それと同じだった。一七八四年の日記『くめぢの橋』には、本殿に向かって右に、柵《さく》で囲んだ薄のひとむらを描いた図絵が見える。

この図絵は薄の出湯を描くが、「秋見し画《かた》」というので、この時ではなく、秋の様子である。鳥居の奥には薬師堂がある。ここには温泉の起源とその習俗を記すが、説明では、あれほど沸き返る湯の泉でも薄が枯れないのは一つの不思議だ、とする。

芒《ススキ》の温濤《イデユ》

秋見し画

鶏卵のつふおと毒の温湯とつめて芒の葉に包て神の給ひしとて卵の湯芒の湯ともいふ事しかり
科野の國に薄明神とよぶ神の在るはその神籬は薄を植てかこみて均しきをさいなり浦の湯の泉にうれぬとさるをゆるしなといへり

㊼はぶかけの発掘品

（『にへのしがらみ』一八〇三年六月）

真澄は大披《おおびらき》（大館市）にいた。六月三日、案内人がこんな話をした。もう二〇年も昔であろう。引欠川《ひっかけがわ》のはぶかけという高い岸が洪水のために崩れ落ちたとき、家が二、三軒現れた。「これはどれほどの年を土の中に埋もれていたのだろう、そこに人の住居があったのだろう」と話しても、そのことを知っていると言う人はいない。その壊れた家のやばらの板（羽目板）はとても厚かった。黒ずんでいるだけで、よさそうだったので、使おうと思って取ってみると、粟《あわ》・稗《ひえ》・筆・硯《すずり》・甕《かめ》・徳利・小鉢などが出た中に、板に彫った御仏、大きな木の沓《くつ》（下駄《げた》）があった。この履き物は下沓《しとうず》（足袋《たび》）のように左右の区別があって、昔の風俗を見ることができる。

その場所に着くと、まことに川水に押し流された所と思われた。所々に小山のような土墳があり、この辺りの人は、今もそこから年を経た良材を取って割り、削ぎ板などに使っている。その上は広い野になっていて、行き交う人が踏むと、しとしとと鳴る。「まだ土の底には家などが埋まっているのだろう」と語り合った。

図絵は引欠川の高い岸から出た発掘品を描く。転甕《ころびがめ》、居甑《いこしき》の他に履き物が三つあるが、それは長さ一尺（約三〇センチメートル）、幅五寸（約一五センチメートル）程度であった。本文ではこれを相撲取りの履き物に喩えるので、かなり大きい。

甲縣河の坡より堀出たる品

㊽榎の木の追分

（『男鹿《おが》の秋風《あきかぜ》』一八〇四年八月）

八月一四日、真澄は中秋の名月を八郎潟で見ようと思い、秋田城下の久保田を出発した。土崎《つちざき》の港（秋田市）に来た頃には、辺りはもう暗かった。

一五日、今夜の月が海原と湖水に照り映える光景はどんなに美しいだろうと想像した。真澄は日本海と八郎潟をともに眺められる場所で月見をしようと考えていたのである。かねてから、男鹿《おが》の島山の秋を探勝したいとも願っていたので、土崎の港を朝早く出発した。月見の後は、そのまま男鹿半島の南海岸を探索しようという計画だった。

穀丁《こくちょう》の集落を左に見ながら、通い慣れた榎《えのき》の分かれ道を左に入っていった。男鹿へ向かったのである。天註には、約二〇年前（一七八五年の最初の旅を指す）に見たときには、榎の古木の立つ分かれ道に、頭に狐を刻んだ一丈（約三メートル）ばかりの柱が立っていたが、この頃には埋もれて三尺（約〇・九メートル）ばかりになっていて、やはり年ごとに吹きつける砂に埋もれて、今は榎の方もわずかばかり頭を出すだけになっていた、とある。この記述から、追分《おいわけ》は海岸が近いので、西風による飛砂害がひどかったことが知られる。

伊賀《いが》（江川《えがわ》、潟上《かたがみ》市）からは湖の岸づたいを歩くと、小舟がたくさん漕ぎ出ていた。

潮瀬（日本海）の波もこの浦の水門から入ってくる。そのため、純粋な湖水とも呼びがたいので、この国の人々は潟（八郎潟）と呼ぶ。天王《てんのう》の社（東湖八坂《とうこやさか》神社）に詣でた。ここの祭神は素戔嗚尊《すさのおのみこと》で、六月七日の神事で大蛇《おろち》退治が演じられる。

日が暮れるのを待って、小舟を雇って湖の岸辺を漕ぎ出した。月が東の太平山《たいへいざん》（標高一一七〇メートル）の辺りから上り、遠く近くの水面《みなも》が見渡された。小舟がいくつともなく漕ぎ出てきたのは、なよし（鯔《ぼら》）を追い獲る網引きをしているのだった。

図絵は追分を描く。追分の三叉路《さんさろ》は羽州《うしゅう》街道と男鹿街道との分岐点である。交通の要衝であり、真澄も幾度となく通っていた。馬に乗った人が行く先（右）は能代《のしろ》、二人が歩いてゆく先（左上）は男鹿であり、左下に行くと土崎から久保田に至る。

三叉路では頭に狐を刻んだ柱が風化し、隣には「道祖神」と書かれた道標《みちしるべ》の石碑が立つ。道の向こう側に屋根で覆った像があるが、これは地蔵だろうか。また、右下には大きな榎がある。説明には、大きな榎があるので、榎の木の追分といい、木の末に狐を作ってあるので、狐の追分という人もいたとある。

この図絵では、狐の柱もそれほど低くはなく、榎も埋もれてはいない。真澄がこのときに見た状態ではなく、むしろ、初めて追分を通った二〇年前の光景を描いたのではないかと想像される。

雄鹿の嶋より
栄路ありありき榎のあれて
榎の末ゟ遠かとみひ木乃本よ
狐を作りえたまうの
おしひ分とよ人もいうり記

道祖神
左男鹿道

㊾寒風山と八郎潟

（『男鹿の秋風』一八〇四年八月）

八月二一日、寒風山《かんぷうざん》（標高三五五メートル。男鹿市《おが》）に登ろうと考えて、まず八竜の社（八龍神社《はちりゅう》）に詣でた。ここにはこんな伝説があった。昔、八郎という人が蛇になった。播磨潟《はりまがた》（兵庫県）の書写寺《しょしゃでら》（書写山円教寺《えんきょうじ》のこと）の辺りに住む難蔵《なんぞう》法師がやって来て、『法華経《ほけきょう》』を読んで勤行していたが、ある乙女と契った。そこで八郎と難蔵は妻争いを起こしたが、八郎が負けて、この湖に入ったという。真澄は先年、十和田湖で聞いた話をここに書いている。

登ろうとする寒風山の形は、近江《おうみ》（滋賀県）の伊吹山《いぶきやま》に似ている。昔は妻恋山《つまこいやま》といい、羽吹風山《はぶかぜやま》ともいったという話がある。よじ登ってみると、八尺（約二・四メートル）に余る九層の石塔がある。どれほど年を経たのだろうか、苔《こけ》が幾重にもむしていた。この塔の傍らには、近い世の石碑が、刻まれた梵字《ぼんじ》さえかすかに見える状態で倒れていた。谷底を臨むと岩山があり、その辺りは水もないが、落ち窪んだ所を旧球《ふるたま》の池といい、蛇が通ったという岩屋がある。

この寒風山の麓には水海（八郎潟）と潮海（日本海）がめぐっている。伊吹山に登ったときに、琵琶湖に向かって、左に毛無山《けなしやま》、右に潮津《しおつ》（塩津）、貝津《かいづ》（海津）、山本山《やまもとやま》などを見渡し、三千世界が一望のうちに尽きるかと思われたが、ここも同じように眺められる所だった。真澄は、二四年前の一七八〇年、二七歳のときに伊吹山に採薬旅行に行ったので、そのことを思い出したのである。

帰り道は、道もない峰から真下に下りてゆくと、石倉《いしくら》、隠《かく》れ郷《ざと》といって、たくさんの大岩が山のように重なっている所があった。その中に岩屋のような洞窟《どうくつ》があるが、暗いので、誰も入ろうとしない。さらに進むと、新玉《しんたま》の池というのがあって、葦《あし》が生い茂り、小鳥が群がっていた。いつの頃だろうか、玉姫という人がこの池に身を投げた。その亡霊が残って、岸辺の葦の穂に現れて、美しい女が衣を洗い、布を晒《さら》しているのを、山働きの者が見たことがあったと、不思議な話を伝えている。その女が使ったという布晒《ののさら》しの板というものが水草の中に二片《ふたひら》浮いている。昔から今までそれが朽ちないのもまた不思議なことだった。

図絵は、東に向かって、寒風山の山頂を含めて八郎潟を雄大な鳥瞰図で描く。左右二つの甲は潮海で日本海、乙は水海で八郎潟である。山頂には石塔があり、傍らに四、五人いるが、これは真澄一行。奥には八郎潟の全体が見晴るかされるが、この図絵からは、八郎潟が二つの砂州で囲まれた海跡湖であることがよくわかる。思えば、八郎潟はかつて日本第二の大きさを誇る湖だったが、一九五七年以来、食糧増産のための干拓によって八割が失われ、今は調整池が残るだけになっている（谷口吉光著『八郎潟はなぜ干拓されたのか』）。

塔の上より
江の水海を
見つくる圖

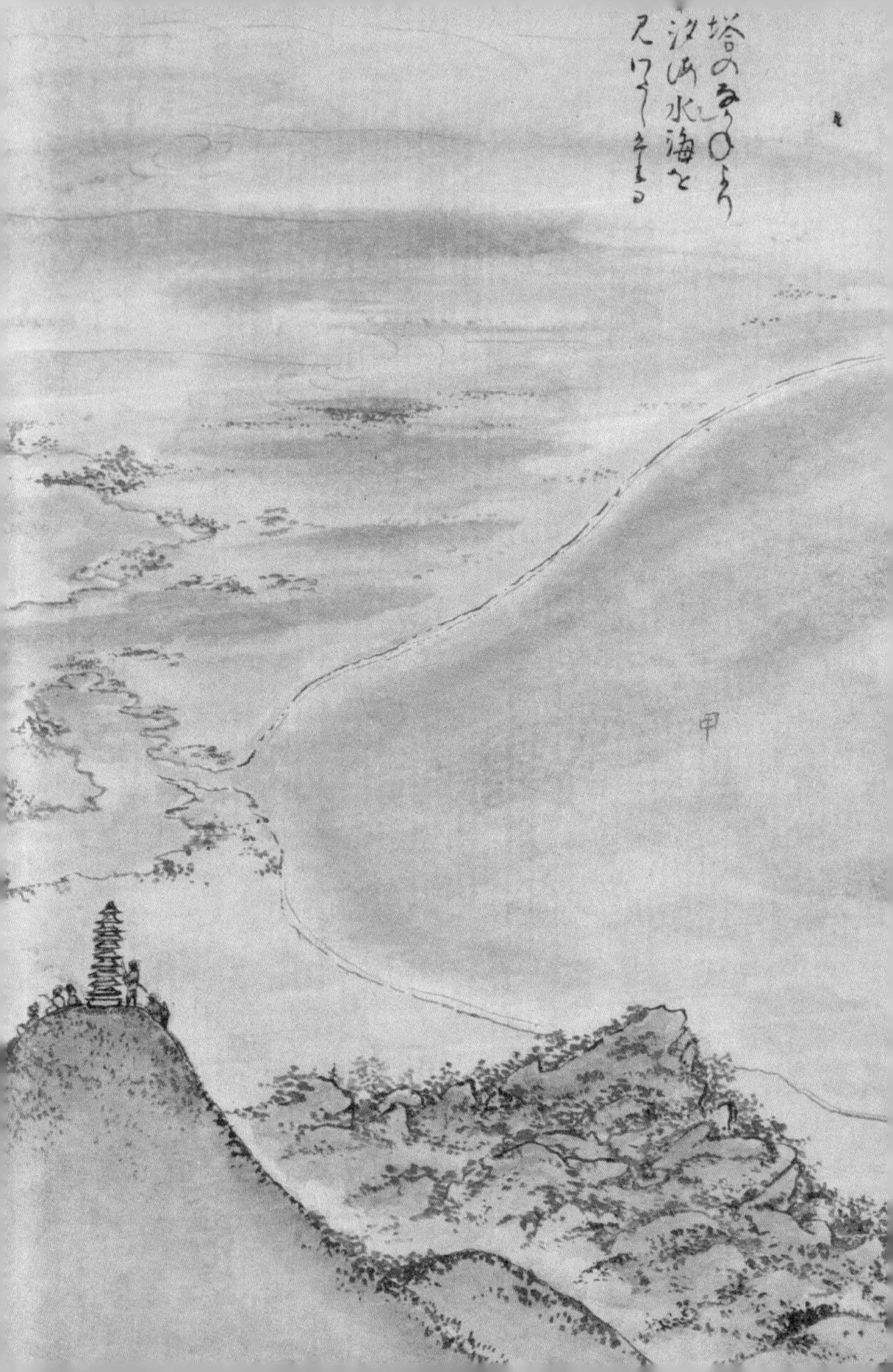

甲

㊿まゆたけの形の岩

（『男鹿の秋風』一八〇四年八月）

真澄は寒風山から下山した後、男鹿《おが》半島の南海岸を浦づたいに進んだ。

八月二五日、女川《おんながわ》を通って、つづら折りの山道を半ば下ると、すばらしい眺望だった。そこは椿《つばき》の浦（男鹿市）だった。中山《なかやま》という小さな磯山があり、そこには椿がとても多く生い茂っていた。思い起こすと、津軽《つがる》の平内《ひらない》の田沢《たざわ》の浦（青森県東津軽郡平内町）、同じ津軽の深浦に近い艫作《へなし》の崎（西津軽郡深浦町）、出羽《でわ》の八森山に近い椿の浦（秋田県山本郡八峰《はっぽう》町）にもこうした所があった。男鹿は椿の自生北限地帯とされている。

この中山には陰陽《めおと》門の神を祀っている。そこに水のたまった岩があり、苔が深くむした石の墓のようなものがある。ここに上り詣でると、たちまち疾風が起こり、雨がひどく降り、海がいつも荒れに荒れるので、厳しい浦の規則があって、人が上ることはできない。ここは禁足地だったのである。この中山の麓にはたいそう清らかな泉があって、行き交う人で水を飲まない者はない。道の傍らに石の堂があって、不思議な仏が安置されているが、これも円仁《えんにん》が作ったとされる。

村はずれに、白岩といって、まゆたけ（舞茸《まいたけ》）が生え出たような大岩が立っていた。雨と海水に濡れて、その色は青みがかって、異様に見える。深浦の布子の湾から入った岬にも、同じように言い、同じ形をした大岩があった。これは、二一〇〇万年ほど前（新第三紀の前半）の火山活動で噴出した火山灰などが凝結してできた緑色凝灰岩（グリーンタフ）であることを示す。

この前の図絵は椿の浦の全体を鳥瞰図で描く。右下の突き出た小山が中山で、ここは椿が最も多い。夫婦の二柱の神を祀っているが、禁足地なので人が入らず、椿が維持されたことになる。

なお、鈴木重孝《すずきしげたか》著『絹篩《きぬぶるい》』では、「岩山の高さは七、八丈（約二一～二四メートル）あまりであり、人が上ることを禁ずる。強いて上ると、怪我をすることがある。ただし、干魃《かんばつ》のときに村中の者が上って雨乞いを行うと、必ず霊験がある。この岩山は、能登《のと》（石川県北部）の尼ヶ崎という所から流れてきたので、能登釜という。頂上に池があり、池のほとりに浦島太郎の碑がある。麓に石の祠があり、尼ヶ崎の宮という。傍らに御手洗《みたらし》の石井があり、名水である」などと説明している（『新秋田叢書　第四巻』）。

先の全体の図絵の左上にあるのがまゆたけの形の岩であり、それを大きく描いたのがこの図絵である。遠方の荒磯に牛岩（甲）が見える。確かに、牛が背を向けて座るように見える。真澄は男鹿半島の海岸に見られる奇岩を数多く描いている。今でも奇岩には新たな命名が続き、ゴジラ岩などがよく知られている。

此岩ハ都波企の浦ニ在りうち 蛾眉筆のごとくなる、遠くニ甲斗山岩と云ふあら磯の無こそ見ゆ

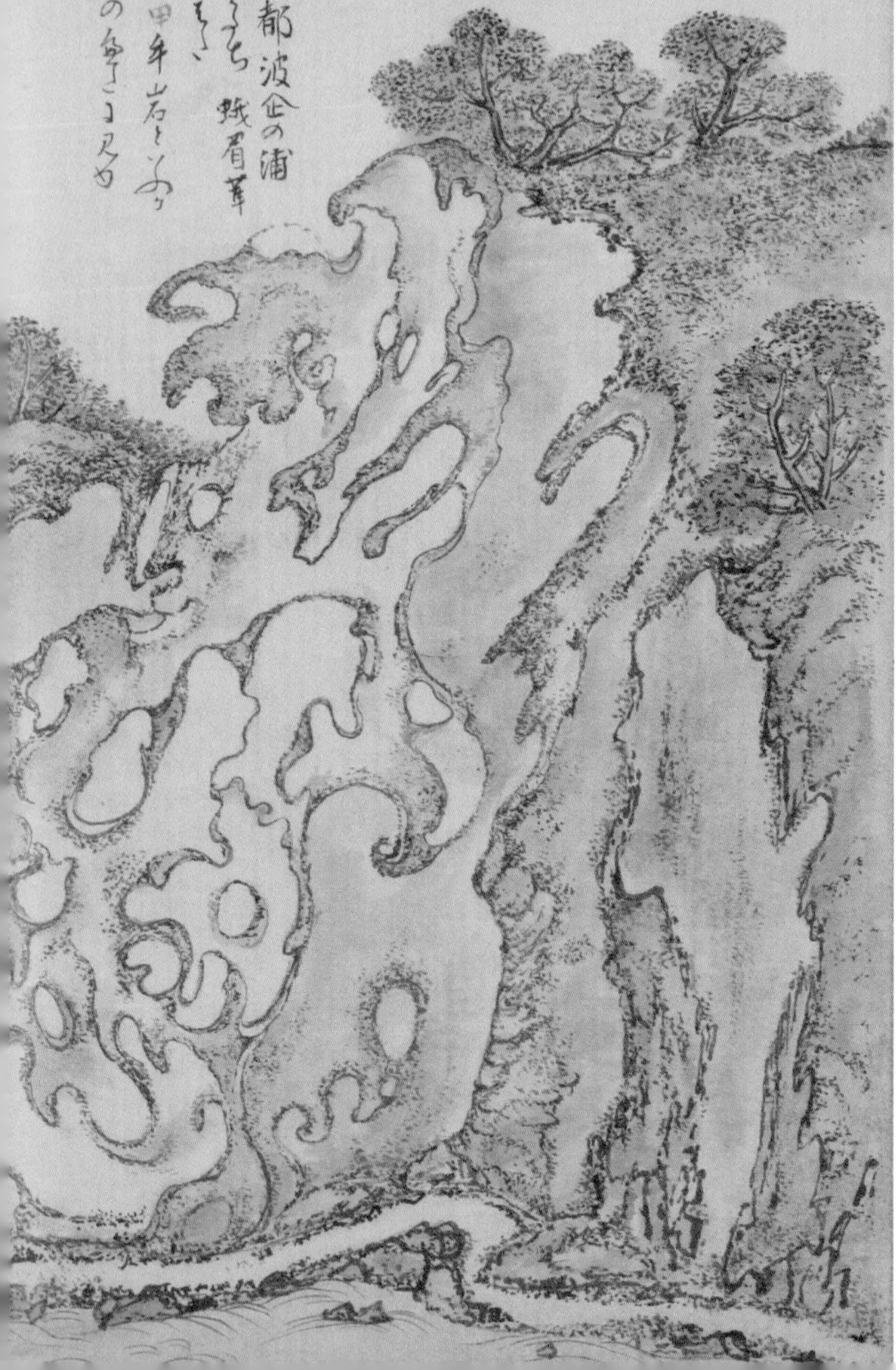

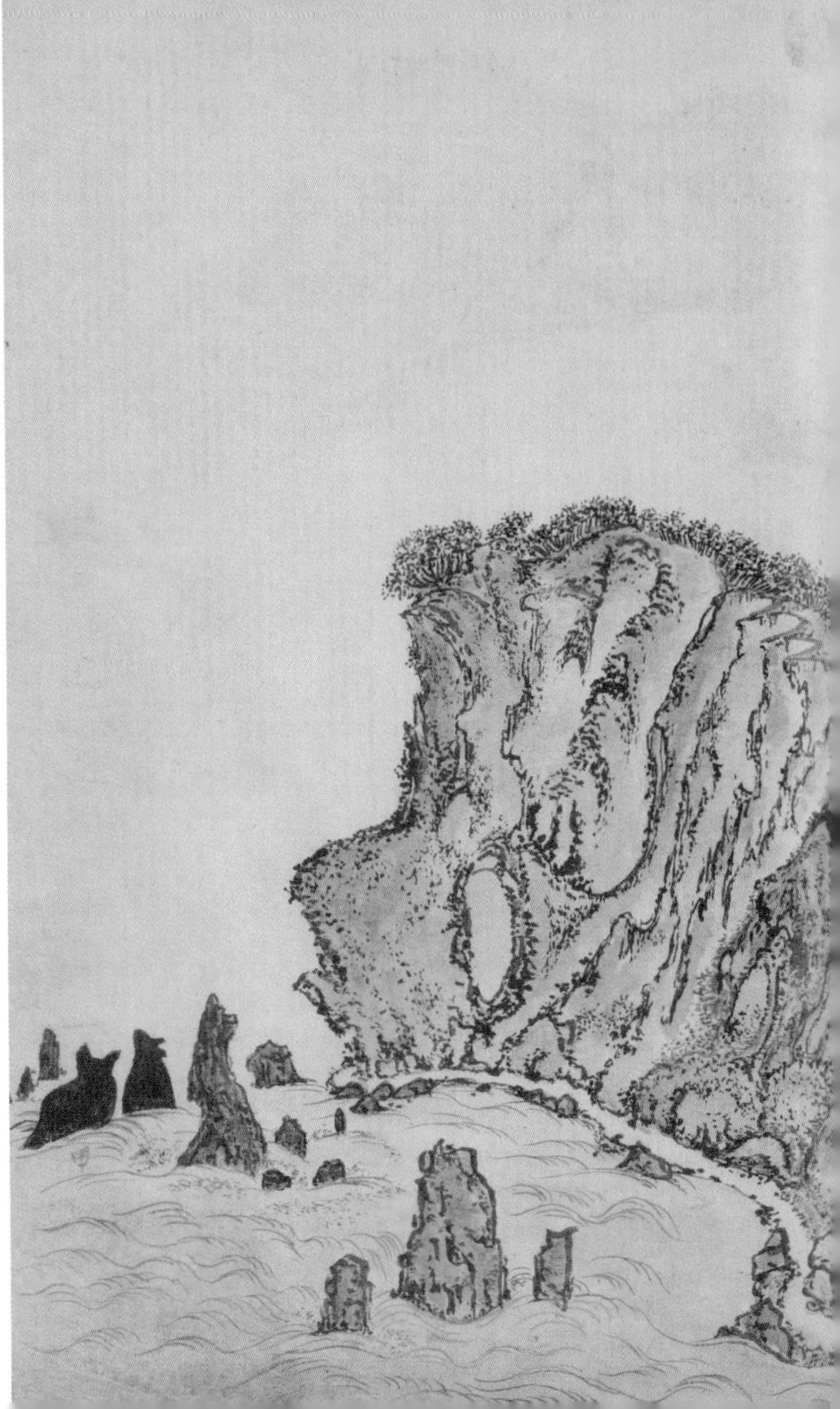

㊿常平通宝

（『男鹿の秋風』一八〇四年八月）

真澄は男鹿《おが》半島南海岸の先端・門前《もんぜん》（男鹿市）まで行くが、その先は機会を改めて訪ねることにして、脇本《わきもと》の浦まで戻る。

八月二九日、「寒風山の麓の岩清水《いわしみず》といって、とてもおもしろい泉がある」と聞いて、見物に出かけた。石畳ごとにささやかながら水が清らかに流れ、岸に岩がある。この岩の割れ目の中に蛇が棲んでいて、夏にはその姿を見た人もいるという。

一休みしてたどると、賀喜石《がきいし》という村があった。この辺り一帯を浦田《うらだ》という。人の家の軒近く、道の傍らに大石があった。この石の面には、ぬかるんだ道に踏み入れて付いたような幼い足形が付いていた。手形もあったが、石が砕けて足形だけが一つ残ったという。これは陸奥《むつ》の宮城《みやぎ》郡（宮城県）にある母子石《ははこいし》に似ている。母と娘が立っていた石に二人の足跡が残されているという塩竈《しおがま》の伝説である。

こうした本文と関係なく、常平通宝《じょうへいつうほう》の図絵が二点ある。その前者がこれで、説明には、享和《きょうわ》（一八〇一〜〇四）の頃、男鹿の浦に漂着した舟の中に異国の銭があったので、公に献上されたが、後には磯辺で子供が拾ったのを所々で見たとある。常平通宝は朝鮮《ちょうせん》の李朝《りちょう》時代に流通した銅銭。真澄が男鹿を訪れる少し前に朝鮮船が漂着して、海岸に打ち寄せられた銅銭を拾ったというものをあちこちで見たらしい。

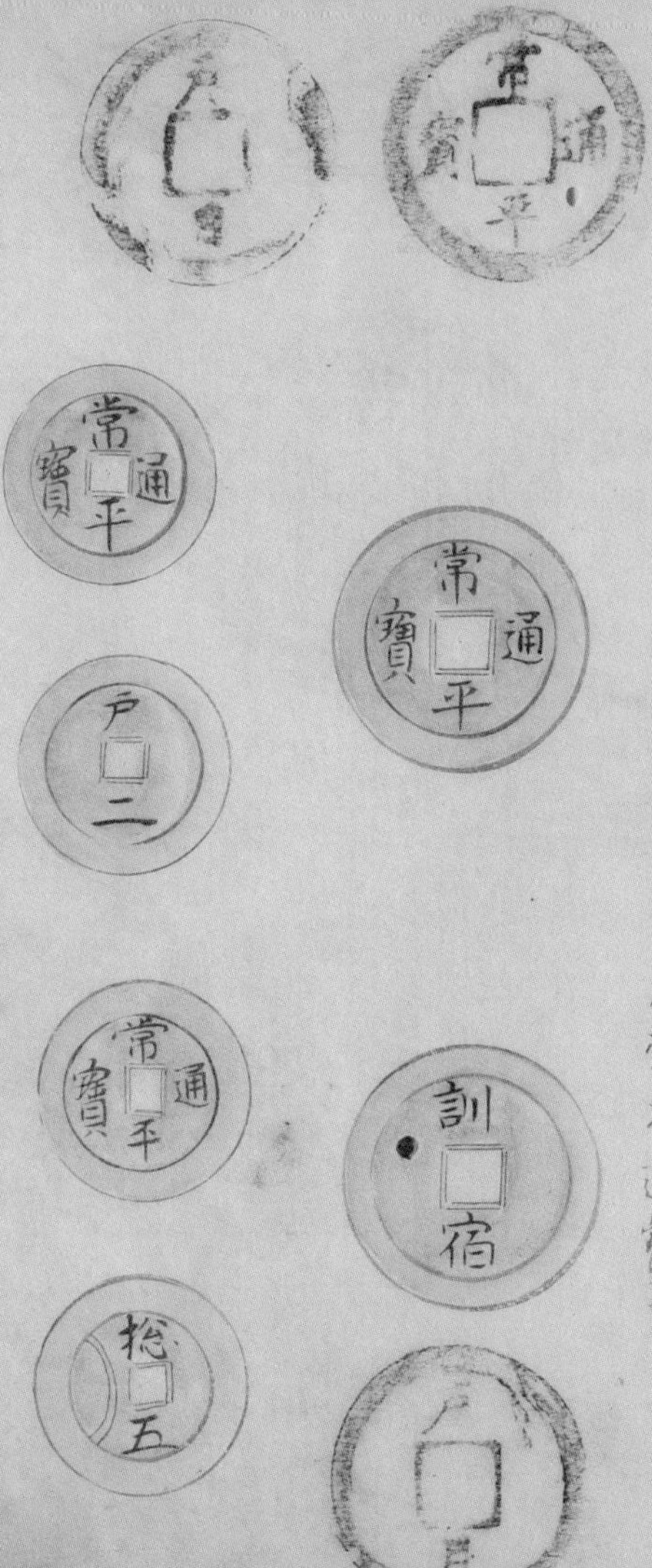

享和のころ雄鹿の嶼なにしの浦に寄来る毎のちりは
さゝらなる泉ありて公にたてまつりしなかにちひさき漢遠きいにしへの拾れ
あれとゑとところどころしるせる常平通寶也

㊷ ほりこ　（『みかべのよろひ』一八〇五年八月）

八月一〇日、真澄は再び森吉山《もりよしざん》（北秋田市）に登った。一八〇二年は雪中の風景だったが、今度は秋なので、季節が違っていた。

案内の老人が道を間違えたりして大変だった。空台《そらだい》を過ぎると、生土杉《うぶすなすぎ》という神木が二本立っていた。その親杉を探して、鳥総立《とぶさた》てを見ることができた。一の腰（標高一二六四メートル）に登ると、男鹿半島・八郎潟・能代《のしろ》の浦が見えた。

竹切といって、鉱山で使う灯火《ともしび》用の竹を採る山働きの者たちが帰るのに付いてゆくが、不安だった。元気を出して下ってゆき、栩木沢《とちのきざわ》村の木樵《きこり》の家でやっと泊めてもらった。その家では、柄が四尺（約一・二メートル）余りの鎌を使って竹火《たかび》をあかあかと灯して、部屋の隅々まで照らしているので、ものを食べてから、安心して寝ることができた。天註には、坑内に竹火を灯して入る鉱夫を掘子《ほりこ》というのに倣って、金掘りの家では竹火をさす器をほりこと呼び、鉱山に近い村々でもそう言うとある。

この図絵は二種類のほりこを描く。一つは鎌で作られて、台に立てられたほりこ、鎌製は栩木沢村で初めて見たという。もう一つは長い火箸を利用して、囲炉裏に立てられたほりこ。真澄の書きぶりからすると、こちらの方が一般的らしい。鎌の二つの穴に二本の竹火を交叉させたり、火箸に竹火を挟んだりするなどの工夫が見られる。

保利巨とよめハあかしなる
子等が松火とぼるのして
志貴のうちにかねと
さしていふ名なりされバ
松火ともしあぶれて
具さして入る事ともよ
あまりもかのしさも
作直りつゝたれハ
此國風土器
にはせなり
如斯あり鎖
りて本離已遠
しぃ
七葉樹澤
して村り
見しかとしめなり

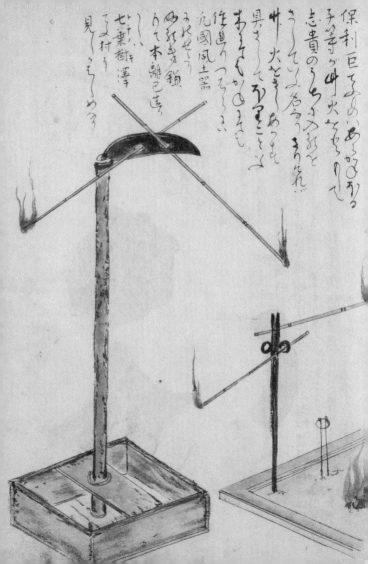

㊸本嫣木と男木・妾木

（『みかべのよろひ』一八〇五年閏八月）

閏《うるう》八月五日、真澄は薄井（能代市《のしろ》）から米代川《よねしろがわ》を舟で渡って、仁鮒《にぶな》で下りた。木々の深く茂る森に五社《ごしゃ》といって、阿弥陀・薬師・観音・勢至・地蔵を崇《あが》めている。鳥居があり、左の谷陰に、連理の銀杏《いちょう》の大木と一本の大銀杏の三本があった。本嫣木《もとめぎ》は周囲が八尋（約一二メートル）もある。枝が乳房のように垂れて、下の枝には願い事を書いた紙を結び、白布で乳袋《ちぶくろ》というものを縫って、米と銭を入れて掛け連ねてある。これは、母乳の乏しい女性が祈ってするという。

枝を連ねた連理の雄木《おぎ》は周囲が七尋（約一〇・五メートル）もあり、雌木《めぎ》は妾《おんなめ》になぞらえ、周囲が五尋（約七・五メートル）もある。大きな根元の枝は、梁《はり》のように、隣の木に連なっている。参詣者は背を丸めてこの下を潜って、先にある石室《いわむろ》に詣でた。雄木の大枝が男根の形をして雌木に連なっているので、ここに来た人、親子や兄弟姉妹などが顔をそむけたりしているのはおかしかった。

図絵はまず本嫣木を描く。上に乳房のような枝が垂れ、右に祈願の紙を結んだ乳袋を掛け、根元に祠《ほこら》が見える。次の図絵は連理の銀杏を見開きで描く。右が男木（雄木）、左が妾木《おんなめぎ》（雌木）であり、奥に石室が見える。人々はこの梁のような大枝を潜って石室に詣でた。三本の銀杏の巨木を男、本妻、妾《めかけ》に見立てているのがおもしろい。

二鮒邑の五社の杜に
大樹の銀杏あり一本
つゝみとりの木ゑ
ねりひの紙しをひし
乳傳へと掛る

連枝鴨蹟葉樹
男木
妾木《ヨシナメキ》

❺❹ 大桜

（『霞《かす》む月星《つきぼし》』一八〇六年三月）

能代《のしろ》から南下してきた真澄が、三月一五日、いつもの五、六人と連れ立って、長面《ながおもて》（山本郡三種町《みたね》）を出て、宮ノ目《みやめ》に着くと、年を経た大きな姥桜《うばざくら》が咲いていた。「前に見た檜山《ひやま》（能代市）の山居の庵《いおり》にあった姨桜に、樹齢も周囲も勝っていないだろうか。どちらが大きいか」などと、花について言い争った。傍に近づいて見ると、木の根元に、掘り出した南無阿弥陀仏《なもあみだぶ》の石碑を立て、それを堰《せき》の神としている。

図絵は大桜を描く。やや高い所にそびえる大桜の傍らには鳥居が見え、その奥に石碑があるので、それが堰の神であろう。後方の一段低い所に宮ノ目の集落が見える。大桜の脇には水路（岩河《いわかわ》の沢をさす）が流れ、田が区切られている。説明はやや詳しく、古い石碑は最近、水の少ない井戸の中から掘り出したもので、文字はつまびらかではないが、鳥居を建てると行き交う人がうやまい、大桜の根元にも手向けをするようになった、という。

おそらくこの大桜のある場所は宮ノ目の入口にあたり、坂になっているのだろう。それで堰の神が祀られているのである。この位置関係から考えると、水路に架かった橋を渡り、大桜と鳥居の間を通って集落に入ったと思われる。

岩沼のはし
といふところにせうしめのと大櫻
あり近比このきも何となく娘の
かれきふしのみとあやしみ
世の人あやしみなり
うり出しく人家多くして
つらつらあらそひ鳥居と
建くりみの人々やかれ
花のりよきもしき研
せり

㊺白神が嶽（『浦《うら》の笛滝《ふえたき》』一八〇六年五月）

四月一三日、真澄は能代《のしろ》を出発し、萩野《はぎの》の沼をめぐって岡に上ると、下の方に五月雨沼《さみだれぬま》（三頭沼《さんとうぬま》。能代市）があった。小島のように岸辺から出ているのは、五月雨大明神といって、九月一〇日にお祭りをする。これは修験の大行院が神事を司《つかさど》る稲作の神である。この沼の魚はすべて片目であり、これは神の使いとされる生き物なので、決して網で獲ったりしない定めだった。しかし、この春、藩主が領内巡視をしたとき、幣を手向け、鮒《ふな》を獲って、ご馳走として献上したという。この藩主は佐竹義和《さたけよしまさ》とされる（『菅江真澄全集　第三巻』）。

五月五日、杉沢《すぎさわ》に行くと、年を経た杉の木立があり、落ち窪んだ所に清水が清らかに流れていた。神の祠《ほこら》は杉沢権現だったが、何の神であるか、それ以上知る人はいなかった。真澄は杉との関係から、「たづねても三輪《みわ》の山もとそれならでここに幾世を杉沢の神」と詠んだ。人に尋ねてみたがわからず、奈良の三輪の山もとの杉ではないが、ここで幾世を過ぎたと思われる杉沢の神よ、という意味。

鸛《こうのとり》が木の梢に群れ、朱鷺《とき》が巣に籠《こ》もって、その声がやかましい。こうして、清水の所で盃《さかずき》を洗った。六月二八日はこの神社の祭礼があり、相撲があって賑やかで、この水には心太《ところてん》を浮かべ、素麺《そうめん》を流して涼みをとるという。なるほど、この清水の清らかさは、檜山《ひやま》（能代市）の呉庵清水《ごあんしみず》、また鶴形《つるがた》（能代市）の辞《ことば》の沢水にもまさるだろう。この能代辺りではもっともよい水だろう。呉庵清水は一八〇六年の日記『霞《かす》む月《つき》星《ぼし》』に図絵がある。

野原に出て帰るときの眺望は、四方が実にすばらしい。道で人に尋ねると、先ほどはわからなかったが、杉沢権現の神は熊野《くまの》から勧請《かんじょう》したものであり、城介実季《じょうのすけさねすえ》（秋田氏）が社を建て、さらに佐竹氏の祈願があったという。

この前の図絵は岡（臥竜山《がりゅうざん》）から南東に向かって五月雨沼を描く。岸から岬が出ていて、そこに五月雨明神の祠が見える。岡の上にいる六人は真澄一行である。

それに続く図絵は五月雨明神の祠、そして杉沢権現の杜《もり》を描く。説明によると、杉沢熊野神社の神体は獅子頭であり、身を清める御手洗川《みたらしがわ》は有名な清水だとする。

この図絵は広野から北に向かって見た風景を描く。遠くに白神《しらかみ》が嶽《たけ》（標高一二三五メートル。青森県）、馬背打山（真瀬岳《ませだけ》、標高九八八メートル）に連なる菅生《すごう》の岬（須郷岬）が見える。右上が世界自然遺産になった白神山地の秋田県側の山々である。右下に鳥居があるのが杉沢熊野神社、中央が杉沢の館《やかた》である。

次の図絵は、反対に、杉沢から南に向かって見た風景を描く。能代からは男鹿半島の寒風山と真山《しんざん》・本山《ほんざん》が見える。現在の東雲《しののめ》台地からは四方がよく見渡せたことがわかる。

白神の嶽 馬背村山に
ひきつゝかれる菅生の岬
近くハ熊野の社 杉澤
のやしろなと廣野より
見渡しつゝ行

㊻山づと

（『おがらの滝』一八〇七年四月）

真澄は、四月一〇日、目名潟《めながた》（山本郡八峰町《はっぽう》）を出て、鳥形《とりがた》（能代市）に着いた。昔は通方《とおりかた》と書いたとかいうので、なるほど往来の道筋であると知られた。

高い木の枝に弓を引き絞って掛け、藁《わら》の脛巾《はばき》に一本の矢の他、いろいろの調度を結び付けている。これは、木材を伐る男が初めて杣入《そまい》りをして、幾日も山小屋に寝泊まりするときに、山づと（山から持ち帰る土産）として持ってきて、山の神を祀るものである。そのときには山下酒《やまおりざけ》を飲んで酒宴をし、十五七という山唄《やまうた》を歌う。この山唄は三、四〇の歌詞があるという。これは津軽《つがる》（青森県西部）でよく歌われる唄である。歌謡集『ひなの一ふし』に津軽の山唄として載せ、南部の八戸《はちのへ》地方にも多いとする。

図絵は、高い木の先に作られた山づとを描き、この山づとが詳しく説明されている。木の枝を弓のように引き絞って掛け、それに藁の脛巾を弓弦《ゆづる》のように張って、太いしりくべ縄（端を切り揃えず、編みっぱなしにした縄）、一本の矢、擂《す》り粉木《こぎ》、飯を盛るしゃもじをさし添える。さらに、明日は山口祭をして山に入るという夜によくない夢を見た者は、斧《おの》を高く捧げて、鍋蓋《なべぶた》を噛《か》んでから出かける風習がある、と添えている。

山づとを作った高い木が家の庭にあることからすれば、初めて木樵《きこり》として山仕事に出た男の住む家だと考えられる。

つねもあやしふ私とてそ山のかみとしてたゝ
十日あまり弐廿日斗山家戸ゝにて
餅をもて雄元《オハシメ》の形と大く作りこれを
山の神に向てめちあわのれく
ゝひく家ゝ毎ゝ山つとゝて
木の枝もて弓を引まつかひ
それゝ鯖ひとつのよしてつゝみ
脚纏を弓弦のごとく張りぬさ
つかふそらに結るもありき
太きなりに縄を引きて箭一
節 雷盆木てもちのとなら
とそいと大なる飯匙をと
もそしそへてもてまく
ひの里の高き木の
うれにむすひあ
けゝ山祇の神よ
なあるあさそ
山口祭して入る人の夜
まつしぬ家と見つけつゝ
斧とてすき鍋蓋をときて齒て出行かゝしよりみえ

57 避疫神

（『おがらの滝』一八〇七年五月）

真澄は東へ進んで、五月二七日、小雪沢《こゆきさわ》（大館市《おおだてし》）という所の関屋（秋田領と南部領の境にある番所）を越えた。すると、道端に、大木で作った人形二体が並んでいた。それは丹《に》で塗られて、剣を持った勇ましい男のようで、小屋に入れられていた。これは草人形を立てるのと同じであり、疫病を追い出すためのまじないで、春と秋に作り替えたり、丹を塗り替えたりする。

図絵は簡素な小屋の中に置かれた人形二体を描く。どちらも丹で塗られ、着物を着て、脚絆に草鞋《わらじ》を履き、腰蓑《こしみの》を着け、右手に剣を持つ。これは木製の人形なので、春と秋に丹を塗り替えるにちがいない。草人形が多いので、木製は珍しいが、どちらの場合も疫病が集落に入らないようにというまじないだった。小雪沢近くに番所があったので、隣の鹿角《かづの》の方から疫病が入らないように置かれたのであろうか。今でも、雪沢の新沢《しんざわ》地区には、同じように木製のドンジン様二体が立てられている。

真澄はこうした避疫神を他でも描いていて、日記『雪の秋田根』では、森吉山《もりよしざん》の麓で見た、雪中に立つ草人形二体を描く。これは馬の頭の毛を鬘《かずら》とし、目にも歯にも具（壊れた器）を入れる。地誌では、『雪《ゆき》の出羽路平鹿郡《いでわじひらかぐん》一一』『月の出羽路仙北郡三』で、樹木に添えて立てられた草人形を描いている（『菅江真澄、旅のまなざし』）。

Ⅳ　秋田の旅（2）

「Ⅲ　秋田の旅（1）」から「Ⅳ　秋田の旅（2）」には、断絶がある。一八〇八年は菅江真澄の動向が皆目わからないからである。日記が散逸したのではなく、日記を書かなかったらしい。そのため、内田武志は、この年に故郷・三河《みかわ》の国（愛知県東部）に帰国して秋田領に戻ったという仮説を立てた。しかし、それを支持するような傍証が得られないので、一般には帰国することはなかったと考えられている。真澄の残した謎の一つになっている。

一八〇九年は、八郎潟東岸の村々を巡っている。秋には『ひなの遊び』を書き、古碑や宝物、盆踊りや番楽《ばんがく》を記録している。

一八一〇年の正月は、改めて八郎潟の氷下漁を見に行き、『氷魚《ひお》の村君《むらぎみ》』に詳細な図絵を残している。続く『男鹿《おが》の春風《はるかぜ》』では、いったん能代《のしろ》に行き、そこから南下して、男鹿半島の北海岸（男鹿市）を歩いた。『男鹿の鈴風』では、半島の先に浮かぶ水島《みずしま》を丸木舟で見学した。『男鹿の島風』では、西海岸の奇岩怪石を見るために丸木舟で島巡りをした。『男鹿の寒風』では、一八一一年の正月を宮沢《みやざわ》で迎え、なまはぎを見ている。

真澄は、一八〇四年に半島の南海岸を歩いた『男鹿の秋風』を書いていた。このときのことを受けて、六年後に改めて男鹿半島の一年を丹念に記録したのである。そこで、一八一〇年の四つの日記と合わせて「男鹿五風《おがごふう》」と呼び、一まとめにして見ることがある。内田武志・宮本常一編訳の『菅江真澄遊覧記5』でも、『男鹿の秋風』をそこに移し、そうした読み方ができるようにしている。

一八一一年は神足《かなせ》（秋田市金足《かなあし》）で軒に山吹を葺く習俗を見て、『軒の山吹』をまとめた。奈良《なら》家で那珂《なか》通博《みちひろ》（藩校明徳館《めいとくかん》の儒者）に初めて会い、以後親交を深めることになる。秋には那珂と勝手《かって》明神に向かったことを『勝手《かって》の雄弓《おゆみ》』にまとめるが、太《たい》平山《へいざん》に登ることはできなかった。

一八一二年は、寺内から土崎を巡っている。『月のおろちね』によれば、秋には鎌《かま》田正家《たまさやか》（古四王神社摂社の神職）らと一緒に太平山に向かい、途中で那珂通博らと合流し、山頂で一泊した。前年に実現できなかったことを実行したのである。山頂からは四方がよく見えたことを感慨深く書いている。

やや時を隔てて、一八一七年、真澄は五城目《ごじょうめ》（南秋田《みなみあきた》郡五城目町）を出発して、雪の中を山越えをして中茂《なかも》（北秋田《きたあきた》郡上小阿仁《かみこあに》村）に至った日記『雪《ゆき》の山越《やまごえ》』を残している。すでに地誌の時代に入っていたためか、この日記は短いまま中断している。

この「Ⅳ　秋田の旅（2）」は、今の秋田県で言えば、だいたい県央部を歩いていることになる。「Ⅲ　秋田の旅（1）」で主に県北部を歩いていたことを踏まえた選択であったと思われる。やがて、日記ではなく、地誌を書くようになると、県南部を歩くことになる。真澄の秋田の旅は、大きくはそのようにとらえるのがよいと思われる。

なお、日記から地誌への動きに並行して、一八〇八年に諸国で見たいろいろな形の臼を描いた図絵集『百臼《ももうす》の図《かた》』をまとめ、一八一一年からは自らの見解を述べた随筆『筆のまにまに』を書きはじめている。それまでの見聞を日記にちりばめてゆくのではなく、図絵集や随筆によって主題化を図ったことが注意される。

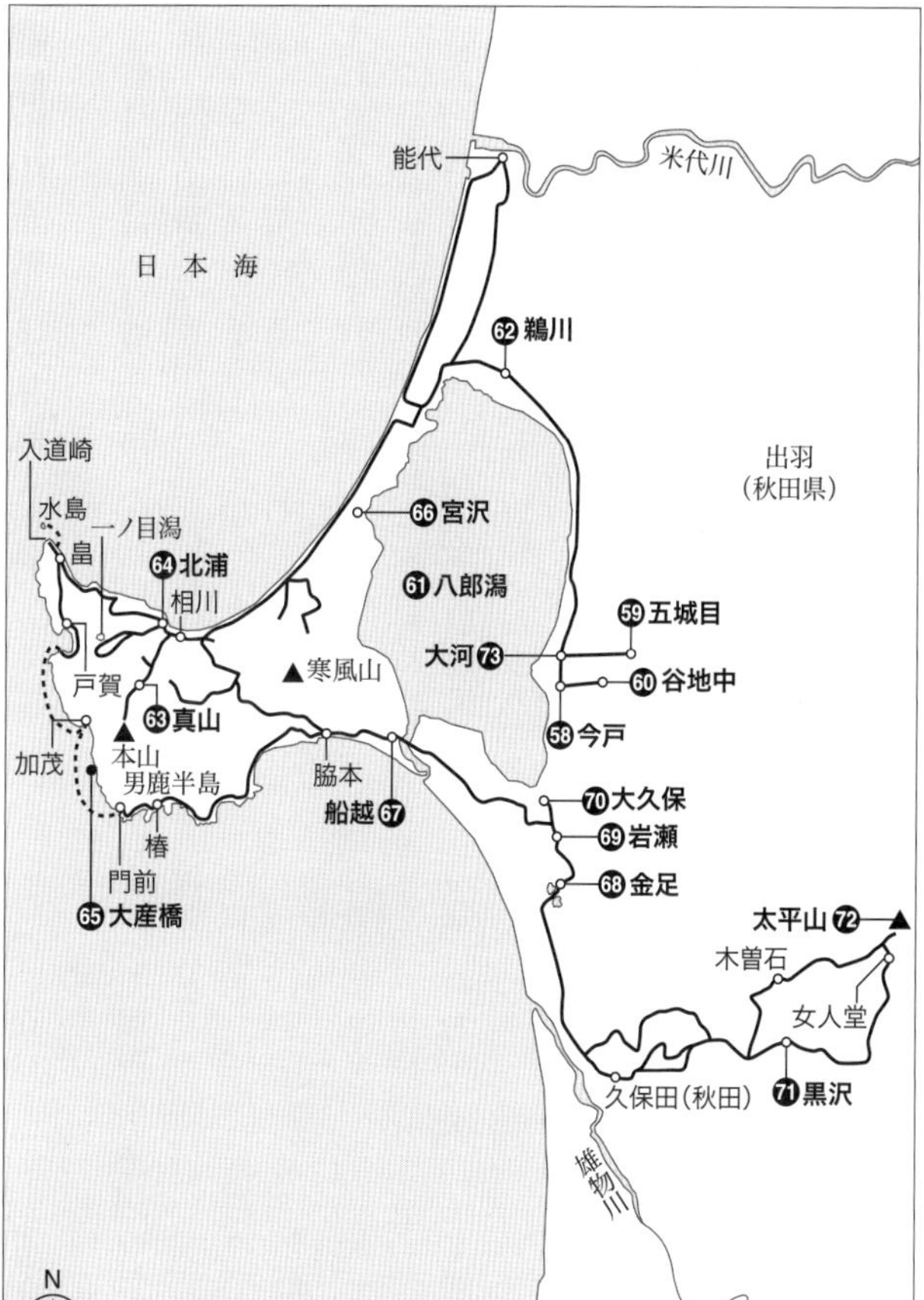
能代
米代川
日本海
62 鵜川
入道崎
出羽
(秋田県)
水島
66 宮沢
一ノ目潟
畠
64 北浦
61 八郎潟
相川
59 五城目
大河 73
戸賀
寒風山
60 谷地中
63 真山
58 今戸
加茂
本山
脇本
男鹿半島
70 大久保
船越 67
69 岩瀬
椿
門前
68 金足
65 大産橋
太平山 72
木曽石
女人堂
久保田(秋田)
71 黒沢
雄物川
N
0
10km

58 熊野山密厳寺実相院と板碑 (『ひなの遊び』一八〇九年七月)

七月一〇日、真澄は今戸《いまど》(南秋田郡井川《いかわ》町)という潟(八郎潟)の岸辺の村に行った。熊野山密厳寺《みつごんじ》実相院《じっそういん》では、行基《ぎょうき》作という煤《すす》けた阿弥陀仏をお堂に置いて、秘法を行っていた。この寺には、後方から前にある小橋のたもとまで、八つの石の卒塔婆が立っていた。みな康永《こうえい》(一三四二〜四五)・暦応《りゃくおう》(一三三八〜四二)の年号を記し、いずれも梵字が刻まれている。

ここから少し離れた小今戸《こいまど》という村には、大槻《おおつき》があるのを見て、年を経た古い寺と知った。があって、薬師仏の堂がある。その周囲に一〇余りの墓石があり、それにも同じように暦応・康永の年号を記し、忠隆という人の名も見える。

図絵は実相院を鳥瞰図で描き、奥には八郎潟の岸辺が見える。本堂の脇には槻の巨樹が立ち、小橋に至る小道の両側に石碑がある。これらは墓石ではなく、供養のために立てられた板碑《いたび》である。鎌倉《かまくら》・室町《むろまち》時代に関東で盛んに立てられたが、それが北東北に及んだのである。これらの板碑は現存する。

板碑は秋田県内でも八郎潟の周辺に最も多く確認されるが、真澄はそのことに気づいていたらしく、この辺りの板碑を熱心に記録している。採石地や作業場が近くにあったために多いのではないかとされている(『菅江真澄、記憶のかたち』)。

大川のうまやと
濵井河の村なるの
あはひを西に歩をと
いそくへく今戸の村
八龍湖邊にありける
に熊埜の神をうつして
佛刹ありとなむ
熊野山密嚴寺といふ
此寺に五百とせに近き
墓誌の卒堵婆
残しあれは今てもみるへき
人のしるしにやあるらむ
五百年はいまたこえすとも
おとせしところありと多く
そのときの世を想ひき
後醍醐帝の元亨より
崇光帝の貞和に逮へるを
そのかみてしらるへし

㊾盆踊り　（『ひなの遊び』一八〇九年七月）

七月一三日、真澄は八郎潟の東・五城目《ごじようめ》（南秋田郡五城目町）にいた。この日の夕方の魂祭《たままつ》りから二〇日の夜まで盆踊りが行われた。その踊りには、「あねもこさ」「袖子おどり」「ばらばらおどり」「ちらしおどり」「三脚《みあし》」「打小身《うちこみ》」などいろいろある。それらの詞章や踊り方はさまざまであり、たいそう古めかしい。

太鼓を二つも三つも肩にかけて鳴らし、他の村に入ると、「他郷へ越えて来た、ひけとるな、節が揃はぬ御免なれ」と歌う。これを聞くと、その村の踊り子たちは、「俄踊《にはかをど》りを掛けられた、足が揃はぬ御免なれ」と応《こた》えて歌った。盆踊りは集落で楽しむだけでなく、他の村まで行って歌を掛け合ったのである。

他にも、「八重桜一重桜を笑へども、八重も一重の一盛り」「空に雲ない晴れ晴れと、わしが心はいつ晴れる」「酒をあがらば中見てあがれ、酒の中にも文《ふみ》がある」などと歌った。みな近世の小歌である。天註によれば、「酒の中にも文がある」は、盃《さかずき》の中に歌を書く古い習俗を示す。町場には当世風の歌があるが、山里の風情は一段とおもしろいとする。

図絵は盆踊りの女性二人を描く。説明には、二首の盆踊り歌を引いて考証を記している。この絵は画家・五十嵐嵐児《いがらしらんじ》が描いたものである。

飽田の盆踊ハつらきとて
てらきなく馬場の目代山里ハ
いとあはれなるおとりの女も好し
さて五城の目代ぬ進きまいり
みつく唄ふの
浦の館うゝ出る處女《メラシ》
としハ十七八ハ扇手
さつきてゐ子浦の城のあそびし
三浦統の乱乃ころより
うつゝのしそろみせる
偲のそれつふ 又
恋し 北野のみせてしまるは
男通へど 二度もこむ
北野ハ立野の牧ちふあけつらひ
もとられたいりへハ廣野ちそ
今も田とせり 畠作るところは
人そ住つ魚それしさやうのもの
さのうこれさりうて替へてこの
松島寺かの宮千代麿が
よ語て 苦しやしや 誰子
かまさん とひし 御あるは

㊿山の神の幣　（『氷魚《ひお》の村君《むらぎみ》』一八一〇年一月）

真澄は谷地中《やちなか》（南秋田郡五城目町）で正月を迎えた。やはり正月行事を丹念に記録しているが、一一日は、米倉を開いて、祝いが行われた。女たちは田唄を歌い、福の種という唄を歌った。この酒宴が終わると、山の神の幣《ぬさ》というものを藁《わら》で作り、それに四手《しで》（注連縄《しめなわ》などに垂らす紙）・麻苧《あさお》（麻やカラムシの茎の内皮の繊維から作った糸）などさまざまな物を取り付ける。これを乙女たちが取ろうとして、深い雪を踏み散らしながら争ってやって来る。

天註では、乙女たちが山の神の幣を取って元結《もとゆい》にすると、髪が長く伸び、頭痛がしない、とする。さらによく似た風習として、津軽《つがる》（青森県西部）では、八目鰻《やつめうなぎ》の筋で髪を結うと、頭痛がなく、毛が長く育つといい、信濃《しなの》（長野県）では、女が髪の端を鎌で刈ると、草のように生い立つといって、そうする事例があった、と添える。

図絵は、枝に吊された山の神の幣三つを描く。説明では、一一日ではなく、一二日に作り、十二の節《ふし》があり、一年になぞらえて、四手・麻苧・ゆずる葉・五葉松の枝・手作《たづく》り（手織りの布）などを付ける、とする。このような風習は他国にもあるが、山の神の幣とはいわず、これで女が髪を結う事例もないだろうと述べて、天註の記述を補足する。よく似た例は、日記『浦の笛滝』の一八〇四年の図絵にも見える。

山の神へ●幣《ヌサ》とて
睦月の十二日に
葛もて作る
十二のぬさあり
一くせくるもちしめ
四手麻苧ノ男の象
五葉の枝田作など
く附くり此麻苧の
結ひて女のかたとも
ゆひて髪のごと長う
まとひめぐらし●蚕女ら
是とはいさゝかもひかし
くゝりつゝむとは知れども
あれど山祇のぬさとい
ひ、まつ赤女のかみ
女めてたかるも
如くなし

㉑氷の下の網引き漁

（『氷魚の村君』一八一〇年一月）

真澄は、一八〇二年、八郎潟で氷の下の網引《あび》き漁《りょう》を見たことがあった。そこで八年後の一月一八日、今戸の浦（南秋田郡井川町）から湖（八郎潟）の氷上に出た。例年よりも雪が深く積もって、岸の田と湖の氷の区別ができなかったが、白雪を踏み散らしながら大勢の人の後に付いて行った。湖南の天王の浦（潟上《かたがみ》市）から湖東の今戸の浦まで引き連なる通路は、前年の寒《かん》の入りを待って、五城目に月に六回、二と七の日に市が立つときに通う人馬が踏みならした道筋だった。

氷下漁は、六人で、手力《たぢから》という柄の長い鉏《すき》で氷に穴をあける。大きな穴をあけ、小さな穴もいくつとなくあける。浮きを竿《さお》の先に付けて穴を通し、それを次の穴から小《こ》鍵《かぎ》で引き上げ、その浮きを再び竿の先に付けて穴を通して、次の穴で引き上げることを繰り返す。そして、合わせ穴で両端の浮きにつながった綱と網を外に引き上げる。

漁の魚には、赤鮒《あかふな》・鴨《かも》の子《こ》がある。赤鮒は紅葉《もみじ》のように色づいた鮒で、鴨の子は品の劣った鮒である。真《ま》鴨鮒《がもぶな》は赤鮒に次ぐ。また、なよし（鯔《ぼら》）があり、この浦の人は名吉《みょうぎつ》と呼んでいる。鷹《たか》の羽《は》という鰈《かれい》がとても多い。ちか《い》という小魚は、わかさぎとは違うものか、たくさん獲れる。さし網、延縄《はえなわ》、鰈《かれい》を獲る桁縄《けたなわ》もある。このように巧みな漁法があるので、見て驚いた。

これらを見ていると、人の列が続くのが見えた。網子たちが「狐楯《きつねたて》（蜃気楼《しんきろう》）だ」と言うが、しばらくすると、みんな消えた。この辺りでは菌盛《こえもり》といって、雪の中の田面に雪舟《そり》を引き連ねて土芥《つちあくた》などを運ぶので、それが人の列のように見えたのである。菌盛は、「堆肥のほかに、土芥などをさしている。湖畔の低湿地帯なので、さかんに客土を行なわねばならず、雪中にそりで運んでいた」（『菅江真澄遊覧記5』）という。江戸時代は「地先《ちさき》干拓」を行っていたのである。

二三日も、また氷魚の網引き漁を見たいと思って、鯉川《こいかわ》の浦（山本郡三種《みたね》町）から湖上に出た。漁法は他の浦と違わないが、水が深くて藻草《もく》というものが生えていないので、目の粗い荒布網に立木《あし》（木の棒の一端）を付けないで網引きをしていた。魚は名吉が多いが、この日はちかいが多く、背黒《せぐろ》（マルタウグイ）も少し獲れた。

この『氷魚の村君』には、氷下漁とその漁具の図絵が並び、本文以上にこの漁法を詳しく知ることができる。この図絵は、まず、海菅《うみすげ》で編んだ潟螻《かたけら》を着て、藁《わら》に海菅を編み混ぜた前垂（腰巻）を着け、葦《あし》の穂笠を被り、雪沓《ゆきぐつ》を履く（91参照）というように、漁民の服装を説明している。そして、突竿《つきざお》の先を弓弭《ゆはず》のように尖《とが》らせ、薄い椀《わん》を浮きとして刺し、小手穴に刺し貫き、その浮きに付けてある細綱を小鍵で小手穴から引き上げ、縫い通して氷の下の網引きを行う、と説明する。

海蠹《カツナフ》とて海菅とて草を刈れ
編みて着る又あるハ海菅と
あミ合せて前垂あるハ腰巻
とす又小菅の穂笠と
冠りて雪沓をはきたり
突竿のうれに弓張の如く
先りと作りてもたるを
椀をうちつけたり
小手穴をほりつゝ鑿を
そのうちをかきめぐらし
細つなを小鎌にしく
小手穴より引あけて
縄を通して氷の下の
ありとあらゆるものをかき取
しつ

㊷伊勢詣での家

（『男鹿《おが》の春風《はるかぜ》』一八一〇年三月）

三月二一日、真澄は八郎潟北岸の芦崎《あしざき》の浦（山本郡三種《みたね》町）を見に出かけた。川尻《かわしり》の渡りを越えて、鵜川《うかわ》に出た。

ある家の庭に、御幣《ごへい》を五本立てて、注連縄《しめなわ》を引きめぐらして幣《しで》を掛け、四乳《よつぢ》の草鞋《わらじ》一足を家の方に向けて置いてあった。足の裏の左右の中心に小石を載せて、それに水をかけて清めていた。これは庭中の阿須波《あすは》の神に小柴を捧げて斎《いっ》き祀った古俗の類《たぐ》いであり、家の主人が伊勢《いせ》の内宮《ないくう》と外宮《げくう》に詣でている証拠だという。阿須波の神を祀るということは、『万葉集』の防人歌《さきもりうた》に見えるので、それを踏まえた指摘である。この神は地を守る神とされるが、防人歌では旅の安全を祈る神に転化されている。

一八〇一年の日記『雪《ゆき》の道奥雪《みちおくゆき》の出羽路《いでわじ》』で、真澄が深浦（青森県西津軽郡深浦町）を出発するとき、見送る人が「私は小石を拾って朝夕に清めよう」と言った。これについて、旅に出た人があると、その家では小石を二つ拾ってきて、それに水をかけて清め、その人が健脚であるように祈る風習があると説明する。これは他国の人にする習俗ではないが、深浦で何年も過ごし、土地の人のように思われたので、そう言ったのだろうと推測している。真澄と深浦の人々のつながりを示すエピソードである。

図絵は旅立ちした人の家の様子を詳しく描く。

63 男鹿半島の一ノ目潟　（『男鹿の春風』一八一〇年四月）

真澄は、四月七日、男鹿《おが》半島北海岸の相川《あいかわ》（男鹿市）から、真山《しんざん》（標高五六七メートル）と本山《ほんざん》（標高七一五メートル）に登った。

真山の麓には、光飯寺《こうぼうじ》、摩訶般若堂《まかはんにゃどう》、金剛童子堂《こんごうどうじどう》があり、自然石を並べた坂を上ると、赤神堂《あかがみどう》があった。箸木坂《はしのきざか》を上って八王子《はちおうじ》という峰に出ると、真向かいが板東長根《ばんどうながね》で、濃い紫の躑躅《つつじ》（ムラサキヤシオ）の花が咲いていた。これは松前の福山（北海道松前郡松前町）では梅と争って咲くので、みちしるべと名づけていた花と同じだった。桜は濃いのも淡いのも紅の雲のようにたなびき、白い所は残雪かと思われた。

そこに、移《い》託杉《たくすぎ》と犬子《いぬこ》石《いし》があった。案内人が、「女が登ることのできない峰に、巫女《いたこ》（死者の霊を降ろす盲目の女性宗教者）が犬を連れて登ったので、木となり石となったのだ」と語った。これは女人禁制の山に広く見られる伝説である。例えば、柳田国男の『遠野物語　増補版』の拾遺一二には、石神山《いしがみさん》の姥石《うばいし》と牛石《うしいし》の伝説がある。

真澄は真山の奥の薬師の峰に着いた。荒れた堂の中に、石の薬師仏が安置されている。さらに雪を踏んで登ると、本山の高峰の赤神の嶽である。石を積んで囲った中に、薬師如来の堂がある。

東方には、森吉山《もりよしざん》（北秋田市）、森山《もりやま》（標高三二五メートル。南秋田郡五城目町）が見える。手前の寒風山《かんぷうざん》（男鹿市）が重なって、八郎潟を半ば隠していた。反対の西方には、戸賀《とが》の浦、根太島《ねぶとじま》、畠ヶ崎《はたけがさき》（入道崎《にゅうどうざき》）の水島、そして、一《いち》ノ目潟《めがた》がよく見えた。一ノ目潟の他に二《に》ノ目潟《めがた》と三《さん》ノ目潟《めがた》があり、これらはマール（噴火後の爆裂火口に地下水が溜まってできた湖）と呼ばれる火山湖である。

山の陰から、多くの鹿が笹原を群がり去ったのは、筍《たけのこ》を食べていたのだろうか。案内人が、「この山に他の獣はいないが、鹿がたいそう多く棲んで田畑の物を食べ尽くすので、秋は田ごとに縄網を張るが、女鹿は網の目を潜って稲を食べる」と憂え語った。なるほどそれで牡鹿《おが》（男鹿）という地名が広まったのだろうと思った。

図絵は、真山を半ば登って、四月初めの山々が花盛りになっている男鹿半島の様子を西北に向かって鳥瞰図で描く。甲は一ノ目潟、乙は戸賀湾で、先端の左に浮かぶ島は根太島であり、中央の先端は畠ヶ崎で、その沖に浮かぶのが水島である。

柳田国男は一九二七年五月、真澄と同じ時季に男鹿半島を歩き、『雪国の春』に「おがさべり（男鹿風景談）」を載せた。この図絵を模写して、「これも真澄の紀行の中から取った百四十年前の風景であるが、今日も略《ほぼ》変って居ない。赤神東側の登山口、真山の村に近い岡の上から、西北を見晴らした写生である」と説明し、真澄の図絵を高く評価した。

卯月のはしめ山々の花のさかり盛のころ
真山をのほりてくたりける中々甲
一の女滝　乙刀鹿の浦回なとを
うち見やりて行つゝ

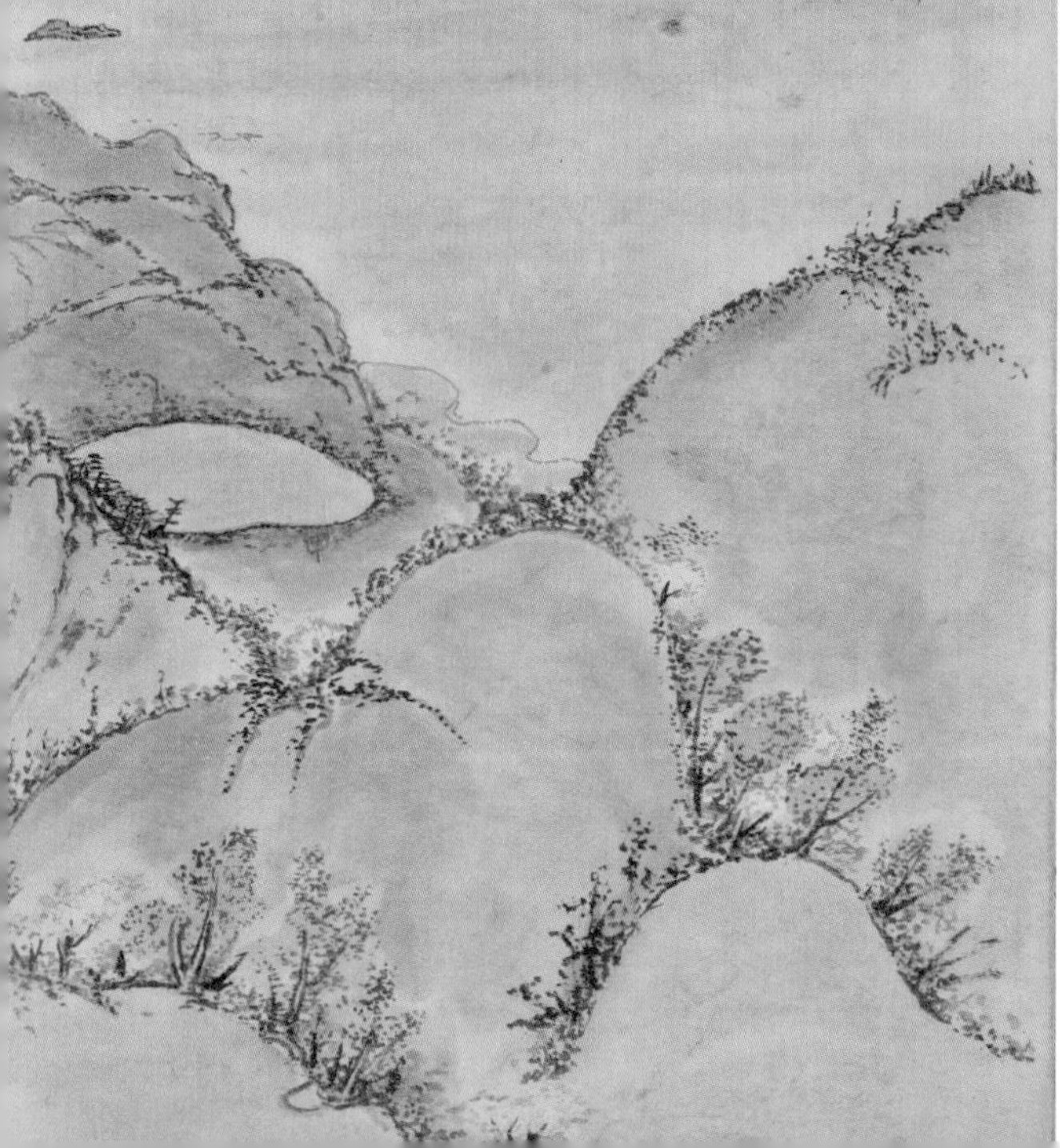

⑥④ 蝦夷百合　（『男鹿《おが》の鈴風《すずかぜ》』一八一〇年五月）

真澄が北浦（男鹿市）の辺りを歩いていると、馬草《まぐさ》を刈った中に蝦夷百合《えぞゆり》が交じり、その花に朝露が置いていた。

本文にはそれだけの記述しかないが、図絵は詳しい。アイヌは蝦夷百合をぬべといって食糧にしていたが、男鹿の浦人はえぞろといって、米に混ぜて飯にしたり、餅にしたり、煮たりして食べている。味がいいのだろう。草には雌《めす》と雄《おす》があり、多くは女草の根を採り、男草は四月末から五月初めに採って食べる。男草は紫黒色の小花を開くが、女草は花を付けないので、図絵の右は男草、左は女草である。

『菅江真澄遊覧記5』の注によれば、「男鹿半島戸賀《とが》方面でえぞろを食用とした人に聞くと、おとこえぞろは根にすがあって食べられないが、おんなえぞろは根に養分があってうまい。真澄が雌雄の別があるというのは、今年おんなえぞろと呼ばれても、来年は花をつけるので、おとこえぞろになるという区別を指す。葉が萌え出てから田植え頃までに掘り、根元のしゅろ皮を剥《む》いて白い所を食べると教えられた。実際に見ると、おおしゅろそうとあおやぎそうだった。従来これら植物は根茎に毒を持つといわれているが、男鹿地方ならびに山本郡八森《はちもり》地方では近来までえぞろめしを食べていた」とする。内田ハチの調査にもとづく知見である。

蝦夷百合、浦人衣曽呂と云、蝦夷人是を
弩撃といひて糧とす。雄鹿の嶋人
米に和して飯とし、或餅ともなす。
甚だ喰て味よろし。此草雌雄
あり。男草は脚葉の
左社して一茎と
ぬき出て上に瓣の
紫黒色の小花をむすびし
ひらく。女草は、はしらの葉の
右社にして花さくる事なし。
多くは女草の根をとる也。
男草は毎月の末皐月のころめ
あとよりつぼみ出でゝ
茎のさきに白花を大に似し
すゝしく藜蘆の面を見え
ありて男草はうつきの
つゐに平出様珊瑚あり、
白微のちさきの形し、ままに花と赤く
花謝落して實見えてむすぶ

㊺大産橋

（『男鹿《おが》の島風《しまかぜ》』一八一〇年七月）

七月一四日、加茂《かも》と青砂《あおさ》（男鹿市）の男女が入り交じって、地蔵堂の前に群れ集まり、盆踊りが行われた。笛・太鼓の拍子が波の音に乱れ合い、浜風に乗って聞こえてきた。

真澄は、一七日、加茂の宿から丸木舟で漕ぎ出た。白糸の滝が落ちるのを見た後、大産橋《だいさんきょう》（大桟橋）というのがあった。その形は石橋のようで、山橋ともいうとか。さんきょうは石橋《しゃくきょう》を訛っていうのだろうか。まことに不思議で、おもしろい場所だった。筵《むしろ》の帆を掛けながら、その下に走らせて入る舟もあった。この石橋の上を一片歯《ひとつば》の足駄を履いて渡った盲人がいたという話もある。

また、小産橋《こさんきょう》といって、ささやかな石橋があった。ここには舟を思うままに漕ぎ入れることはできない。

図絵は、加茂の浦の方から船が大産橋に入る様子を描く。船には多くの人が乗っているが、これは地元の人ではなく、島巡りを楽しむ遊覧の人々にちがいない。すでに男鹿観光が盛んに行われていたと見なければならない。

これはこの辺りで有名な、筵の帆を掛けた河崎という船だった。河崎船は、江戸時代、沖合漁業や小廻船《こまわしぶね》に使われた比較的大型の和船である。これが多人数を乗せることのできる遊覧船に転用されたにちがいない。

この帆柱の高さが六尋三尺（約九・九メートル）あるいは三丈三尺（同上）であることから推測すると、この石橋の高さは七、八丈（約二一〜二四メートル）になる。また、小産橋の図絵の説明には、「ささやかで舟を漕ぎ入れることは難しい。これらはみな地震で砕かれた鉱山の坑口の跡かと思われる。山橋・産橋などと書くが、ひょっとしたら石橋を訛っていうのだろうか」と繰り返した。

この後に続く紅雀《こうじゃく》が窟《いわや》や蝙蝠《こうもり》が窟《いわや》の図絵にも、舟に乗った人を描いている。これらは河崎船ではないが、真澄が丸木舟に乗ったように、小舟を使って遊覧することもあったにちがいない。『菅江真澄遊覧記5』の注では、「真澄は鍾乳石《しょうにゅうせき》がこれらの窟に多くみられたというが、この岩は安山岩からなり、洞窟の外の岩は含有鉄分の酸化によって暗赤色または暗褐色を呈し、内部の岩石は青灰色をおびている。成因は岩石の割れ目が海水の浸蝕作用をうけて洞窟となり、のち土地の隆起によって人がなかにはいることができるようになったのである」と説明している。

二〇一一年、「男鹿半島・大潟《おおがた》ジオパーク」が日本ジオパークに認定され、奇岩怪石を楽しむ西海岸の島巡りは新たな段階に入った。

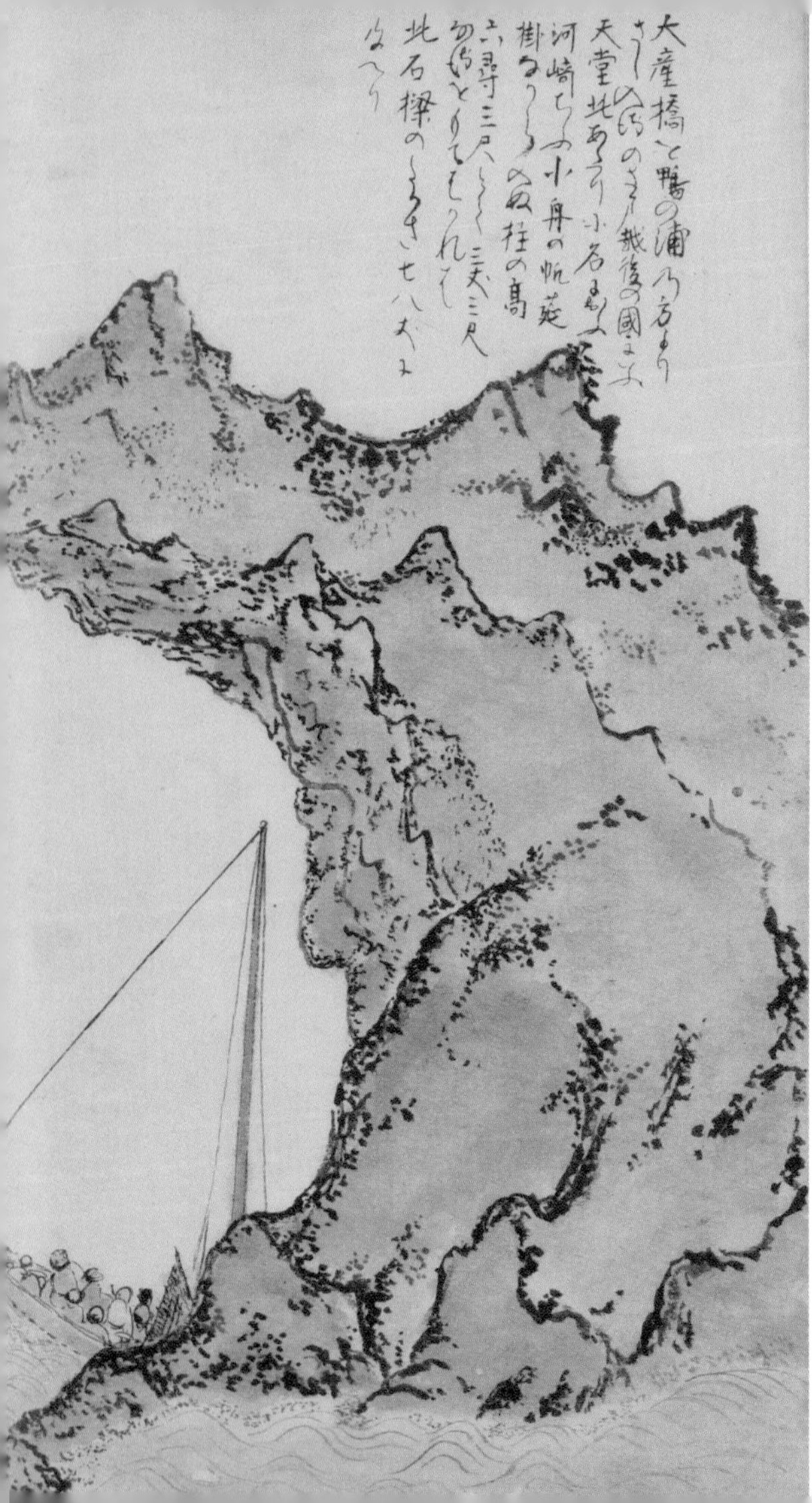
大産橋と鴨の浦乃方より
さし出たる岩のさま越後の國にいふ
天堂也あるは小名島といふ
河崎といふ小舟の帆延
掛るといふ岩柱の高さ
六尋三尺ばかり 三丈三尺
如何とりてもしられて
此石梯の高さ七八丈に
なれり

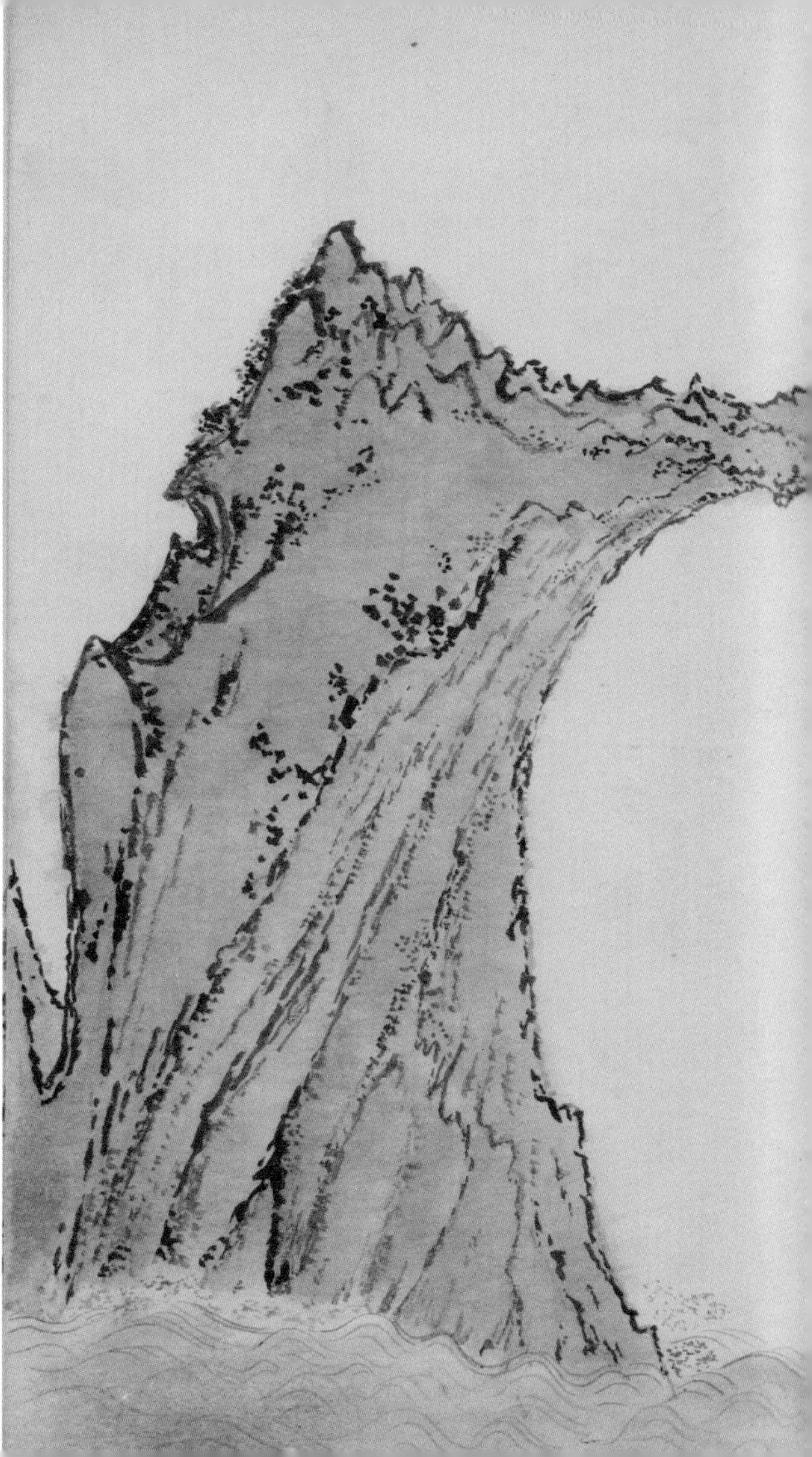

㊱なまはぎ　（『男鹿《おが》の寒風《さむかぜ》』一八一一年一月）

真澄は、一八一〇年七月、門前《もんぜん》（男鹿市）に来て、この辺りでは、一月一五日の夜、なまはぎが来るということを聞いたと『男鹿の島風』に書いた。翌年一月は宮沢で正月を迎え、そのときに実際のなまはぎを見ることができた。

一五日、夕暮れが過ぎて、灯火を灯し、家族が炉端に集まって座っていると、なまはぎが入ってきた。角《つの》が高い丹塗《にぬ》りの仮面を被り、黒く染めた海菅《うみすげ》の髪を振り乱し、けら（肩蓑《かたみの》）を着て、からからと鳴る小箱を負い、小刀を手に持っている。「うお」と言って不意に入ってくるので、「それ、生身剝《なまはぎ》だ」と言うと、子供は声も立てず人にすがりつき、物陰に逃げ隠れる。なまはぎに餅を与えると、「わあ、恐ろしいぞ、泣くな」と言ってこわがらせるのだった。

図絵は、赤と青の仮面を被ったなまはぎを描く。主人は折敷《おしき》に載せた餅二つを差し出し、枕屛風の陰に隠れた妻は赤ん坊を抱き、子供は夜具にくるまって隠れる。鴨居には注連縄《しめなわ》が張られている。説明では、なまはぎは若い男が扮《ふん》するもので、鬼や可笑《おかし》といった空吹《うそぶき》の仮面を被り、寒い時季に火にあたって脛《すね》にできた火文《ひがた》を剝《は》ぎ去るのだ、とする。「男鹿のナマハゲ」は、「来訪神―仮面・仮装の神々―」の一つとして、二〇一八年にユネスコ無形文化遺産に登録された。

正月十五日の夜深く
わかき男どもの集り
鬼の假面あるは
可笑《ヲカシ》とて空吹の面《ヅラ》
あるは木の皮の面に丹ぬり
たるをかけて螻蓑といふ
ものに海菅てふ艸を黒
染にしてふり乱し
手に小刀を持て小筥
の中に物ありてからからと
鳴るを脇に掛てただむき
といひつし蒲のはばき
あ蔓のこうきまきに雪沓
さしはきて人の家に内入
されてそれはあるを見て
なきの声にて童のなきも侍
るをそれ逃かくるゝひゅくらに
寒方《カン》波義哉は寒さに火にあたり
脛《ハギ》に赤斑のかたつけるて
いかりそれ火文《ヒガタ》て春は鬼の来て剥き
とらるゝといふ諺のあるにならひて
その鬼の来りて出ありく生身剥《ナマミハギ》
にておのし中國にてはがんことて元興寺
の鬼といひ陸奥にはもうこといひて蒙古國
能ひ来ると云此あたりにては生剥とひで童をおどす

㊼鯔の張切り網漁　（『男鹿の寒風』一八一一年一月以降）

真澄は、一八〇四年の日記『男鹿の秋風』では、八月十五夜の月を八郎潟に舟を浮かべて見た。そのとき、江川《えがわ》の崎では、あちこちの隈《くま》から小舟が漕ぎ出してきて、はたはたと舟端を打っていた。これは白目《しろめ》という鯔《ぼら》の網漁をしているのであった。満潮のために流れ込む流れ藻が多いので、かちびきの網（陸で引き上げる網）には少しも魚がかからない。しかし、舟の漁では、「このくらい獲った」と言って、鯔やこのしろの入った籠を引き上げて、漁師が見せてくれた。

そして、一八一一年一月以降、今度は船越《ふなこし》で見た鯔の張切り網という建て網漁を再び図絵に描いている。しかも、これには該当する本文がまったくなく、三点の図絵だけを使って、この漁を詳細に説明した。八郎潟が氷結していないことからすれば、春が深まった時季になっているのではないかと思われる。

其一が右に載せた図絵であり、鳥瞰図で日本海と八郎潟をつなぐ船越水道に置かれた張切り網を描く。左下は船越（男鹿市）の町並み、中央は八郎潟、奥に見えるのは白神山地である。建て網が五カ所に置かれ、小さく二艘の舟を描く。

其二は見開きで描く。五カ所の建て網のうち、上の二カ所を拡大して描く。中央に一艘の舟が浮かび、二人の漁師が乗っている。

其三が左に載せた図絵であり、一カ所の網をさらに拡大して描く。杭《くい》を打ち込んで、間に縄を張り、その間に藁《わら》（毛縄という）が数カ所に結び付けられている。泳いできた鰡はこの藁で次第に誘導され、最後は腰網に入る。ちょうど入る寸前の鰡が一匹見える。また、腰網にはたるませた網（棚網という）が掛けられていて、飛び跳ねた鰡はこの網に入ることになる。

真澄は、三点の図絵を連続して使い、遠景から近景へ次第に拡大して、鰡の張切り網漁を見事に説明している。『氷魚《ひお》の村君《むらぎみ》』で八郎潟の氷の下の網引《あび》き漁《りょう》を描いたときもそうだったが、これもまた図絵の動的な利用である。しかも、次第に拡大してゆくという描き方は、新たな方法の構築であったと言っていい。今ならばドローンを使って撮影するようなことが、すでに実現されているのは驚きである。

さらに、この後の図絵では、馬手網《まてあみ》の姿を詳しく描く。船越・天王の浦などでは、この網を使って、しらうお（真澄はしろうおと呼ぶ）を獲った。九月の中の丑《うし》の日に初めて網を打ち、冬になって八郎潟が氷結するまではこれで漁をして、春に氷が消えてからは、持網といって、四つ手のようなもので漁をするという。

張切り網漁も馬手網漁も、現在の暦で言えば、四月から一〇月に行われていた。

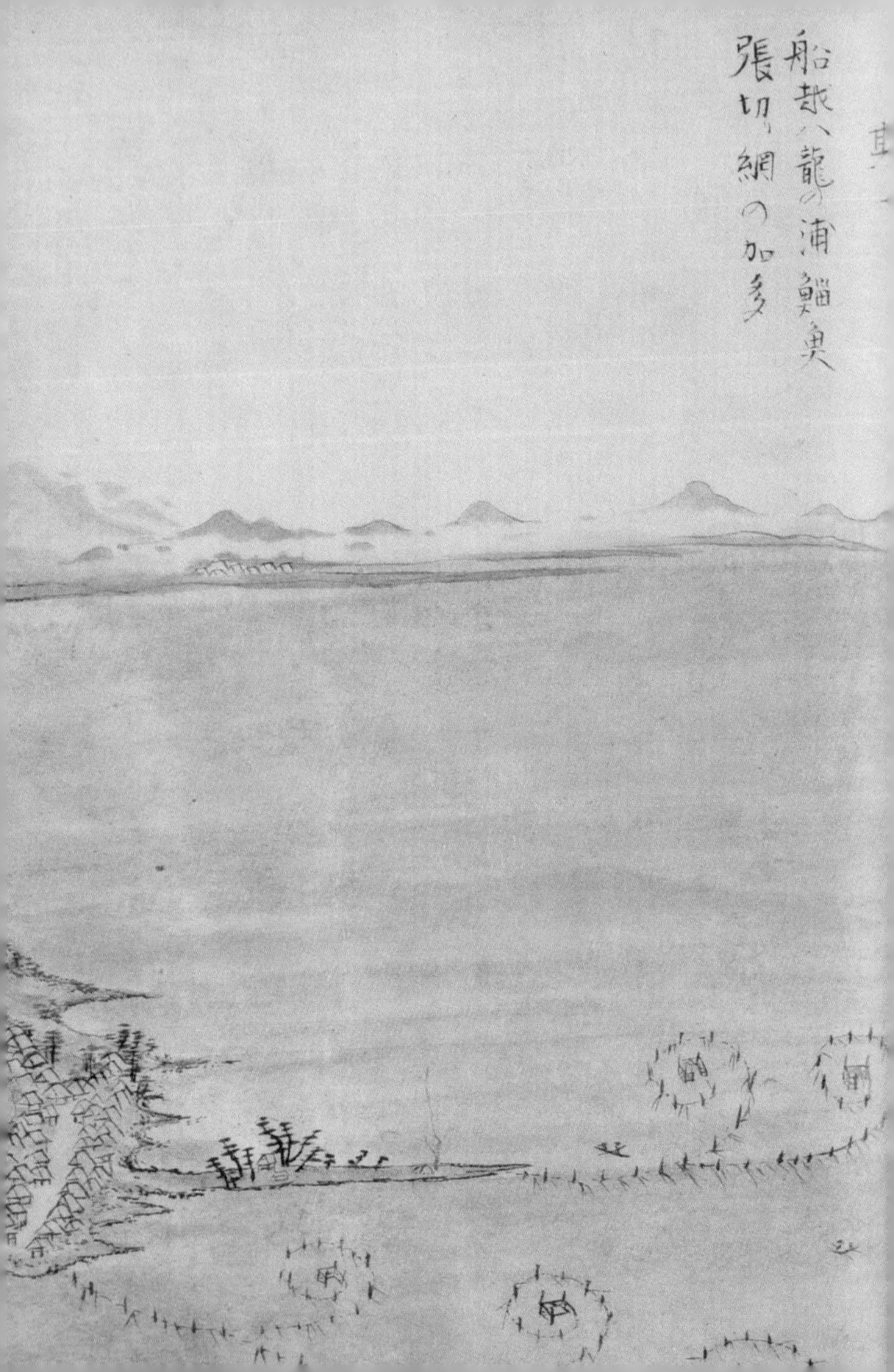
其一
船越ハ龍の浦鰡魚
張切り網の加多

其二上

㊳山吹を軒に葺く

（『軒《のき》の山吹《やまぶき》』一八一一年三月）

三月半ば、真澄は神足《かなせ》の荘（秋田市金足《かなあし》）に向かった。

二四日は夕方から餅を搗《つ》いて丸め、枯《か》れ葦《あし》の長い串にたくさん刺し、山吹を折ってこれと一つにして、母屋をはじめ、建物という建物はもちろん、柴屋（薪小屋）・米倉・厠《かわや》（便所）の軒までもびっしりと葺《ふ》いている。不思議で、また珍しい光景だった。この神足の村々では、昔からこのように行っているという。

二五日は雨が降って、菅原《すがわら》神社に詣でる人も稀だった。昼頃、風が激しく吹いて、束ねて挿してあるたくさんの山吹が吹き散らされてゆく風情は、特に趣深い。軒ごとに鴉《からす》が羽をはばたかせて、山吹に隠れている長い串の餅をすっかりあさって、黄金の花も残り少なく散りこぼれた。これは由緒のありそうな習俗にちがいない。

図絵は、山吹を軒に葺いた様子を描く。説明では、神足《かなせ》は元は金瀬《かなせ》などと書き、昔、上流に鉱山があり、それに携わった人が住み着いて、山吹の黄金の花を葺くようになったのだろうかなどと述べている。

だが、後に真澄は、菅原道真《すがわらのみちざね》の忌日の二月二五日に関西などの天満宮では菜の花を供御《くご》にするが、その代わりに、ここでは一月遅れの三月二五日に、同じ色の山吹を献じるようになったと推測している（『菅江真澄遊覧記5』）。

飽田の郡神足庄 乱橋 八丁目 梅内
浦山 高田 下刈 岸の濱
嶋崎 小泉 長園 福田 片田
黒川 青崎 岩瀬 なとの
村々まて三月の二十四日ころより
山吹の花とのみ新たに萌くれ
なえしありてるのもしきこう
かゝるをいとおかしかれかりかり
五花て神足と云ハ金瀬なりや
書かしても源ハ坑場の
ありて気なしるさりし
人の口さかな伝ぞきし
陸奥山より
さく花さくみ
ろかしもありて山吹の
黄金の花や屋戸ふふ
萱ちんりのゝ金様崇ふ
とあふめくれそるゆ赤
こゝのみるとかみところ
あり又うちれおくゆうし
菖蒲薬とさしても
まゝのてなかしてあところあり
此山吹と知りゆくも忘るん
人のかゝへてまうんりのゝ

⑲葉盤の図　（『軒の山吹』一八一一年五月）

真澄は岩瀬《いわせ》（秋田市）に来て日を過ごした。この年は閏《うるう》二月があったので、四月半ばから田植えが行われていた。初田植えの習俗はどこでも忌みごとが多くて、正月から斎戒が大変である。人々が生きるための五穀の長《おさ》であるおきつみとし（稲）の誕生を祝うので、それももっともである。朴《ほお》の広い葉に食物を盛るのは、津軽（青森県西部）と同じだった。天王・塩口《しおぐち》（潟上《かたがみ》市）などの辺りでは、槲《かしわ》の葉を重ねて敷き、これにいろいろの食物を盛って、みとしの神（田の神）に奉り、田長《たおさ》（田の主）が早《さ》乙女《おとめ》をもてなし、豊神酒《とよみき》を勧める。風のまじないのつつみ飯、文襷《あやたすき》などの習俗もある。

図絵は葉盤《ひらで》の図《かた》を描く。初田植えの日、槲の葉を敷いて、おきつみとしの神に魚などいろいろな神饌《しんせん》を奉る（甲）。乙のつつみ飯は、風が吹かないまじないとして作り、自在鉤《じざいかぎ》に結び付け、田植えが終わると川に流した。丙の綛襷《かぎたすき》は文襷のこと。幅一寸四、五分（約四センチメートル）、長さは二丈（約六メートル）あるいは一丈四、五尺（約四・二〜四・五メートル）で、いろいろな木綿の布をつなぎ合わせ、力糸というものを付ける。陸奥で「文《あや》の襷《たすき》」といって歌う田唄《たうた》はこれを指すという。丁の赤飯はこの辺りでふしかね飯という所がある。色をさらに赤くするために、五倍子《ふしこ》の粉を混ぜて小豆《あずき》を煮る。

初田植の日瀛津衛歳の神小神饌と手酬て
擲と布て鮭魚のるとくさ〳〵のものをとりて
さつ叩しはきするりの盛りちるをいふなり
かりとてりせん延喜式等にも擲の事
みえたる乙ぶ風吹の饌は瀛津姫瀛郡彦
ふりやとおれるしんか
ちるし紋長津彦命ゟなんいかんて自在鍵を
あひそへて田も植まそられは水小流しつ丙
繰襷と云は幅一寸四五分長二丈或一丈四五尺
ホーしてうくの木綿でつきすぎ力緒とよひて
引まり陸奥まそ文の襷と唄ふ一曲訊
むり此事とかん
陸奥あり又て赤飯を
四方のひめしとふ所あり
小豆の色の奇
赤のくしあくへ
をとおくも五倍子
の粉てしくまつ
ちれよまなもし
小豆二粒つてまよ
まとめりし

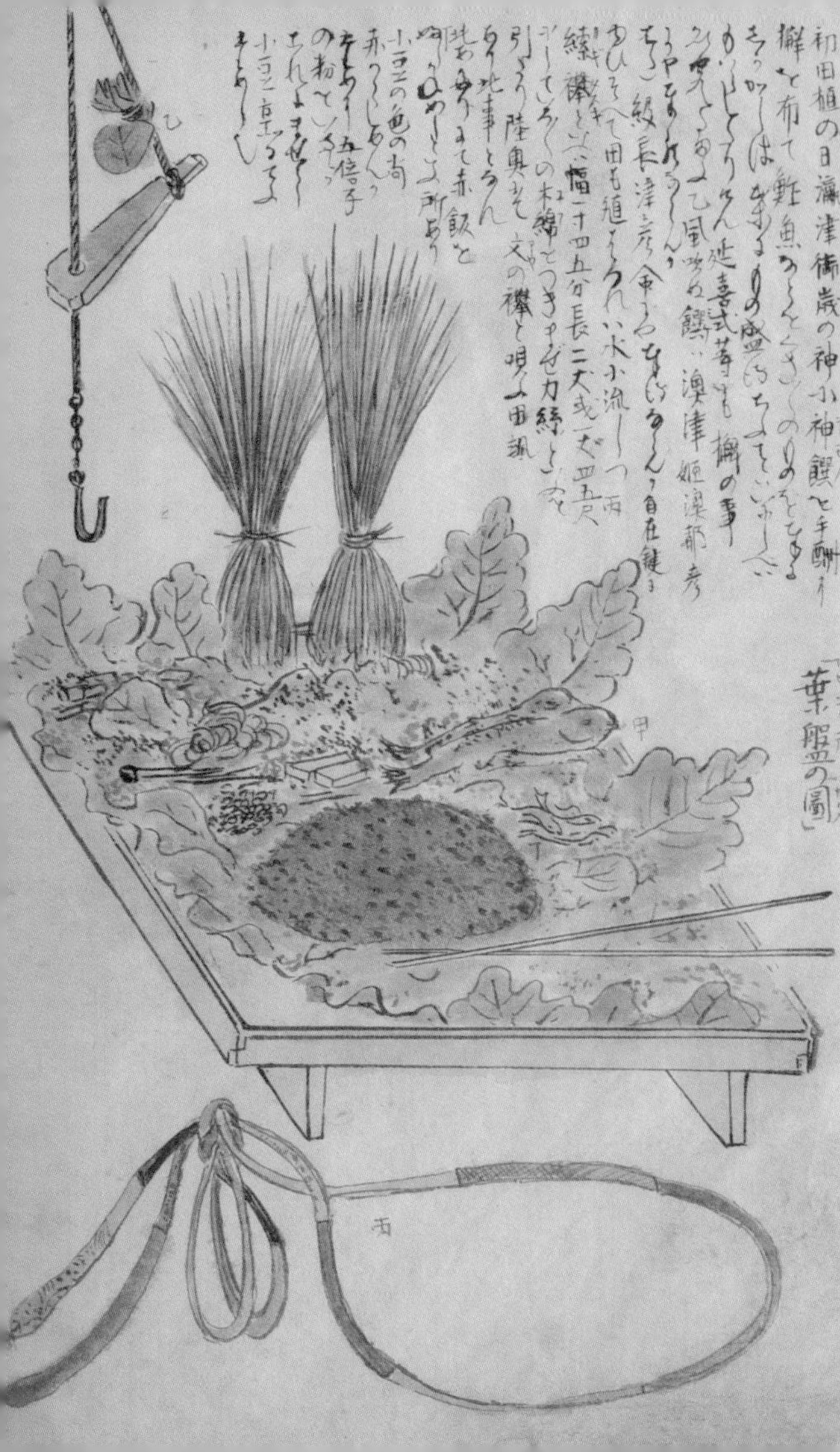

「葉盤の圖」

⑳円福寺の阿弥陀仏

（『軒の山吹』一八一一年五月）

五月雨《さみだれ》の晴れ間を見て大久保《おおくぼ》（潟上市《かたがみ》）に行き、久保田（秋田市）の湛然《たんねん》上人が円《えん》福寺《ぷくじ》にいらっしゃるのを訪ねた。しかし、「久しぶりですね」と話す間もなく、上人は「急用で」と言ってお帰りになった。この寺の昔のことを尋ねたいと思うが、文化《ぶんか》五年（一八〇八）秋に荊瑞長老が遷化《せんげ》され、今は祖碓という法師がこの寺を守っていて、合割（由緒書のことか）どもは深く封じて、秘蔵しているという話だった。

図絵は円福寺家蔵の阿弥陀仏を描き、説明が詳しい。禄寿山《ろくじゅざん》円福寺は文禄《ぶんろく》二年（一五九三）に開山し、寿峯宗寿和尚が開祖である。昔は天台宗《てんだい》だったが、今は臨済宗《りんざい》になっている。この寺の本尊は釈迦三尊で、男鹿脇本《わきもと》の城主・安東脩季《あんどうながすえ》の念持仏であったが、脇本落城後、この寺で伝えている。

この阿弥陀仏は鉄でできていて、その形から化け仏とも呼ばれ、古寺の跡から出現したという。昔、この仏が化けたという童物語が伝わっている。その姿は百鬼夜行の図の中の塗り仏が化けたのにやや似ている。この仏像は現存するが、「仏像の形が崩れているのは火災によるものと考えられ、表面に付着した煤《すす》が今でも剝落《はくらく》する。来迎《らいごう》印《いん》を結んだ阿弥陀如来像である」（『菅江真澄、記憶のかたち』）とされる。

大久保のうへにあり禄壽山圓福寺ハむかしハ天台今ハ臨済なり此寺の本尊ハ
雄鹿乃五郎安東脩季の念持佛なりしが脇本落城の後此寺に傳ふと云ん
作りしは釋法文殊普賢廿三天神までのもやかる佛也 圓福寺ハ文禄
二年まてひらく所なる壽山峯宗壽和尚とのよせりけるに云々の化佛として
あまた此古寺の跡なる小池のうちより出まゐらせしなり此佛の化ありきをしも畫
物語の此あり百鬼夜行の圖の中小塗佛乃化なるまゝに似たり」

或人の云安東脩季
のめりうちかけしハ
壬生の地蔵及び
成合の観世音を
ひとつの定朝
作せりとかん

圓福寺家藏阿彌陀佛 甲

❼❶手向けられた弓矢

（『勝手《かって》の雄弓《おゆみ》』一八一一年八月）

八月一〇日、真澄はおおたいら（秋田市太平《たいへい》）という奥山里に、大和《やまと》の国（奈良県）吉野山《よしのやま》の勝手《かって》の御神を遷《うつ》した社があると聞いていたので、那珂通博《なかみちひろ》（藩校明徳館の儒者）に誘われて、知友とともに出かけた。この日記『勝手の雄弓』は途中で本文が終わり、後半は図絵しか残っていないものの、そこに勝手の神のことが見える。

この前の図絵では、勝手の神の旧社をたどった後、仏頭を描く。仏頭が朽ち残ったとして、鬼面のようなものが祠の中にあった。これを勝手の神の御像《みかた》になぞらえて、円仁《えんにん》の作であると伝えているとする。

この図絵は勝手の神に手向けられた弓矢を描く。この辺りの人々は勝手の神を産土《うぶすな》神《がみ》と崇めている。女子が生まれると、四月七日と八月八日の祭日に菖蒲《あやめ》を植え、男子が生まれると、両度の祭日に、木または竹の弓と、雄萱《おがや》または小竹に紙または杉板の羽根を付けた矢を作って奉納した。その子の行く末が栄えるように祈る習俗である。真澄は、この習俗は勝手の神に対するものではなく、子守の神を合祀《ごうし》しているので、今の時代の習俗になったのだろうかと推測している。図絵の右は、木の弓、雄萱に紙の矢であり、左は竹の弓、小竹に杉板の羽根であると思われる。

勝手の神と産沙とならべまつれ
あまりむら人の家に女子の生れ
ぬれば文月七日葉月八日の神事に
菖蒲など植へ男の子生るればしの
りとりうハ木の弓あるは竹の弓
それも作り雄萱小竹を
紙の羽杉板の羽のりてまつれる
箭をとなへうちあるひのかみ
まつるは手鞠てうちのちごみ
り来弟しかんとて祈るまなし
あり吉地山のその神ありあるを
子守の神とあはしすれて
いりし世のならはしつるや

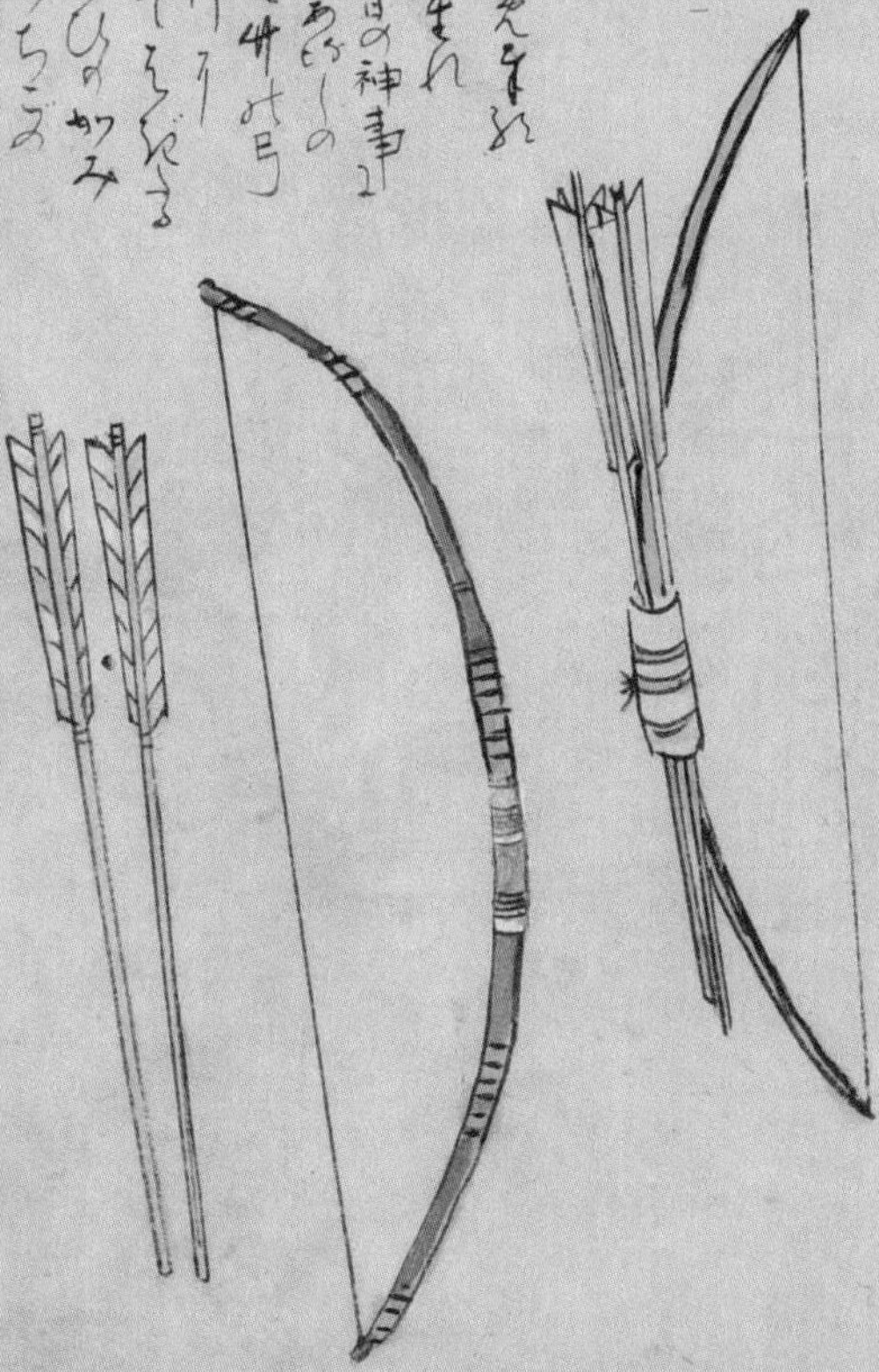

㉒逆木

（『月のおろちね』一八一二年七月）

真澄は前年の秋、太平山《たいへいざん》の麓まで分け入ったが、雨に降られて登ることができなかった。七月一三日、那珂通博《なかみちひろ》から、「太平山に登って、居待ちの月（十八夜の月）を見ましょう」と誘われた。そこで一六日、鎌田正家《かまたまさやか》（古四王神社摂社の神職）と一緒に出立した。一七日は雨に妨げられたが、一八日は那珂たちが連れだって来て、月見の宴を開いた。一九日は山頂の堂に泊まり、二〇日は周囲の風景を見て、下山した。

ますます風が吹き、雨も降った。山の神沢を分け入ると、大山祇《おおやまつみ》の社《やしろ》があった。神前の数々の鳥居には、木の枝の鉤《かぎ》をびっしりと掛けてある。また、大きな黒木を三尺（約九〇センチメートル）ばかりに伐って、斧《おの》で皮を削り立て、社の傍らにたくさん立ててある。その名を尋ねると、「逆木《さかぎ》」と教えられた。蝦夷《えぞ》（北海道）の木幣《イナオ》を簡単に作ったようなもので、榊《さかき》の意味もあって逆木《さかぎ》と言うのだろうか。これは山仕事の者たちが木を伐採するたびに山の神にその本末を奉納する習俗で、逆木を垂直に立てたのだろう。祠の中には斧・鉈《なた》・剣・鎌を木で作って手向けてある。

図絵は、大山祇の社に至る鳥居に掛けられた木の枝の鉤と立てられた逆木を描く。次の図絵には、木の枝の鉤と逆木のほかに、奉納された斧・鉈・剣・鎌を描く。実は、太平山に登る途中の一九日にも、桂《かつら》の大木に木の枝の鉤を掛けた様子を描いていた。

❼❸小野小町像

（『雪《ゆき》の山越《やまごえ》』一八一七年一二月）

秋田郡の大河《おおかわ》の駅《うまや》（南秋田郡五城目町）の東、大河の天神の社《やしろ》の傍らに、五十目《ごじゅうのめ》の郷《さと》にある本光山宗延寺《ほんこうざんそうえんじ》の末寺がある。この庵には小野小町《おののこまち》の泥像がある。それは男鹿《おが》の浦人が五十目の市に出て、売ったものである。この浦人の先祖は雄勝郡小野村《おがちおの》（湯沢《ゆざわ》市）から出た人だった。これは小町姫の百歳の姿だといって、家で長年持ち伝えて尊んでいた。しかし、家が没落し、町で暮らす境遇になったので、市に持ち出して売った。そのとき、この庵の法師も市に出ていて、天明三年（一七八三）春にこれを買い取った。この小町像はもとは湯沢にあり、その後は男鹿で祀られていたが、持ち主が男鹿を出るときに売却し、法師が取得したというのである。旧家の流転とともにこの像も流転したのである。

この像は、小町が老いて京都から故郷に帰り、小野の窟《いわや》に籠もって、人に物乞いをした姿であったという。小野の窟というのは湯沢市小野にある岩屋堂を指すのだろう。雄勝郡は小町伝説の盛んな地域であり、それがこうした像を生んだのである。図絵は正面と後背の形を描き、高さは二寸四、五分（七センチメートル余り）である。

地誌『月《つき》の出羽路仙北郡《いでわじせんぼくぐん》一七』には金沢本町村《かねざわもとまち》（横手《よこて》市）の専光寺《せんこうじ》の姥御前《うばごぜん》像の図絵がある。これは小野小町像とも奪衣婆《だつえば》像ともいう。

秋田ノ郡大河ノ驛東大河ノ天神ノ社の傍り
五十目郷なる本光山宗延寺の枝寺にして
地蔵あり其菴に小野小町乃泥像の
老為形なりそを恩荷の浦人五十目
市小出てふ是なる此浦人の上祖そ
雄勝郡小野村より出て其の小町姫の
木の像のみたてまつりて家にすへて久しう
持つたへけることありしが家わびしくなりはてたる人と
なれば是を市に持出てあきなひをもとめ
しを此菴の法師か市にて求て天明三年の冬
買ひ得るとぞ小町老て故郷に帰り小野の窟にこもりて
人々のうたひしさまにありしか也

高二寸四五分

後背形

V 地誌の旅

菅江真澄は、一八一三年、六〇歳のとき、秋田領（秋田県）の六郡の地誌を編もうと考えた。その企画書「花《はな》の出羽路《いでわじ》の目《な》（仮題）」には、「この出羽《でわ》の国にある六つの郡を月雪花になずらえて書き集めるのは、三河《みかわ》の国（愛知県東部）乙見《おとみ》の里の人・菅江真澄である。文化十年（一八一三）という年の春」とある。秋田・山本の二郡を花、河辺《かわべ》・仙北《せんぼく》の二郡を月、雄勝《おがち》・平鹿《ひらか》の二郡を雪とする構想だった。そこから生まれた地誌の中の図絵を「V　地誌の旅」としてまとめる。

真澄は、地誌編纂《へんさん》を秋田郡から始めた。しかし、久保田（秋田市）の城下町は描くことができないので、その郊外から太平山《たいへいざん》の山麓にかけて描きはじめた。それは『勝《しょう》地臨毫秋田郡《ちりんごうあきたぐん》』四冊、さらには『勝地臨毫河辺郡』一冊となる。勝地臨毫とは優れた風景をその地に臨んで描くことである。実際に見た風景を写生することによって、そこで営まれている生活やその背景にある歴史を示すという方法は、日記の図絵から連続している。

一四年五月には、久保田から最も遠い雄勝郡を巡村して調査を始め、翌一五年三月には調査を終え、『勝地臨毫雄勝郡』七冊をまとめている。第九代藩主・佐竹義和《さたけよしまさ》が一一年の藩内巡視で雄勝郡の各地を訪れて、紀行『千町田記《ちまちだのき》』を書いているので、義和に見せたい一心で『勝地臨毫雄勝郡』を編んだのだろうという説がある（『菅江真澄全集　第五巻』）。しかし、一五年七月に義和は亡くなってしまった。

勝地臨毫と地誌の関係については、「『眼にみる地誌』とでも称すべきもので、一枚の紙に、眼にふれるかぎりの地勢、風物を描いて、山、川、村落、寺社などに朱字で記号をうち、その名称をあげていくという型式であった。地誌のなかにこのような図絵が挿入される必要があるのではないか、というのが真澄の新構想だったのである」とされる（『菅江真澄全集　第五巻』）。

真澄は、七年を隔てて、二二年六月に秋田領の地誌編纂に改めて着手した。再び雄勝郡の調査を行い、未整理だった『雪の出羽路雄勝郡』四冊をまとめあげている。しかし、「佐竹南家が所在する湯沢町の地誌は、他国の旅人である真澄の筆にする場所ではなかったとみるのが至当であろう」という考えがある。それで『雪の出羽路雄勝郡』は中途で放棄されたと推測するのである（『菅江真澄全集　第五巻』）。

しかし、二二年末には、日記など五一冊を秋田藩校の明徳館に献納し、翌二三年二月には、献納の報酬として金子《きんす》を受け取っている。二四年八月からは平鹿郡の調査を始め、二六年夏に調査を終えている。その間、明徳館からは、地誌の調査・編纂の費用や衣服の手当などが支給されている。献納によって信頼を得た真澄の地誌編纂は、藩命によるものになっていったと見ることができる。その成果として、『雪の出羽路平鹿郡』一四冊を完成した。

二六年五月には、仙北郡の調査に移る。地元住民の協力を得て調査は順調に進み、その間に、板見内（大仙市）の出原三郎兵衛《でハらさぶろべえ》は『雪の出羽路雄勝郡』四冊を借りて筆写したらしい。しかし、二九年七月、真澄は梅沢または角館（ともに仙北市）で死去する。七六歳だった。未完成の『月の出羽路仙北郡』二五冊（最後の二五冊目は草稿本）が残されることになる。なお、これには別に草稿三三冊があり、平鹿郡植田村《うえだ》（横手市）の近利左衛門《こんりざえもん》家が所蔵していたが、焼失したとされている。

真澄が所持していた著書は鳥屋長秋《とやのながき》によって久保田に運ばれ、完成した『雪の出羽路平鹿郡』一四冊および未完の『月の出羽路仙北郡』二四冊の清書本が明徳館に献納されたが、藩命による調査でなかった『雪の出羽路雄勝郡』四冊は献納されなかった。それは真澄の生前の指示だったと考えられている（『菅江真澄全集　第五巻』）。

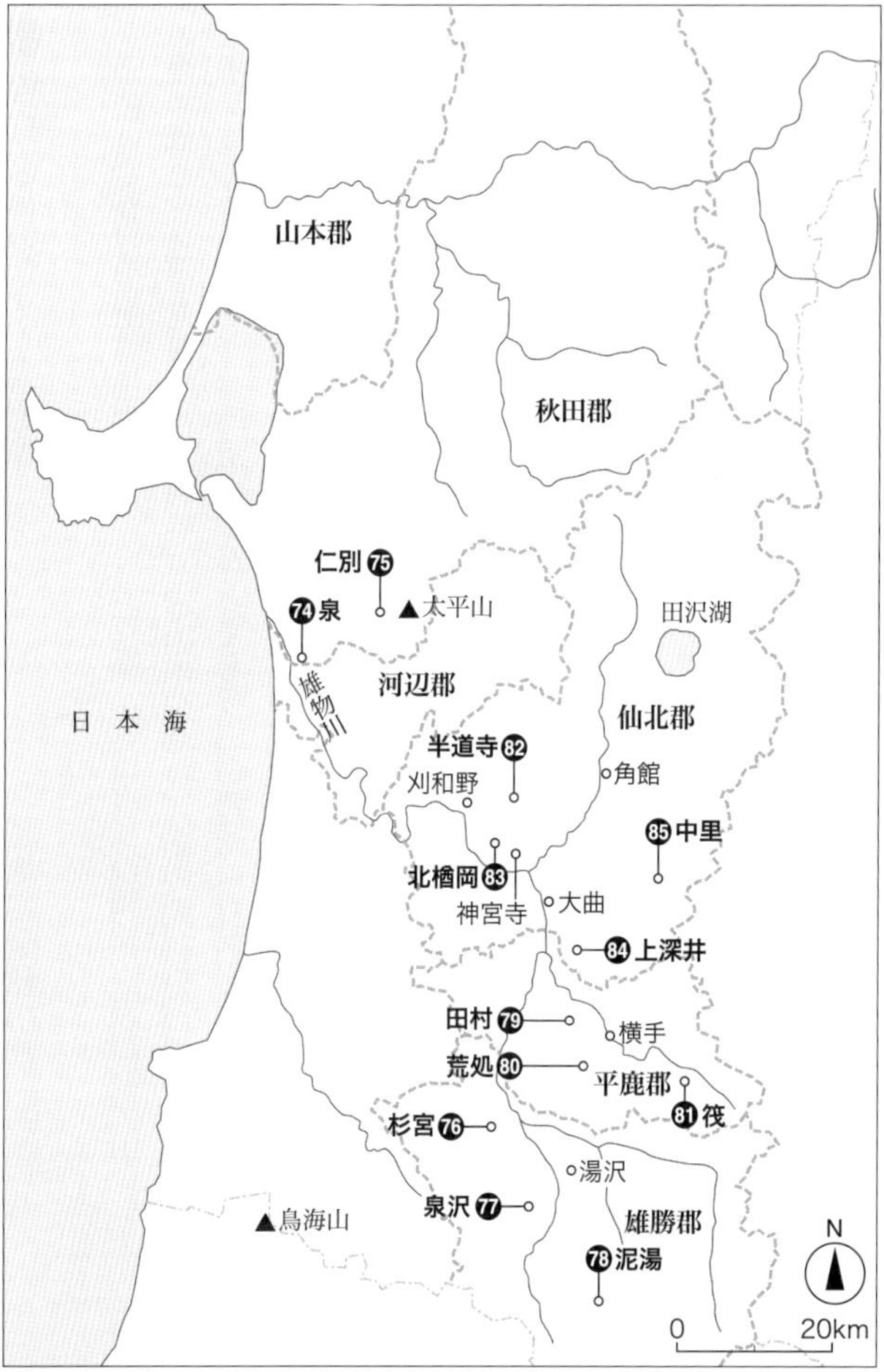
山本郡
秋田郡
仁別 75
74 泉
▲太平山
田沢湖
河辺郡
雄物川
日 本 海
仙北郡
半道寺 82
刈和野
角館
85 中里
北楢岡 83
神宮寺
大曲
84 上深井
田村 79
横手
荒処 80
平鹿郡
81 筏
杉宮 76
湯沢
泉沢 77
▲鳥海山
雄勝郡
78 泥湯
N
0
20km

㊹ 佐竹家菩提寺・天徳寺

（『勝地臨毫秋田郡《しょうちりんごうあきたぐん》一』一八一三年）

図絵は、『勝地臨毫秋田郡一』に泉《いずみ》の郷（秋田市）の図絵六点が続く中にある。甲の泉の郷の、乙の七堰塘《ななつぜき》は、丙の万固《ばんこ》山《さん》天徳寺《てんとくじ》の、丁の大菅野《おおすがの》の沢の辺りにある。夏は水が涼しく流れて、七筋水《ななつぜき》に蛍がとても多い。昔から有名な蛍だといって、人々が見物した。泉の郷という地名のとおり、水が豊富で、蛍の名所だったと知られる。旭《あさひ》川《かわ》の流れが村中をめぐるので、こう呼ばれた。

曹洞《そうとう》宗の万固山天徳寺は、秋田藩主・佐竹家の菩提寺《ぼだいじ》である。この寺はもと常陸《ひたち》（茨城県）から河辺郡金照寺岨《きんしょうじそば》に移されたが、野火で炎上して、この泉山に移されたという。つまり、一六〇二年、佐竹家が常陸から転封するのに伴って、秋田郡楢山《ならやま》村の楢山（今の金照寺山）に移るが、一六二四年の火災で総門を残して全焼したので、翌年にこの秋田郡泉村の泉山に移されたのである。

そして、ここには梅津万応翁が掘った、戊の寒水（名水）がある。大菅野小菅野は広野だったが、山が崩れたので、そこに田を開き、今は沢の名になった。万固山の、己（図絵に示されていない）は門前路《もんぜんみち》であり、庚は小田の中路である。

天徳寺が佐竹家の菩提寺であることに触れる記述は極めて簡略であり、むしろ、泉の郷を述べることが中心だった。実際、図絵は十干を使って、それを丁寧に記述している。別の図絵には「天徳寺の万能水」が見える。万能は梅津万応翁と関係があるかもしれない。やはり藩主に関わる図絵を描くことは憚《はばか》られたのだろう。

天徳寺は、右下から左上に向かって参道（これが己の門前路であろう）があり、木立の中にわずかに見えるのは総門、その奥に山門と本堂があり、右に書院が描かれている。本堂西側にある佐竹家霊屋《たまや》は霞《かすみ》に隠れて見えない。

寺の建物の歴史を見ると、一七〇九年建立の山門は柿葺《こけらぶ》きの楼門、一六八七年建立の本堂は入母屋造《いりもやづくり》で、間口約三〇メートルの大建築であり、ともに古い。書院は寄棟造で、一八〇六年建立なので、真澄の時代にはまだ新しい建物だった。一六七四年に火災に遭っているため、それ以前の建物は、常陸から秋田へ寺が移転した慶長《けいちょう》年間（一五九六～一六一五）の建立と推定され、移築された総門しか存在しない。

泉郷の七堰《ナヽツセキ》を
萬固山天徳寺の
大菅野澤の邊《アタ》りに
在り夏冬も水涼しく
流出く七節水《ナヽツセキ》は
蛍いと多しむかしより
名たゝる蛍とて
見てものにせり
此寺本ト常陸より
河邊郡金照寺
岨ヶ遷されしより
此寺大火に回禄して
此菓山にうつされく
梅津方應翁の
穿《ホリ》る寒水の名
あり大菅野は
菅野元廣地なり
山を崩し田に耕しぬ
今ハ澤の名にのこれり

小田の中路あり 庚
天徳晩鐘
竹堂邊通熟徒
渡邊如庵
眼穿天徳寺
門中告罷鐘
聲萬事空
六郡僧徒閙
法去華鯨報
暮殿西東

㊼ 仁別

（『勝地臨毫秋田郡三』一八一三年）

『勝地臨毫秋田郡三』には仁別《にべつ》（秋田市）の図絵一三点が載る。仁別は太平山を水源地とする旭川《あさひかわ》の最上流部に位置する地域である。

仁別三には、法相《ほっそう》宗の古寺・布帝山西勝寺が今は庵となっているとある。かつてこの地に由緒ある寺院があったことを示唆する。

仁別九には、立場の炭小屋がある。奥山で焼いた炭一俵百貫目をこの炭小屋に入れておく。それを男女で分けて、麓の里へ背負って下った。百貫目を背負う者は山働きの者でも稀だった。多くは山本郡仁鮒《にぶな》の里（能代《のしろ》市）の鬼神《おにかみ》・四ツ屋《よつや》・小掛《こがけ》から来る人で、力があった。この辺りは森林地帯なので、炭焼きが盛んに行われ、その運送には特殊な能力が必要だった。百貫目というのは、実際の目方（約三七五キログラム）ではなく、量の多いことをいうたとえであろう。焼いた炭は城下町の久保田（秋田市）に供給したと思われる。

仁別一三には、一枚岩山の滝といって、大きな岩山があり、包水《つつみ》といって、杣木流《そまぎなが》しの留めがある。仁別では杣山から伐り出した木材を川に流し、ここで留めたのである。図絵については、「川の中にある仕掛けは、鉄砲堰《てっぽうぜき》と呼ばれる構造物で、切り出した木材でダムのように水をため、それを決壊させて一気に下流に木材を流すものである」(『菅江真澄、記憶のかたち』)という。

この仁別一の図絵の説明にある、甲の田蔭淵、乙の石淵、丙の寄り会せなどは、みな旭川にある淵《ふち》であり、丁は鷹《たか》ノ巣山《すやま》になっている。

重要なのは、地名の起源をアイヌ語に求める解釈である。ニベツという地名はアイヌ語で木河《ニベツ》の意味で、木の良い川の辺りや木の多い川の辺りを言っている。またニベチとも言う。この地名から、昔はアイヌが住んでいたことが知られる。後方羊蹄《シリベチ》山をシリベツともいう。アイヌ語でシリは崎、ベツは川の意味なので、川崎ということである。真澄は蝦夷地《えぞち》(北海道)から本州に戻って、北東北の地名をアイヌ語で解釈し、それは日記から地誌へ徹底してゆく。その一端がここに見られることになる。

山田秀三《やまだひでぞう》著『北海道の地名』の「仁別　にべつ」は石狩《いしかり》地方の広島《ひろしま》町内の地名の解説だが、「ニ・オ・ペッ(ni-o-pet　寄り木が・ごちゃごちゃある・川)の意であったろうか。ニ・ウン・ペッ(木・のある・川)であったのかもしれない」と述べた。真澄の語源説は山田に先立つ先駆的な業績だったと言っていい。

○仁別《ニベツ》一

甲田薩淵

乙石淵

両寄り會せ

あところな

旭河な[illegible]

了鶴ノ巣山

迯《ニ》髒《ベ》涌《ツ》通を
蝦夷言にて
木河《ニベツ》し樹の
良《ヨキ》川ハ遠とも
木の多く在
川の辺りをも
いはゞ云り
往古《ムカシ》をそれが
栖なりし事そ
忘れぬ
まゝに迯髒智なとも
云り
後方《シ》羊蹄《ベ》山を
斯理髒都とも
叓言ふ斯理ハ嶺《シリ》し
髒都を川として
川嶺なるへし

⑯ 杉宮大明神

（『勝地臨毫雄勝郡《しょうちりんごうおがちぐん》三』一八一四年）

この図絵は杉宮《すぎのみや》（雄勝郡羽後《うご》町）を描く。杉宮大明神は秋田藩十二社の一つとして信仰された。説明には、甲は正一位三輪大明神、乙は蔵王《ざおう》権現、丙は八幡宮、丁は内外の御社、戊は弁財天、己は百観音、庚は傘杉あるいは御腰掛杉、辛は養老寺、壬は宝等院、癸は久昌寺、午は田畑村とある。

『雪《ゆき》の出羽路《いでわじ》雄勝郡《おがちぐん》三』の杉宮村の条には詳しい説明がある。この地はとても古い所で、昔の地名は三輪が崎といって、大河辺の野原だったが、一夜のうちに千本の杉が生え出て杉原となった。そこで、その神の名を杉宮明神というようになった。

この杉宮明神には「阿麻迦須《あまかす》（甘糟）の物語」に引く霊験譚《たん》があり、戦国武将・上杉謙信《うえすぎけんしん》に及ぶ。弘治《こうじ》（一五五五〜五八）の昔、越後《えちご》の国（新潟県）の甘糟影純が主君の命令で千福（山北《せんぼく》、秋田県南部）に行く際、杉宮の神の御前を通ると、馬が止まって動かなくなった。「何の神のもの咎《とが》めか」と尋ねると、別当吉定院が「三輪明神だ」と言うので、影純は馬から飛び下り、土に額ずいた。別当が「昔、山北に七党あった。その幡頭《はたがしら》は山北《やまきた》吉定という武士だった。幼いときから父母に孝を尽くし、品行方正であったが、承平《しょうへい》元年（九三一）に百余歳で亡くなった。吉定は三輪明神の化身として恐れられ、その亡霊も祟められた。この宮に功績のあった亡君である。杉宮の霊験が著しいことは数えきれない」と言った。影純は畏《かしこ》まってここに止《とど》まり、七日の潔斎をして幣《ぬさ》を奉り、神楽《かぐら》を奉納して武運を祈った。越後に帰国してからどの戦いにも勝利し、幸運が続いた。そこで自身の館《やかた》に杉を植えて神社を建て、杉宮を勧請した。

一二月一六日の斎夜にいろいろなものを供えた中に、蜜柑をたくさん手向けた。しかし、翌朝見ると、神前の蜜柑がすっかりなくなっていた。不思議に思っていると、吉定院から使者が来た。「一六日の夜の夢で、『影純のもとから蜜柑がたくさん贈られ、それを神社で受け取った』と見た。翌朝、雪を踏み分けて行って神殿を見ると、北国にはない蜜柑がたくさん供えてあった」という手紙を見て、影純は驚いた。そこで、「杉宮までは往復二十日もかかるのに、ただ一夜のうちに手向けた蜜柑が届いたのは神の仕業にちがいない」と言って、出羽《でわ》の国（秋田・山形両県）の方に向かって額ずき、感涙を流した。上杉謙信はこのことを聞いて、ともに杉宮を敬って、出羽の国の領地を社領として寄進し、田地の証文を吉定院に与えた。

吉定院は吉祥院《きっしょういん》と改められ、杉宮大明神の別当寺を務めた。真澄は『勝地臨毫雄勝郡三』で、吉祥院の什物《じゅうもつ》を細かく描いた。吉祥院は一八六八年、兵火によって伽藍《がらん》が焼失したが、杉宮に奉納された義家《よしいえ》将軍の短刀は短刀無銘　鎧通《よろいどおし》　小合口（付刀　拵《つけたりかたなこしらえ》）、田原藤太《たわらとうた》秀郷《ひでさと》が蜈蚣《むかで》退治をしたと伝える勢田麻呂《せたまろ》の横刀は太刀無銘勢田丸（付太刀拵）などとして現存する（『菅江真澄、旅のまなざし』）。

杉ノ宮
蔵王権現乙
正一位三輪大明神
八幡宮丙
丁内外御社
戊辨財天
己百観音

傘杉弐云
御腰掛杉
養老寺
實筆院
久昌寺
田畑村

⑰泉沢村・泉光院の妖怪（『勝地臨毫雄勝郡五』一八一四年）

泉沢村《いずみさわ》（湯沢市）にある大滝山観音寺泉光院《せんこういん》の図絵である。右に桜の花が咲く庵を描き、左にはないびこの面を描く。

説明は詳しい。泉光院は、昔は法相宗だったが、今は真言宗に変わって、秋田城三の丸にある一乗院《いちじょういん》の門流になっている。寺は荒廃して小庵になったが、本尊は地蔵大士で、大きな大黒天の像があり、歓喜天も祀っているという。

この寺は化け物が出るので、住む僧がことごとく脅かされて、住む人がいない。近い時代に志のある僧がここに住んだが、夜半に不思議な様子があるので、起き出して見ると、二つの仮面があった。これがしでかすことかと考えて、火を焚きあげて、二つの仮面を投げ入れて焼いたと言い伝えている。二つのうち焼け残った一つの仮面がないびこであり、今は本尊の傍に置かれている。

この説明は地誌『雪の出羽路雄勝郡三《ゆきのいでわじおがちぐん》』の泉沢村の条と対応している。泉光院は法相宗から天台宗に移り、さらに真言宗に変わったとある。真言宗では杉宮《すぎのみや》（雄勝郡羽後町）の吉祥院《きっしょういん》の門流だったという。

そこに記された怪異談も、この『勝地臨毫雄勝郡五《しょうちりんごうおがちぐん》』よりやや詳しい。近い時代のこと、狂乱の法師がいたが、不思議なものが現れるので、大黒尊天と地蔵菩薩が化けたのかと思って、松明《たいまつ》を掲げて見回った。堂の隅に古い仮面が二つあるので、これがしでかすことかと思って、柴を焚いて二面とも火にくべた。それから後は、そうした不思議な出来事は止んだと言っている。そのうち一面は半分が焼け残っていた。しかし、この寺には僧がいないので、それ以上尋ねることはできなかった。

これは泉光院に伝わる化け物退治の話であり、昔話で言えば、「化け物寺」ということになる。そこに、妖怪《ようかい》の正体と思われる仮面一つが残っていた。しかし、はなびというこという面がどういうものなのか、よくわからない。「真澄がいう「はなびこ面」とは、狂言面で老人を表す鼻引《はなひき》を指すようだ」という説もある（『企画展　重要文化財「菅江真澄遊覧記」の公開　補助解説資料』）。

其二

泉沢村

大瀧山観音寺泉光院
むかしは杉宮の門流なり
法相宗なりしが今真言にて
一乗院の門徒に寺あつかひ也
小庵となり 本尊地蔵大士
大なる大黒天の像あり
歓喜天もあるといへり
此寺に化物ありと
傳ふるひとやまれなく
住人かもとし近き世まで
うつしうつる僧
ありつ住て夜半毎
あやしきわざあれば
起出て見るに二ッめ
假面《オモテ》ありき遣ぬ

いつこの煙残り一ツ
なるの面にてましまし
本尊寺のかたはらに
在り

㊱泥湯（『勝地臨毫雄勝郡六』一八一四年）

図絵は泥湯《どろゆ》（湯沢市）の様子を描く。甲の湯桁《ゆげた》の他に、乙の滝湯といって、湯屋の脇から、丙の樋《とい》で湯を中に落としている。丁の温泉《ゆ》の神は例によって薬師仏であるという。

この前の図絵は、泥湯の源泉が天狗《てんぐ》岩《いわ》の麓にあり、坂一つ下れば泥湯であると説明している。この図絵では、山裾《やますそ》に小屋が八棟並び、山の中腹に温泉の水蒸気が雲のように噴き出している。両側には川が流れ、ちょうど紅葉の季節らしく、まことに風光明媚《めいび》である。

この泥湯の図絵に対応する記述は、地誌『雪《ゆき》の出羽路《いでわじ》雄勝郡《おがちぐん》一』に見られ、源泉近くには浴舎がびっしりと並び建ち、人々が集まる所になっていて、四月から八月までは山働きの者が来ているとする。

しかし、一八一四年九月、雄勝郡の高松岳《たかまつだけ》（標高一三四八メートル。湯沢市）を望む高松地域を歩いた『高松日記』の方がさらに詳しい。天狗岩といって、とても高い岩に松が生え、紅葉しているのは、実に趣がある。麓には旧温泉《もとゆ》が浅く流れている。新湯《いまゆ》は小屋を多く建てて、人がたくさんやって来る温泉である。季節が過ぎて、湯治客がみな去ると、多くの小屋はすっかり壊し、骨組みだけにする。つまり、湯治場では春から秋にかけて浴舎を建てるが、冬はほぼ解体してしまうのである。

湯桁は二つ並んでいて、一つの屋上からは木の樋に湯を流して、中に滝のように落としている。これは病人の頭や肩を打たせる建物である。

湯の神はささやかな御社ながら、たいそうすっきり斎《いわ》い祀っている。

目に入ってくる北に天狗嶽、南に泥湯岳があり、なお奥深く分け入ると、西《にし》の俣《また》、東の俣といって、大滝が落ちている。この滝川の流れに湯も落ち添いて、荒川になる。

この辺りは今も有名な温泉地帯であり、『高松日記』にはこの前に、川原毛《かわらげ》温泉の記述も見える。山路を下ると、高さ一七、八丈（約五一〜五四メートル）ほどの湯の滝が落ちていた。病人はみな螻蓑《けらみの》（着けた姿が虫の螻蛄《けら》に似ている蓑）を着て、編笠のようなもので頭を覆い、この滝に体を打たせている。このようなものを着なければ、小石が激しく飛び散って体を打ち、怪我をするような心地がするという。

川原毛温泉はたいそう低い所にあって、浴場・滝湯などと茅葺きの小屋が並ぶ。見下ろすと、むさくるしいような山陰である。例によって薬師如来を湯の神として斎い祀っている。寒くなって湯治客もなく、茅葺きの小屋もみな壊してしまい、一、二軒はまだ残っているが、すっかりさびれている。川原毛温泉は泥湯に比べて人気がなかったようだ。湯の滝と川原毛温泉の図絵は『勝地臨毫雄勝郡六』に見える。

抒呂湯
湯甲桁の外に瀧湯乙
ゆく〳〵屋頂より丙樋して
内におとしたり
湯泉神丁に例の
藥師佛しとふて

⑲燃える土　（『雪《ゆき》の出羽路《いでわじ》平鹿郡《ひらかぐん》七』一八二四〜二六年）

田村《たむら》（横手市）では薪が乏しいので、根子《ねっこ》を掘って焚いた。男鹿《おが》（男鹿市）の賀須《がす》、津軽《つがる》（青森県西部）の猿毛《さるけ》、越後《えちご》（新潟県）の谷地腸《やちわた》は泥炭であり、三河《みかわ》・尾張《おわり》（愛知県）の岩木《いわき》、南部のいしずみ（石炭）・いわずみは石炭の類《たぐ》いをいう。根子は泥炭のことであり、普通は石炭とは見ないが、燃料にするという点は一致する。

根子を切ると、一番掘りはその色が黒い。これは焚いて灰にすると、色がとても白い。二番掘りは色が赤い。これを焚くと、灰も薄鼠色で劣る。三番はますます劣る。一番掘りの灰を篩《ふるい》にかけて、その灰を飯の残り湯で練り固め、日に乾して焚くと、雪のように白い。茶こしにかけて、土産にもした。田村灰といって、良い品なので、皆が珍重したが、一番は稀である。長年掘り尽くして、二番、三番と掘る所が多い。昔は他村の人も銭を出して掘ったが、正徳《しょうとく》四年（一七一四）の頃か、他村の者には根子を掘り取らせてはいけないという禁令が出て、そうしたことはしなくなった。

この前の図絵には、根子を掘る根子篦《ねっこべら》を描き、秋田音頭の「其方《うんがてあ》父田村の根子掘りだ、うそだらつら見れ、真黒だ」という囃子詞《はやしことば》を引く。この図絵の甲は一番掘り、乙は二番掘り、丁は男鹿の賀須、丙は津軽の猿毛、己は南部のいしずみ、庚は三河・尾張の岩木を描く。この次の図絵には、黒根子と赤根子のにお積みを描く。

○甲田村根子ノ一番掘り
乙二番堀○丁恩荷の
賀須○丙津軽の
鬚毛○巳南部のいしずみ
是石炭之○庚三河の
尾張の岩木てふもの品こと
宇延良くうすく
岩木のゐやびあるも
草木のなれるにしあらむ
土薪てふ品にや
ますら黒き物にて
かまど知れる人は
とりくすりしき
事なりかし

⑳ 荒処の弁天沼 （『雪の出羽路平鹿郡一一』一八二四〜二六年）

下樋口村《しもひのくち》（横手市）の荒処《あらとこ》の弁天沼を描く。図絵の説明は詳しい。

ここは弁財天の池といって、永禄・元亀《げんき》・天正《てんしょう》年間（一五五八〜九二）の頃は、たいそう小さく深い水沼であったが、新田開発のために、元和《げんな》年間（一六一五〜二四）だろうか、佐々木《ささき》氏が、乙の一二〇間（約二一六メートル）余りの堤を築いた。その結果、大沼になったのである。『雪《ゆき》の出羽路《いでわじ》平鹿郡《ひらかぐん》一一』の下樋口村の条に、この村の西南に大沼があって、一五〇石の水田の水上にあるとされるのが、これにあたる。この沼の水が灌漑《かんがい》用水として下にある水田に供給されたので、稲の収穫は一五〇石になったという。これは村をあげての一大事業だったと思われるが、この土木事業の責任者だった佐々木氏は誰かわからない。

この池の蓮《はす》の葉の大きさは三、四尺（約九〇〜一二〇センチメートル）ほどだという。遠江《とおとうみ》の国（静岡県西部）の桜《さくら》が池《いけ》の蓮の茎は、九尺あるいは一丈（約二・七〜三メートル）余りのものもあるという。茎の長さに応じて葉もまた大きくなるのだろう。天竺《てんじく》（インド）の祇園精舎《ぎおんしょうじゃ》の仏池にある蓮の葉の直径は九尺であるということが、国学者・津村正恭《つむらまさやす》（淙庵《そうあん》）が書いた随筆集『譚海《たんかい》』（一七九五年跋《ばつ》）に見える。

三月一七日に弁財天の神事が終わると、一八日は沼祭りである。その沼祭りの日には、初婿、新たに家を作った人、他所《よそ》からこの村に来て初めて住み着いた人が、梵天《ぼんてん》(棒に付けた俵などに御幣を垂れ下げたもの)といって、大きな幣《ぬさ》を持ってきて、深い所に挿した。丁は沼に挿した梵天を描いている。この行事は、今は毎年新暦の五月一日に「沼入りぼんでん」として行われ、五穀豊穣《ほうじょう》と家内安全を祈って、男たちが褌《ふんどし》一本の姿でまだ水の冷たい沼に入って梵天を立てる。

図絵の甲は弁財天の社、丙は中島の神明宮、戊ははたふくながね、己は古城山二《にの》廓《くるわ》(二の丸)、庚は本丸、辛は「あらと邑《むら》の見わたし」とするが、荒処村の全体が見渡せる場所という意味だろうか、はっきりしない(戊と己は図絵に示されていない)。この景色は、「右下に見える稲のハサ掛けから考えると秋のようである」(『菅江真澄、記憶のかたち』)とされる。

辯財天の池とて、
永禄元亀天正の
ころまでハいと
ひろかりき
沼にてありしを
新田墾のためとて
元和年中ふかくも
さて本氏坡百廿間を
あまり築きしといふ
此池の蓮葉の大きさ
三四尺をこゆといへり
遠江国櫻ヶ池の
蓮茎ハ九尺あるな
ど、鎮めのもありと
いへり、それに准じて
おもひやれば大さしるべ
のべし　天竺の祇園
精舎の佛池なる
蓮葉ハ亘九尺
なるよし、津村氏の
書ける譚海に見えたり
三月十七日
弁天の神事ありて
同十八日ハ沼祭し

其所祭の日々
初賀する人あるも
家作りし人も
おのがじしに

祇邑まてうめく
住つのうる人を
掃天えそむぬく
見えうり稔をさか
りなり

石中嶋の神明宮
怪をぐきゃうる
己古城山二郎
廣本丸峯
あしと邑の
たうらじ

北

㉛筏の大杉

（『雪の出羽路平鹿郡一四』一八二四〜二六年）

筏郷大堤村《いかだおおづつみ》（横手市）の三十番神《さんじゅうばんしん》の社に斎杉《いすぎ》がある。今は比叡山《ひえいざん》神社という。この神社は大同三年（八〇八）の草創という。なるほど神木の二股の大杉は、人の背丈の位置で測ると、周囲が八尋（約一二メートル）以上ある。この大杉は現存する。

雄勝郡の常法寺の古杉、同郡役内《やくない》の嵩《たけ》の下《した》の古杉にも、少しも劣らないだろうか。常法寺の古杉は切口に稲筵《いなむしろ》八枚を敷き、嵩の下の杉は切口の幅の広い所が一丈五尺（約四・五メートル）あった。木目の重なりを数えて、この二本は千五、六百年に及ぶと知って、「もったいない古木をむなしく伐り倒してしまったことだ」と、老人が声を上げて泣いたという。その二本の杉を伐った者は祟《たた》りを受けたと言い伝えている。

この三十番神の斎杉もどれほどの年を経たものだろうか。その縁起には、天正三年（一五七五）の夏、郡代の小野寺景道《おのでらかげみち》が深山で狩猟をして日が暮れて道に迷い、呪文《じゅもん》を唱えて空を仰ぐと、三十の竜灯が下って昼の明るさ以上になり、自分の城に帰ることができたので、一宇を建立し、三十の神霊を三十番神として翌年に祀った、とある。

図絵は三十番神の社の二股の大杉を描き、平鹿郡第一の大樹であるとする。天地を横にして巨樹であることを描き、珍しい。隣には三十番神を祀る堂、手前には小さな鳥居と石段があって、杉の大きさが一段と強調されている。

筏郷　其ノ二
大堤邑三拾番神社
齋杉周回八尋
平鹿郡第一ノ大樹
南

㉜疫神祭の草人形（『月《つき》の出羽路《いでわじ》仙北郡《せんぼくぐん》三』一八二六〜二九年）

半道寺村《はんどうじ》（大仙市）には、もと高埜山般導寺という天台宗の寺があり、それが村の名になった。しかし、書きやすい文字で書くようになり、般導寺を半道寺と書くようになったのだろうとする。

図絵は、疫神祭《えきじんさい》（病気を流行《はや》らせる神を村に入れないための祭り）の草人形《くさひとがた》を描く。説明では、この草人形は村里の入口ごとに立てるという。この図絵も、右に集落の屋根を描き、村里に入る坂の途中の木に注連縄《しめなわ》を掛け、その木に人形を立て掛けている。この後にある間明田村《まみようだ》の図絵でも、橋と集落の間に草人形が小さく描かれている。

里によって人形の作り方は異なるが、高さは五、六尺（約一・五〜一・八メートル）あるいは七、八尺（約二・一〜二・四メートル）を超えない。杉の葉を髪にし、板に目鼻を描き、藁《わら》で胴体を作り、胸に牛頭天王《ごずてんのう》の木札を付け、剣を持ち、あるいは腰に木刀または剣《つるぎ》を差したものがある。毎年、春と秋にこれを作った。

『雪の出羽路平鹿郡一一』には、下樋口《しもひのくち》（横手市）の蒭霊《くさひとがた》という藁人形の図絵がある。村里の入口の木のもとに人形を立てる点は似ているが、人形の姿はやや異なる。日記『おがらの滝』の小雪沢《こゆきさわ》（大館市）で、小屋の中に木製の赤く塗られた人形二体が立っていたことはすでに触れた（㊼参照）。

村里の入口毎ニ立る
疫神祭草人形
其郷村ニ依りて制作も
ことなれど凡其の尺五六尺
或七八尺ニ過ざるべし
杉の葉をもて
蓬髪とし板ニ
眼鼻画キ 藁にて
造り胸ニ牛頭天王の
木札をさし 剱をもたせ
或ハ木刀をもたせ又
つるぎをさしたるあり
ひとしく村々是を作る
牛頭天王

❽❸わらわやみのまじない（『月の出羽路仙北郡四』一八二六〜二九年）

北楢岡村《きたならおか》（大仙市）の条に、おゆが沼がある。この沼は長さ二、三〇間（約三六〜五四メートル）に及ぶ。昔、端整な乙女が普通の人以上に色白だったので、雪と呼ばれた。どのような理由があったのか、雪はこの沼に飛び込んで浮き上がらなかったので、お雪が沼と言った。「き」を省いて、おゆが沼というそうだ。

また、蛇神《じゃじん》の沼の畔《ほとり》で、昔、旅人と法釈坊《ほうしゃくぼう》という山伏が戦い、法釈坊は金剛杖を打ち折られて殺された。そのとき、「太刀でもあれば、やつごときにこうも簡単に討たれまいものを」と言って、睨《にら》んで死んだ。人々は塚を作って埋葬した。その地を法釈坊といって塚もあったが、今は田に開墾してなくなった。ふくいを病む人は木で太刀を作って木の枝に掛けて願い事をすると癒《いえ》るという。ふくいとはわらわやみの方言である。

秋田郡小泉《こいずみ》（秋田市）にも似た習俗がある。わらわやみを震《ふる》うというので、ふるいが訛ってふくいになったのだろうと解釈している。

図絵は羽州街道を行く二人を描く。甲は下に見えるお雪が沼で、お雪の入水《じゅすい》は「天正のむかし」のこととする。乙は法釈坊の霊魂を祀る塚があった辺りで、そこに木の太刀を作って木の枝に掛けた。これはふくいを癒《い》やす祈願だった。わらわやみは感染症のマラリアのことで、真澄の持病だったという（『菅江真澄、旅のまなざし』）。

（甲）沙由岐が沼は北楢岡驛の西端
耳面橋の邊りにありて天正のむかしとか
雪といふ端正の處女此水沼に身を
投《シヅ》めるよしかたる本行に委曲し

（乙）法釋坊が靈魂を祭る堆《ツカ》ありし
あたりふるきゆかりある木の横刀を作りて
手酬さへ癒念じたりけり
此あたりの俚民らいひつたへて
布久比といひて思よし本寺
流ばらつみ記したり
此石をなすと　法師が窪とも云ひ
法釋坊の轉語なりとのいふが
うつりしや

❽❹笠川の霊火　（『月の出羽路仙北郡一四』一八二六〜二九年）

笠川《かさがわ》（上総川《かずさがわ》）は上深井《かみふかい》（仙北郡美郷町《みさと》）と下深井《しもふかい》（大仙市）を通って雄物川に流れ込む川で、図絵には流れる霊火六つを描く。説明によれば、毎年七月一三日の夜、この小川に鬼火が流れる。これは空中を飛ぶのではなく、川面《かわも》を流れる。お盆の時季の怪異現象だが、一三日であれば、お盆の迎え火の日にあたる。

真澄は、この現象の比較を進める。秋田郡の八竜湖（八郎潟）では、七月一六日に起こる。普段でもあるはずだが、この夜は特に多い。筑紫《つくし》（九州）の不知火《しらぬい》も七月の末に起こる。どこでも七月に起こることが共通すると指摘する。このことは下深井の条にも述べたというのは、『月《つき》の出羽路《いでわじ》仙北郡《せんぼくぐん》一〇』の「流鬼火《ながれび》」を指す。そこでは、送り盆などに、板に蠟燭《ろうそく》を立てて流すのと同じだという説を出して、八郎潟の鬼火や筑紫の八代《やつしろ》の海の不知火もこの時季に起こると解釈している。

これについては、真澄が一七八五年の『粉本稿』で、男鹿《おが》半島に泊まった夕方、守火が海面に飛び行くのを見たが、「それは海で死んだ者の魂で、亡霊火であるとかいって、北の海原に多い」と漁師が言った、と述べていたことが思い浮かぶ。図絵には、舟に乗った漁師二人が海面に浮かぶ火を見る様子を描く。この『月の出羽路仙北郡一四』の記録はこうした経験をもとにしているという（『菅江真澄、記憶のかたち』）。

○笠川の霊火

此小河にちかく
七月十三日の夜鬼火流るゝ
秋田郡八龍湖に、
七月の十六日の夜に恒にもえ
あるべきされど此夜に
とふらひ来し
旅笠の忘ぬ犬も
客を月の来し
いづこより
此月を
ありける
ことの
此事は
下溝井村の
くぢりるを
あやしみたれど
出るいふをも
記をそへし

㉟おしらさま　（『月の出羽路仙北郡二一』一八二六〜二九年）

中里村《なかさと》（大仙市）の条に白神《しらかみ》の社がある。白神は世におしら神、おしらさまという。祭日は三月一六日で、斎主は斎藤久兵衛。そもそもこの神は養蚕の御神霊であり、谷を隔てて生い立っている桑の木の枝を伐って、東の桑の枝を雄神《おがみ》とし、西の桑の枝を雌神《めがみ》として、八寸（約二四センチメートル）余りの棒の先に人の頭を作って、陰陽《めお》二柱の神になずらえ、絹綿で包み隠す。巫女がそれを手に持って、祭文・祝詞《のりと》・祓《はら》えを唱え祈禱《きとう》して祀る。このおしらを行い神という所もある。この他、姫頭《ひめしら》・鶏頭《とりしら》・馬頭《うましら》などの種類がある。

図絵は、右上に包頭型のおしらさまの陰《め》と陽《お》、左上に姫頭と雄頭《おしら》、右下に鶏頭一対、左下に馬頭一対を描く。説明には、御白神《おしらがみ》のオシラを雄素、麻白、苧白、弦白、緒白、尾白などと書くとする。

一七九六年、早瀬野《はやせの》（青森県南津軽郡大鰐《おおわに》町）で岩屋におしらがみを祀っている記事が日記『すみかの山』に見え、図絵（模写）もある。『菅江真澄遊覧記3』の注では、不要になって捨てられ、岩屋で祀られたと見る。また、『雪《ゆき》の出羽路《いでわじ》平鹿《ひらか》郡《ぐん》六』には阿気《あげ》（横手市）の修験・善明院《ぜんみょういん》家蔵の行神《おこないがみ》の図がある。秘蔵して真綿で包み、祈願する人たちがさらに包むので、どのような形かわからないとして、一対を描く。

○御白神《オシラカミ》又○雄素《ヲシラ》○麻白《ヲシラ》○苧白《ヲシラ》○弦白《ヲシラ》○緒白《ヲシラ》○扇《ヲシラ》など作れり○

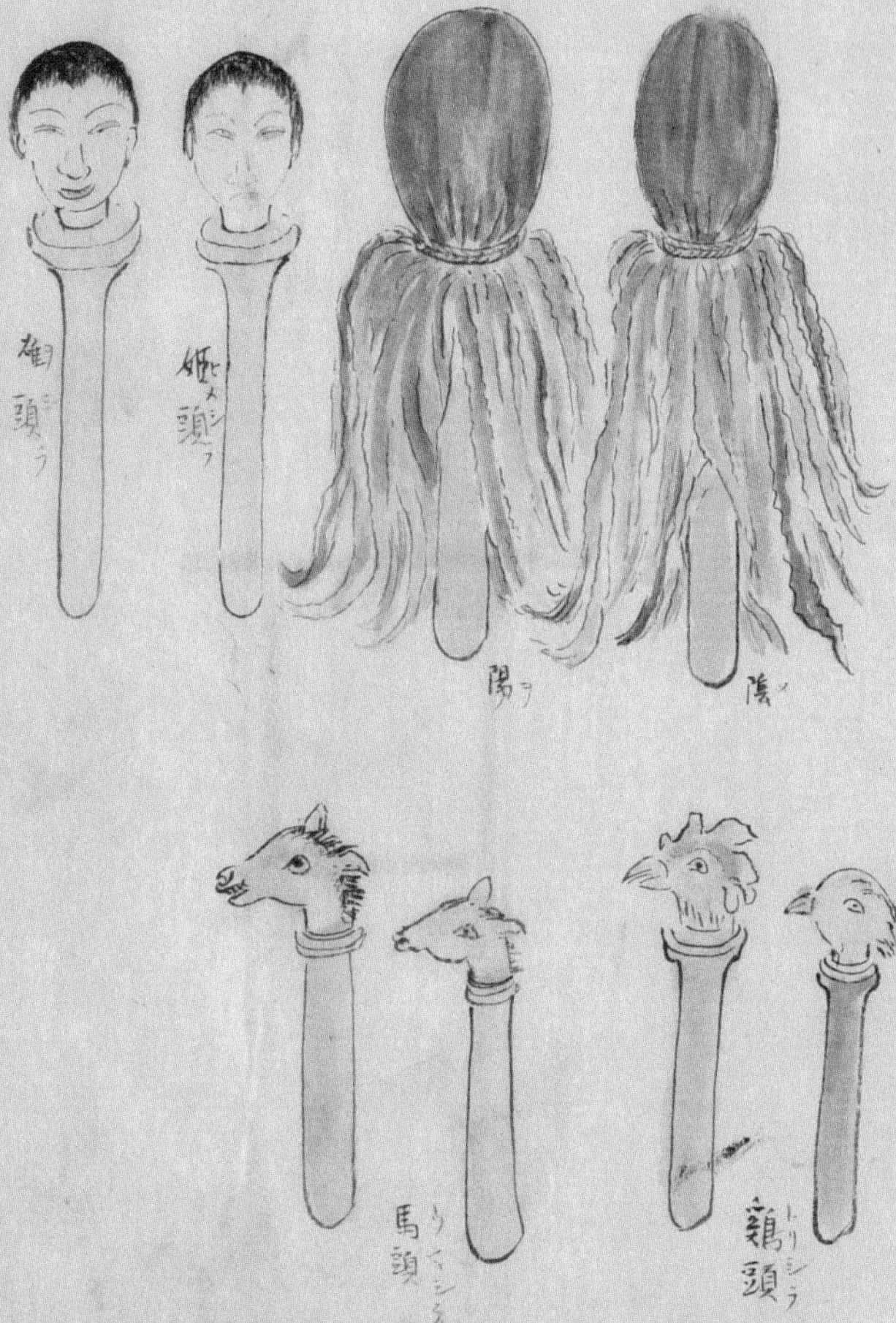

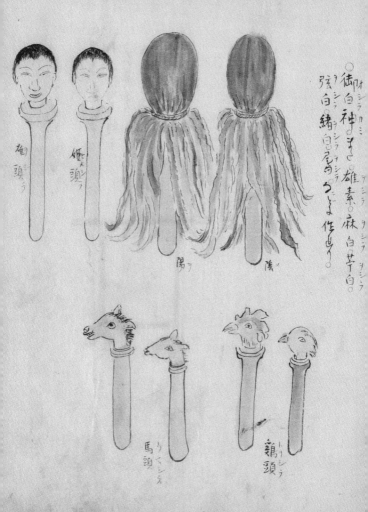

Ⅵ　図絵の旅（1）

菅江真澄が日記や地誌に入れた図絵は色彩豊かで、真澄の記録の大きな特色になっていることは、すでに見てきたとおりである。地誌と関わって描かれた「勝地臨毫《しょうちりんごう》」は地誌の本文を欠く図絵集と言っていいが、真澄には他にも、図絵ばかりで編んだ図絵集がある。『菅江真澄全集　第九巻』は、「民俗・考古図」としてそれらをまとめて編集している。そこで、初期の図絵集を「VI　図絵の旅（1）」としてまとめる。

『粉本稿《ふんぽんこう》』は、書名のように、まさに下書き原稿だったと言っていい。しかし、序文では、諸国を巡り歩いて、世の中の変わった場所や器具・習俗に注目して描き写してきて、これを自分の親やまだ見ぬ友に見せたく思うので、故郷に持ち帰り、専門の画工に頼んで出版したい、と書いている。出版に実現の可能性があったかどうかはともかく、真澄は並々ならぬ意志をもってこれを編んだと思われる。

この『粉本稿』には、簡単に彩色された図絵が四二図収められている。真澄は日記とは別に写生帳を携えていたと思われ、これは最も初期の図絵ということになる。一七八二年の木曽路《きそじ》の旅から始まるとする説には慎重を要するが、裏表紙に図絵集『ひろめの具』の一葉が使われていることからすれば、「真澄が松前で編んだ」ということになろう。時期は日記『ひろめかり』が書かれた一七八九年と見られる（『菅江真

澄全集　第九巻』）。

やはり初期の写生帳に『凡国異器《はんこくいき》』がある。これは『粉本稿』と重複する図絵が二九図あるが、遥かに多い八五図が収められている。真澄はこれを一八一四年まで所持していたことが知られるが、その後行方不明になった。現存の『凡国異器』は、一七八六年に磐井《いわい》郡山目《やまのめ》（岩手県一関《いちのせき》市）の大槻清儀《おおつききよとし》民治の模写したものである。民治は後の仙台藩の儒学者・大槻平泉《おおつきへいせん》のことで、そのときまだ一四歳だった。これは模写なので、図絵の解説には使ったが、本書では収録しなかった。

なお、この『凡国異器』は真澄の旅の順序とは関係なく配列されている。それは、真澄が民治に見せたとき、まだ装本されないままの一枚ごとの草稿だったことによるのではないかと考えられている。しかも、図絵の説明は真澄の原本を写したものではなく、民治自身の知識で書かれているので、忠実な写本であるとは言いがたいという評価がある。従って、写生帳というより、学習帳であると見る。そして、真澄は民治にこれを見せた一七八六年の頃、『凡国異器』と題する図絵集を編もうとしたと推測されている（『菅江真澄全集　第九巻』）。

一方、『凡国奇器《はんこくきき》』は、旅の途中で描いた写生図を順序不同のままに綴った図絵集で、蝦夷地《えぞち》（北海道）の関係を含む一八図が収められ、一図を除いて彩色されている。日記と照合できる図絵を見ると、一七八五年から九四年までであることが確認できる。

しかし、一八〇〇年頃までの図絵を含んでいて、秋田領（秋田県）の能代《のしろ》に滞在していた〇三年頃に装本したのではないかという説がある。そして、〇四年頃に編んだ図絵集『凡国風土記』（未発見本）に転載するものは描き写し、不用になった『凡国奇器』は能代で人手に渡ったのではないかと推測されている（『菅江真澄全集　第九巻』）。

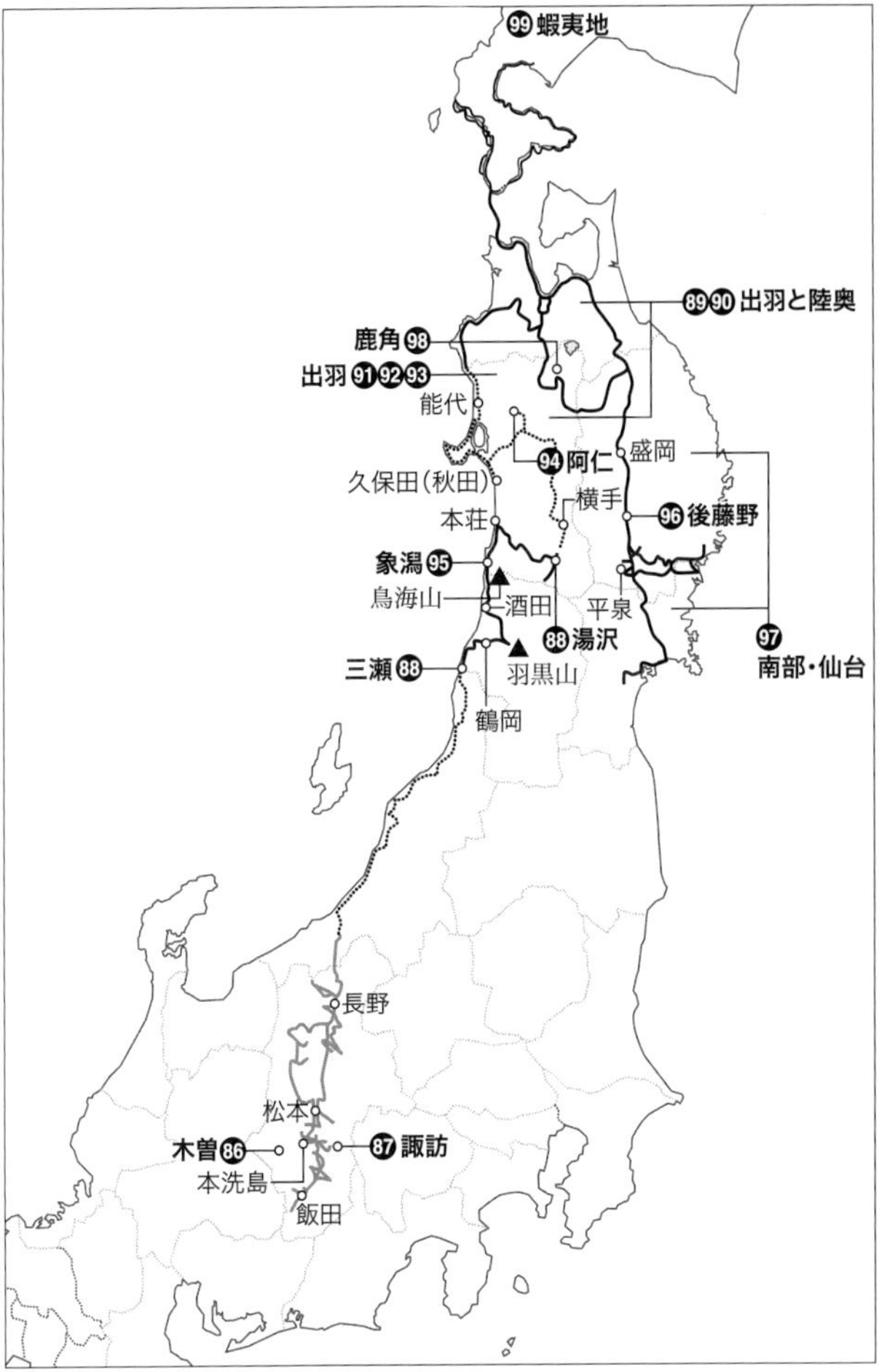

99 蝦夷地
89 90 出羽と陸奥
鹿角 98
出羽 91 92 93
能代
94 阿仁
盛岡
久保田（秋田）
横手
本荘
96 後藤野
象潟 95
鳥海山
酒田
平泉
88 湯沢
97
南部・仙台
三瀬 88
羽黒山
鶴岡
長野
松本
木曽 86
87 諏訪
本洗島
飯田

㊱ 疱瘡を病む子供（『粉本稿《ふんぽんこう》』）

図絵は疱瘡《もがさ》（天然痘）を病んだ子供を山に捨て置く習俗を描く。山中の切り拓《ひら》いた平地に小屋掛けをして、赤い頭巾を被った子供を寝かせ、傍らに櫃《ひつ》・鍋・器を置く。説明によれば、信濃《しなの》の国（長野県）の御嶽山《おんたけさん》の辺りでは、疱瘡を病むことは稀だが、時折病む子供がいると必ず、近くの山に連れ出して捨て置く。乞食《こじき》たちがこの子供に飲食させ、全快した日に家に送り返すと、返礼として物を与えたという。

続く図絵は、疱瘡の患者の出た家に垣根をめぐらした様子を描く。同じ場所で疫病にかかると必ず、その家の周囲に垣根を造って囲い、血縁の有無にかかわらず訪問することはひかえた。

疱瘡にかかった子供を近くの山に捨て置くのは、患者を隔離し、家庭内感染を防止したのである。乞食たちはすでに疱瘡にかかっていれば感染しないという考えがあったようだ。また、疫病の患者が出た家を垣根で囲うのは、家族ごと隔離し、村落内感染を防止したのである。これは近代医療以前の感染症対策を知る上で貴重である。

なお、説明の文末は「〜けるとか」とある。この表現を重視するならば、この習俗は聞き書きであり、図絵もそこから想像して描いた可能性があるが、一七八二年頃に木曽路で写生したとされている（『菅江真澄全集　第九巻』）。

ふゆのよの山たく
なかんきけれ
かとりなくい
りがさ中むしまれし
くまく中ゝろする
ちこあれえけちつき
山よねもしくまてたく
りくゝとりしかしかけく
あつまりて中しあへく
とうさいくる日
その中しおかり出しぬ
そらくきうしみよ
かくのよゆのかし
ちかくもかれしゝう

87 諏訪の神事 （『粉本稿』）

諏訪《すわ》の御社《みやしろ》（諏訪大社上社。長野県諏訪市・茅野《ちの》市）の神事《かんわざ》で、三月の酉《とり》の日に行われる大祭の供物を描く。中央の俎《まないた》に耳の裂けた鹿の頭、左の折敷《おしき》に雉子《きじ》を載せ、中央の桶には串刺しにした兎を立てる。これは今も新暦の四月一五日に行われている御頭《おんとう》祭《さい》の神事である。図絵の説明は簡略なので、詳しく記した日記『諏訪の海』を見る。

真澄は、一七八四年三月六日の酉の日に諏訪大社上社にこの神事を見学に行った。本宮《ほんみや》から一六町（約一・七キロメートル）ほど東に歩むと、前宮《まえみや》がある。そこに一〇間（約一八メートル）の直会殿《なおらいでん》があり、鹿の頭七五個が俎の上に並んでいた。その中で耳が裂けた鹿は、神の鉾《ほこ》にかかって捕らえられたものだという。

裃《かみしも》を着た男二人が腿《もも》の肉を俎に据えて持って出る。南の隅には、白鷺《しらさぎ》・白兎・雉子・山鳥・鯉・鮒などが置かれている。米を入れた枡《ます》には菱《ひし》の餅・海老《えび》・荒布《あらめ》などを串に刺している。大小の魚・大小の獣などいろいろの物を供物にしていた。実際には、『粉本稿』に描かれたよりも遥かに多い供物が捧げられていたのである。

真澄は、その後、見学した神事の進行を詳しく書いている。それはこの次の図絵に描いた神事の祭具と対応している。そこには、土俗におんねばしらと呼ぶ御贄柱《みにえばしら》、鈴八つを入れた御宝《おおんたから》、根曲の御太刀《おおんたち》、藤刀《ふじがたな》などが描かれている。

まへのみやしろの
かんわさはやよひ酉の日に
本社十六町ひんかしに
あたらしく十間の
殿ありて鹿のかしら
七十あまりならへの
いろくさくさの
ひろきのそこゐれ
さかりのをとまさ
ふりくせり
耳さけたる鹿は
神のおにへとそ
かくしらしめのく
すへて日記に
つまのくらかり
あまりしられぬ
ことにゆかしかり

⑱蛇頭骨と笈 （『粉本稿』）

上の図は蛇頭骨を描く。ある人が出羽《でわ》の国雄勝郡湯沢（秋田県湯沢市）の山に入って、蕨《わらび》を採ろうと思って探し歩くと、熊と蛇とが争って死んだのだろう、その死体が腐敗していたので、それを取ってきて、ある医者の家に納めた。蛇頭骨は、鏡骨（頭頂部の骨）は一寸一分（約三・三センチメートル）、頭骨は一寸六分（約四・八センチメートル）、耳骨（耳と耳の間の骨）は三寸五分（約一〇・五センチメートル）だった。

説明の最後にある「あるくすしのやにをさめたり」について、「これは貴重薬だからと、真澄が自分で医者に納めたという意であろう」とする解釈がある（『菅江真澄全集　第九巻』）。しかし、こうした骨は薬になるので、売れるという知識は一般にもあっただろう。真澄が蛇頭骨を実見したのは、この医者の家だったにちがいない。

下の図は笈《おい》と長刀《なぎなた》を描く。越後《えちご》の国（新潟県）の三瀬《さんぜ》という所の優婆塞《うばそく》（修験）の家に、義経《よしつね》と弁慶《べんけい》の笈二つと長刀一振があった。このような古笈は、羽黒山《はぐろさん》（山形県）や中尊寺《ちゅうそんじ》（岩手県）その他、どこにでもある。真澄は、義経や弁慶の遺品が各地にあることを指摘した。なお、越後とするが、これらの品は、日記『秋田のかりね』によって、三瀬《さんぜ》（山形県鶴岡市《つるおか》）の本明院で見たことが明らかにされている（『菅江真澄全集　第九巻』）。

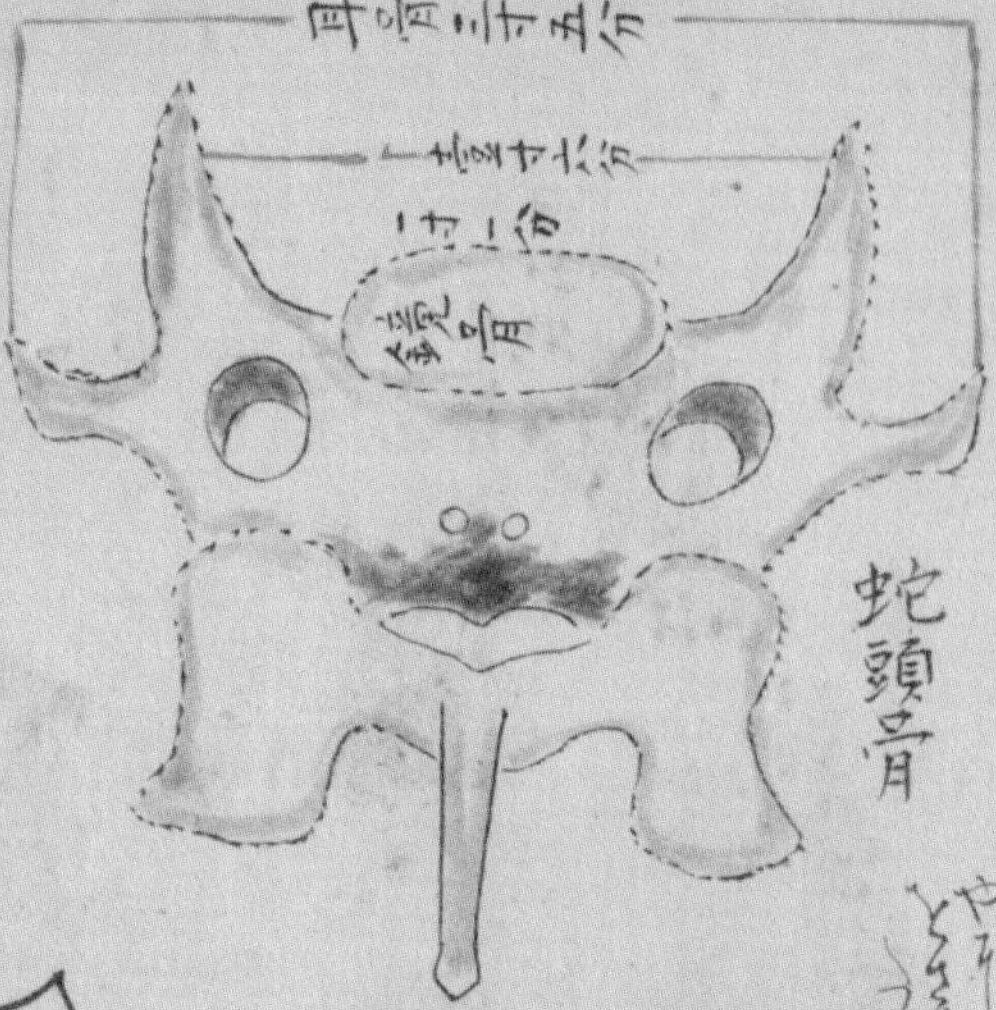

蛇頭骨

出羽の国最上郡清水のこまやの西飯澤山と
いへるにあやしきいりて蕨折し人ゝく
のこりの穴へゆきし継て蛇とあるをおひ
[illegible]
[illegible]
やまとよりつ

[illegible]しろ金にて三流と
いふめのところの
[illegible]
[illegible]まいりつる
見え候の箱二つ

のこりぬ
又その一節あり

ふた
めの
指物にて
しるす

かくる古箱いて[illegible]
ころの

中その寺
又甚兵衛

[illegible]

89 八足・木のまたぶり・いちこ　（『粉本稿』）

上の図は八足、下の図はいちこであり、右の図は木のまたぶり（股になった木の枝）である。これらは育児用具としてまとめられた図絵だとされる（『菅江真澄全集　第九巻』）。

上の図は、出羽《でわ》（秋田・山形両県）と陸奥《むつ》（東北地方の太平洋側）で、専ら八足というものであり、子供が尿をした夜具や衣などを掛けて、炉の上で乾かすのに用いる。八足と呼ぶのは、足が八本あるからである。図絵では、囲炉裏の上に八足を置いて、夜具を掛けて乾かしている。ここには足が五本見える。

右の図は木のまたぶりというもので、濡れたものをこのようにして火で乾かした。図絵はおしめか手拭《てぬぐい》を乾かす様子であり、この木の枝は囲炉裏に挿して、その火で乾かしたのであろう。

下の図は育てる子供を入れたもので、信濃《しなの》（長野県）ではいちめ、くるみ桶、陸奥ではいちこと呼んだ。『竹取物語《たけとりものがたり》』に「いとをさなければ、こに入れて養ふ」とある籠《こ》というのも、このようなものだろうか。東北ではよく知られた育児用具である。図絵は赤ん坊を布団などでくるんで、藁《わら》などで編んだ籠《かご》に入れている。下に敷いたのは八足に掛けられた夜具と同じものであり、漏れた尿をこれで吸収したにちがいない。

いそく
みちのおく
とりく
ハ立とハみとのう
わらいの
ふてらる
夜との
衣
あと
と
くほく
爐の
うつく
かうそ
て
又本の虫く
ゆりしらのおよ
ゆりつるりのと
出りかえしくおり

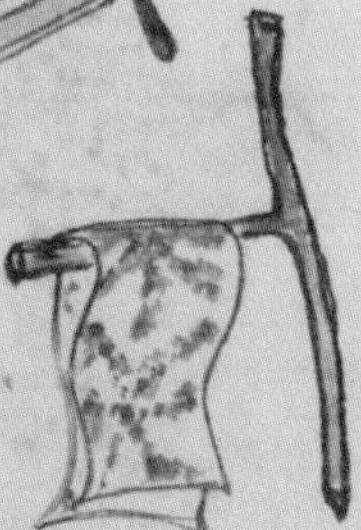

わらぬ中るのよ云ふの
うくいちめくる三桶
らられ若くらく
らちうくしふあ
それぬ先
外夜拘紙よ
ふいてと
とするる
それい
くこま
のく
中うふ
又一本よ

いそそうろ
るれいこるよ
のう
事かよ
とあらと
かけるとかまりつく

⑨⓪積雪時の用具 (『粉本稿』)

出羽《でわ》の国（秋田・山形両県）で雪が降ったときに使う用具は、陸奥《むつ》の国（東北地方の太平洋側）などでも共通である。図絵の上から順に見よう。

一つめは履き橇《はきぞり》といって、子供が履いて、雪の崖《がけ》を下り降りるものである。二つめは、雪車《そり》に物を積んだ様子である。三つめは、箱橇といって、人が乗って引かれ、また手を掛けて後ろから押した。四つめのかいしき棒（雪鋤《ゆきすき》）は、雪下ろしに使い、また雪道の杖《つえ》にもした。

図絵集『凡国異器』の模写では、履き橇は、立ち橇と呼んで、やはり子供が遊びで乗って雪の崖を下るとあり、箱橇、かいしき棒も描かれている。雪の崖というのは、日記『秋田のかりね』によれば、家の軒庇《のきびさし》まで積もった雪を指す。『凡国異器』には、人の乗った箱橇を引き、かいしき棒で雪道を歩き、屋根の雪を下ろす様子も見える。

鈴木牧之《すずきぼくし》の随筆『北越雪譜《ほくえつせっぷ》』（一八三七～四二年刊）は越後《えちご》（新潟県）の民具を詳しく紹介しているが、『粉本稿』はそれより早いことになる。渋沢敬三《しぶさわけいぞう》は『東北犬歩当棒録《とうほくけんぽとうぼうろく》』の口絵に「真澄のスケッチ」として図絵を八点載せた。その最初に置いたのがこの図絵で、「日本のスキーと橇」と説明した。履き橇を日本発祥のスキーと見たのである。

以下の雪国のうつはうちみおくれかくのしくし

これはそり
とくに
わらにて
こしらえて
雪の
そりに
ひかせ
あそぶ
なし

雪車
りのつこ
しる
式

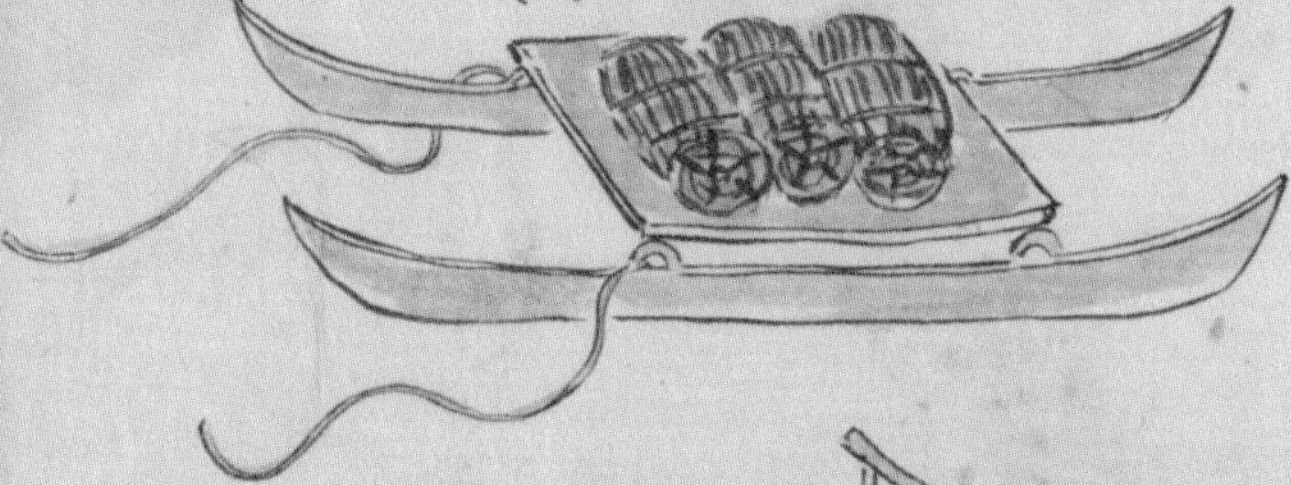

これはそりとて
人のりてひかれ
あとよりも
おしぬ

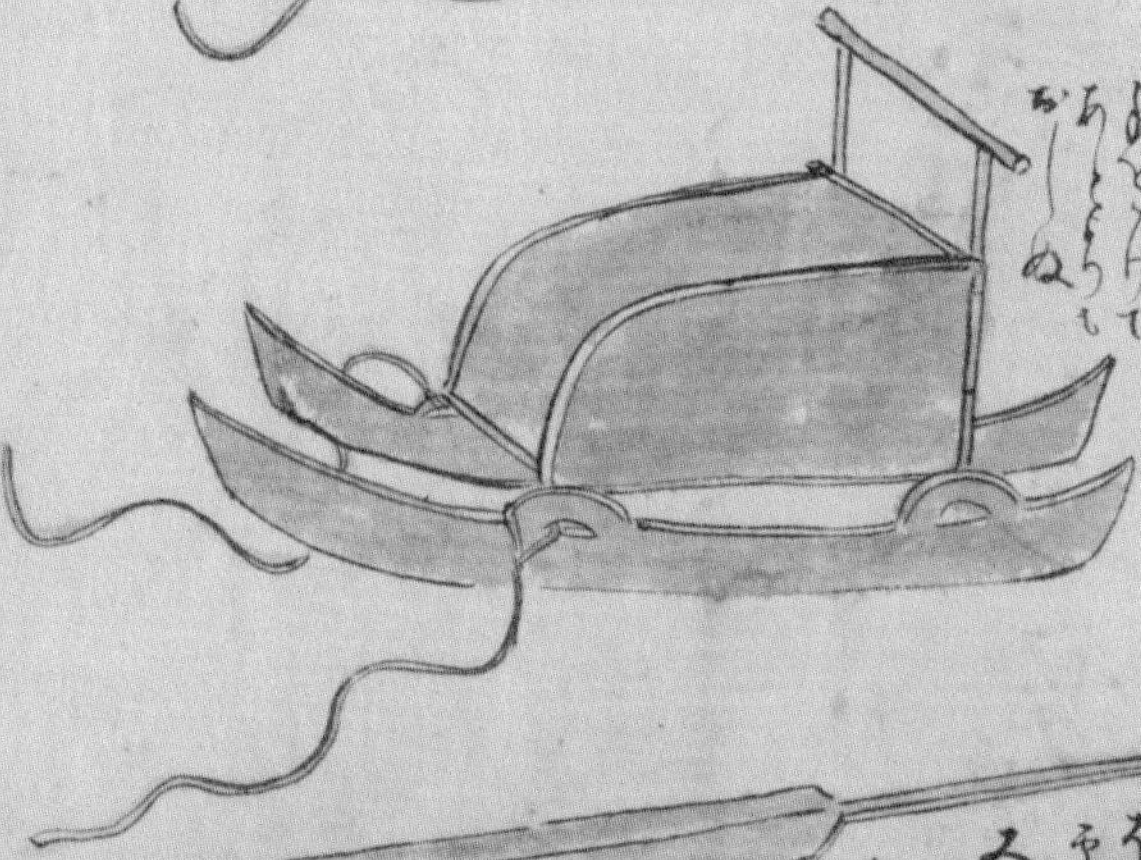

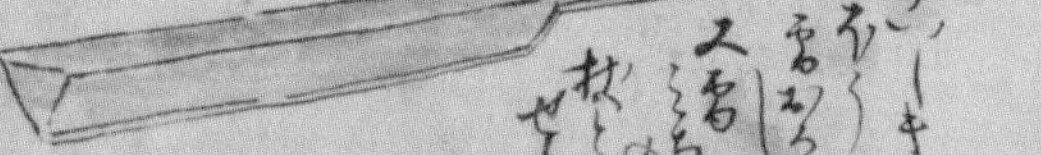

うしき
なくし
雪ほり
大雪
こちの
おとせり

㉛積雪時の装い　（『粉本稿』）

前の積雪時の用具と連続した図絵である。これらは出羽《でわ》の国（秋田・山形両県）で使っている雪が降ったときの装いである。やはり上から順に見てゆく。

毛笠は鶏の尾羽と葦《あし》の尾花を編んだ笠であり、頭や顔に吹き付ける雪を防ぐ。目簾《めすだれ》は目当てともいい、薄布であり、雪から目を保護する。沓《くつ》は二種類あり、一つにしんべとある。馬の面《むまのつら》、蓑帽子《みのぼうし》という被り物がある。かんじき一足は履き物である。図絵集『凡国異器《はんこくいき》』の模写では、先の用具とともに、こうした装いを身に着けた人物を描く。かいしき棒（雪鍬《ゆきすき》）で雪掻《ゆきか》きをしながら、雪の中を歩いている。毛笠は鶏の尾と葦の穂で作るとある。足に履くのは俵沓《たわらぐつ》という大きな履き物で、これで雪を踏みならす。別の図絵では、かんじきをつけて屋根に上がり、かいしき棒で雪下ろしをしている様子も見える。

初めて出羽に来た真澄が柳田村《やなぎだ》（湯沢市）で越冬した様子は、一七八四年の日記『秋田のかりね』に書かれている。子供がかいしき棒で屋根の上の雪を掻き落とし、俵（俵沓、踏俵）を履いて道を踏みならし、近い隣家でも雪袴《ゆきばかま》を着、蓑帽子を被って行き通う様子が、方言混じりの会話とともに書かれている。『秋田のかりね』には図絵がないが、『粉本稿』はこうしたときに目にした民具を描きとめたのである。

毛笠
鮎の尾付て
そのとき
あらめ
あらうく

むしろ

みのわし

ちき

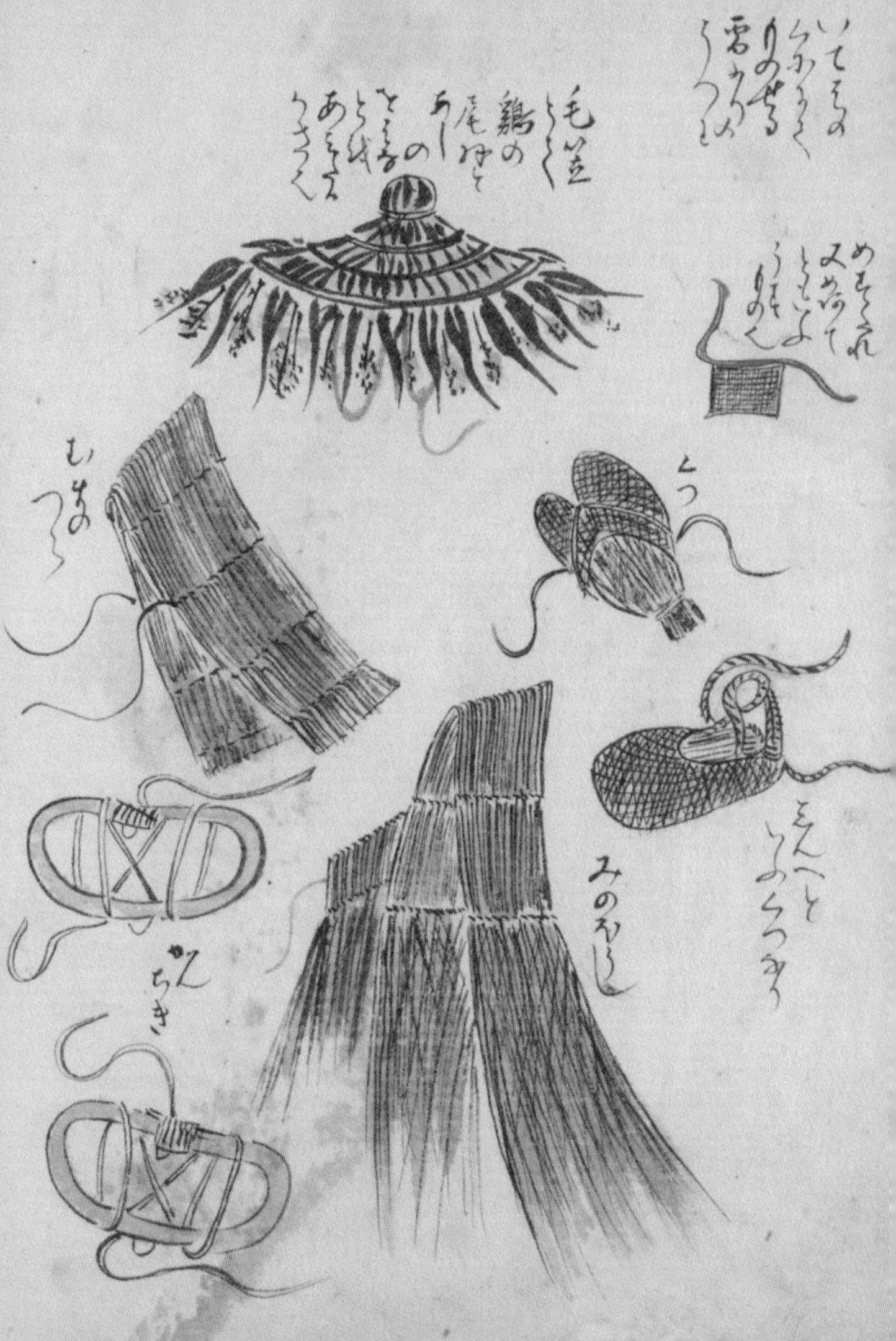

㊾かまくら

（『粉本稿』）

図絵はかまくらを描く。中には、灯火を二ヵ所に灯し、十数人の子供が集まっている。積もった雪の奥には、軒先に下がる氷柱《つらら》が見えるので、このかまくらは家の前の道に作られていることがわかる。

説明にはこうある。出羽《でわ》の国（秋田・山形両県）では、積もった雪を掘って穴をあけ、これをかまくらと呼ぶ。毎晩その中に子供が入って、松脂《まつやに》を灯して遊んだ。冬の一一月、一二月から春の一月半ばまで行い、これを壊す日にはにぎやかな祝いをした。図絵集『凡国異器《はんこくいき》』の模写では、これは雄勝郡のこととし、かまくらに子供が集まって、夜中に遊び半分の話をして数夜に及ぶとあり、ほぼ同じ図絵がある。

一七八四年の日記『秋田のかりね』は、その描写が詳しい。年末になるが、真澄は朝晩雪の中で冬籠もりして、日を数えて暮らした。誰が詠んだのか、「大雪や窓から見ゆる人の足」という句がある。本当に、高窓や軒庇《のきびさし》の上に、行き交う人の藁沓《わらぐつ》だけが見えた。子供は、「かまくらで遊ぶ」と言って、家より高い雪に横穴を掘って、その中に笹の灯火を点けて、とりとめもない話を語って夜が更けたとする。

かまくらは今では横手の小正月行事として有名だが、真澄の頃は冬から春先まで長期間にわたって広範囲で行われた。これはかまくらを描いた最も古い絵画である。

してその人ふたては
雪とうちちらさ
穴とほりて
そこを住
人しといめて
夜は
昼もめく
まつやにを
ともしつゝ
あかしのぬ
西ほしをぬ
とり
むつきの
かうをむく
しまて
えもあり日
いろしき
いくひを
せり

㊈出羽の貝焼き（『粉本稿』）

図絵は、帆立貝を皿にした貝焼きと、酒を注ぐ提《ひさげ》と器を描く。酒宴のための食具である。貝皿の中には帆立貝の貝柱であろうか、食材と箸があり、下から煮焼きされている。提には花びらの模様があり、おそらく漆塗りだろう。

出羽《でわ》の国（秋田・山形両県）では、濁り酒を呑《の》むときには、必ず、貝焼きといって、帆立貝の中に物を入れて煮るようだ。これを貝焼き皿といって、市で盛んに売られている。また、陸奥《むつ》の国（東北地方の太平洋側）などでも、貝焼きをすることはあるが、とても稀である。

貝焼き皿が市で大量に売られているのは、土器や鉄器に代わる鍋として珍重されたことを示す。漁師が仲買いに出し、商品として流通したにちがいない。真澄は、同じ北東北でも日本海側と太平洋側で大きな違いがあることを指摘している。

また、手前に描かれた器は飯を載せる器としても使っている。酒器と飯器は兼用だった。これで濁り酒を呑むことは、越後《えちご》の国（新潟県）から始まって、出羽・陸奥などでも行われていた。宴たけなわになると、酒を注ぐ提を何度も差し替えて、手を打って歌うことといったら、家ごとにうるさいほどだという。食具を描いた図絵だが、それらを使った酒宴の場が髣髴《ほうふつ》とするのは真澄の功績である。

いてそのあはれまく
賢酒彼巻てなるかい
あしくも
貝やきして
悦しつくらいのうちよ
とめてふるめり
そし貝やき皿とらく
中流よあきなつと
とりくし
ふらちのたくみもうしゆき
せられのいれといきれなり
鍋とのせてあうつつめく
ふうりさけのむよ
わしのふしろあちこちすうきく
いてそみちられたくさけ
きゝけあいなれて桜いくらひて
つきうつくよ彼うちらくこゝろのす
あそしそりつまひもし

㊾阿仁銅山　（『粉本稿』）

図絵は出羽《でわ》の国の阿仁《あに》銅山（秋田県北秋田市）を描く。右下は木戸口である。刺股《さすまた》などがあり、鉱山に入るには厳重な取り調べが行われた。木戸口にいるのは役人だが、中腹にいるのは旅人だろうか。左には坑口があり、滔々《とうとう》と水が流れ出て、三人が灯火を差し出して入る。中腹にたくさんの小屋が並ぶ。どの建物からも煙が吹き出しているのは、掘った鉱石を銅に精錬しているのである。左下の建物は鉱夫の宿舎だろう。

阿仁の山では銅を掘り出していた。鉱石を掘り出す穴をしき、掘る人を大工、鉱石を入れる器を背負う人をえぶ、石を砕いて鉱石を採るのをはくをからむという。鉱夫は枯れた煤竹《すすだけ》に火を灯してしきに入るが、しきの中からは必ず水が出ている。旅人はもちろん、近い里の人が来ても、木戸口で厳重に調べて、脇差を手に持って入る。これが鉱山での定めであった。簡略だが、真澄は鉱山独特の語彙《ごい》や慣習を述べている。

なお、阿仁銅山については、図絵だけからなる一八〇四年の日記『阿仁の沢水』が残されている。三三図の中には、この図絵に描かれたような鉱山の全景や坑口が詳しく描かれている。しかし、図絵しか残っていないのは、阿仁銅山にかかわる記述が多かったので、真澄自身が本文を破棄したためではないかと考えられている（『菅江真澄全集　第一二巻』）。

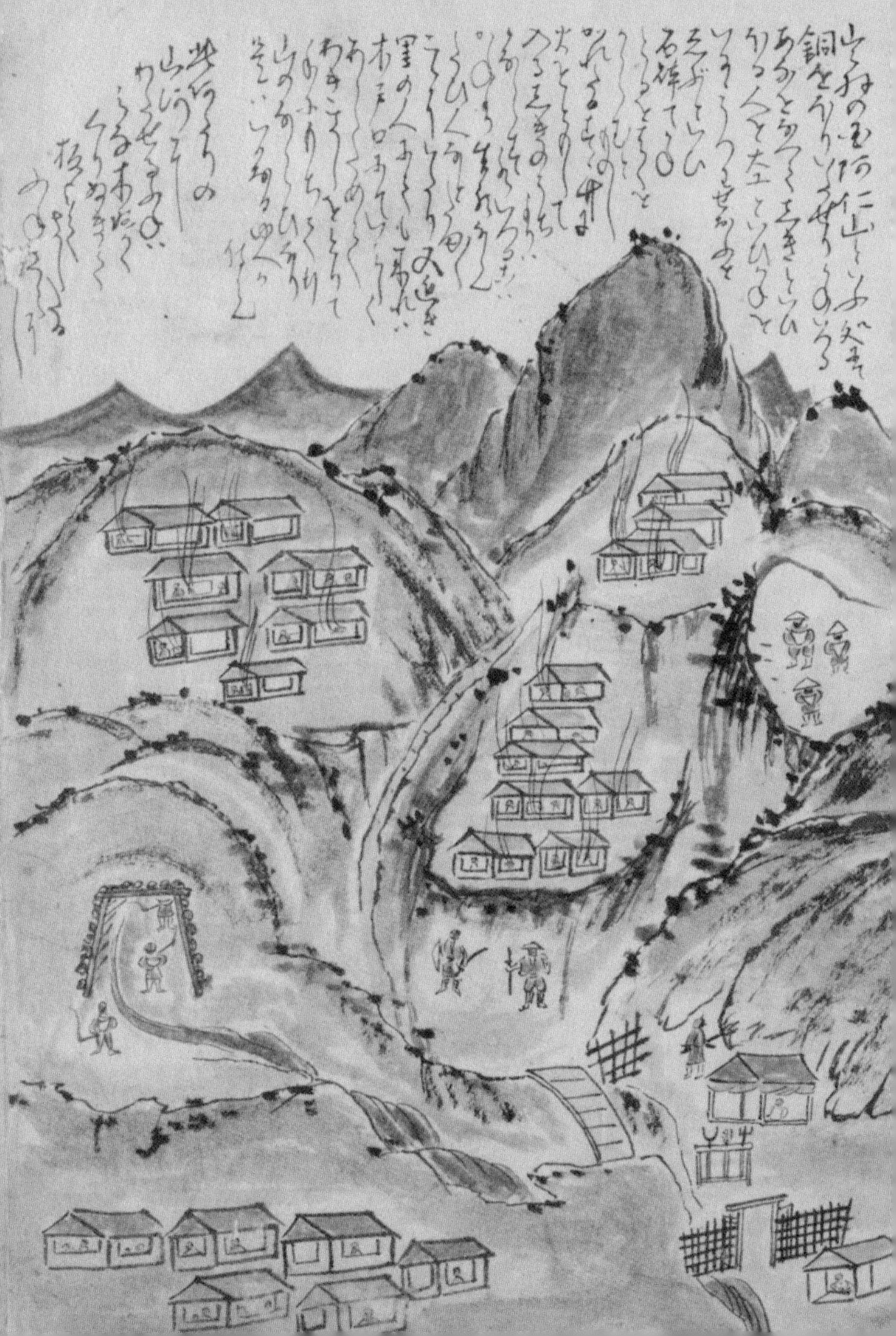

㊺象潟と鳥海山　（『粉本稿』）

出羽《でわ》の国の象潟《きさかた》（秋田県にかほ市）から望んだ鳥海山《ちょうかいさん》（標高二二三六メートル）を描く。一艘の舟が見え、それに乗った人々が島巡りを楽しんでいる。松尾芭蕉も一六八九年に象潟を訪れて、舟を浮かべて能因島《のういんじま》や神功《じんぐう》皇后の御墓、干満珠寺《かんまんじゅじ》に行ったことが『おくのほそ道』に見えるのは、あまりにも有名である。

象潟は汐越《しおごし》という浦にあり、すべて漁師の苫屋《とまや》である。大平《おおひら》という所から見ると、鳥海山が秀でた様子は、まるで田子《たご》の浦（静岡県）から富士山を望んだようである。世の中で富士山に等しい山は、この鳥海山に極まる。真澄は富士山に匹敵する山として鳥海山を挙げた。その意見は大方も認めるところであり、鳥海山は俗に出羽富士などと呼ばれている。

そして、この象潟の浦は、「八十八潟、九十九森」と歌うように、まことに趣深い眺望である。「昔はこの大平から象潟を望んだのだ」と、釣りをする漁師が語った。象潟は昼夜に潮の満ち引きがあって、干満ごとに潟の姿が変化した。芭蕉も述べるように、松島《まつしま》に並んで風光明媚な場所だった。真澄の象潟訪問は一七八四年の日記『秋田のかりね』に詳しい。しかし、象潟は二〇年後の一八〇四年の大地震で隆起し、芭蕉や真澄が見たような景観は失われてしまった。

いてこの玉川と夕越といふ所
またこのかはのしかもや今の
大宮といふところて富士山
まうてに四国のあらみしく
のそこにて〳〵ゆるさとし
世中に御らんまひとつしき山を
この島にありきいはすりたり
此ちうら千八百八十九
森といふとひいとおほき
なるのかいかつ〳〵この
あかりしらう
のこみしと
はるかなる人の
いつく〳〵

⑯狐の館　（『粉本稿』）

陸奥《むつ》の国の黒沢尻《くろさわじり》（岩手県北上市）の西にある後藤野《ごとうの》の蜃気楼《しんきろう》を描く。雪景色の野に煙が立って、その中に多くの人が行き交う様子が見える。

説明にはこうある。冬の終わりから一月の初めまで、狐《きつね》の館《たて》といって、山、林、寺、櫓《やぐら》などと人の行き交う様子が現れることがある。狐の森ともいう。これは蜃気楼と同じであるが、沖《おき》の高殿《たかどの》といっているものだろうか。越中《えっちゅう》の国（富山県）に特に多い。

「越後《えちご》の国（新潟県）でも非常に稀に見ることがあった」と、浦人が語っていた。

同じ図絵は、図絵集『凡国異器《はんこくいき》』の模写にも見える。それでは、人が行き交うだけでなく、山、森、町場も描かれている点が異なる。それはこの説明の内容に近いが、狐の館の色はあるいは黒く、あるいは赤いという一節も見える。沖の高殿は和名だと添えるが、用例はなかなか見つからない。

この図絵は、一七八五年の日記『けふのせば布《のの》』の九月三〇日の条に対応する。黒沢尻の宿の主人・昆《こん》某が「冬の終わりから一月の初めまで、後藤野という広野の雪の上に狐の館が見える。七戸《しちのへ》の三本木平《さんぼんぎたい》（青森県）には、二月末に狐《きつね》の柵《さく》がふる」と語った。これは山市が立つことをいう。越《こし》の海（富山湾《とやまわん》）の海市を狐の森という類《たぐ》いである。山市は地市ともいったのだろうか。真澄は蜃気楼に関わる語彙を次々と並べた。

みちのおく南部稗貫郡
黒沢尻といふ所ありむかし
安部頼時の子くろ沢尻の
四郎正任住てかまへし
とりでのあとありけり
其ちかくの西に
後藤助といふ京
ありつく気のよき
乃こゝろ陸月の
そうしめせられ
きうりの能をもとて
山林寺へまうでけると
人のけうひあるうそて
しばしありけり
蜃気楼みとし
海と沖のたかきのと
そらよりのれんは
越の中津まの
ありしと言
うらみくは
狐の森とはいは
うしの後遠方を
みれんいへきとと
兩人のかゝらり

⑰軒先の氷柱

（『粉本稿』）

図絵は軒先から下がった氷柱《つらら》が地面に届く様子を描く。

陸奥《むつ》の国の南部・仙台（青森県東部、岩手・宮城両県）の奥山の里では、氷柱がたくさん垂れるので、出入口ではそれを折っている。「これが長く、地面に続いているのは、五穀の実りのよい年が来る前兆である」と言って、人々は喜んだ。

この説明では、出羽《でわ》の国（秋田・山形両県）はない。しかし、初めて出羽に入った一七八四年一〇月の日記『秋田のかりね』では、一日中雪道に難儀して、たむろ沢（田茂《たも》ノ沢《さわ》。秋田県雄勝郡羽後町）という、家が三軒ある村に宿を求めた。軒下には滝の糸を見るように垂氷《たるひ》（氷柱）が懸かり、それに夕月の光が映るのを仰ぎ見た。そこで、真澄は「見る影の寒けくもあるか夜とともに垂氷に宿る月はすさまじ」と詠んだ。夜が更けるのに従って氷柱に映る月は荒涼とし、見ている光が冷たく感じることだ、という意味。しかし、氷柱の風景は見ているものの、その信仰までは気づいていない。

真澄は一七九六年一一月、白神山地《しらかみ》（青森県）を訪れ、日記『雪のもろ滝』を残している。世中滝《よのなかたき》（新穂滝《におがたき》）では新穂石《におい し》が凍り付くが、その高低を測って一月頃藩主に報告し、来る秋の田の実りの豊凶を占って予知したという。これは氷の塔の高さであるが、氷柱の長さと同じように豊凶の前兆と見る点は一致している。

ここちのむ、南部
ぜんなうとの
山あしのまとゝと
しるひとしろげく
そゝうくいとめの
のいうち折く
あつもを色
此ぶうしつちよ
つしれくるい
山ときのくしの
うんまずぬ
ぶりとく
くろう
こい
ぬ

❾❽ 錦木と狭布（『凡国奇器《はんこくきき》』）

図絵は束ねた錦木《にしきぎ》と狭布《せばぬの》一巻を描き、この次の図絵は錦木塚を描く。どちらも説明はなく、一七八五年の日記『けふのせば布《のの》』の図絵の草稿と考えられる。実際、日記にはよく似た図絵がある。錦木と狭布の他に、楓《かえで》・酸《す》の木《き》・苦木《にがき》・樺桜《かばざくら》・錦木の五種を描く。どれもよく紅葉する木で、これらを束ねて錦木を作るのである。

真澄は、八月二七日、古川《ふるかわ》（鹿角市）に着き、錦木塚について尋ねた。稲刈りをする女が教えてくれた大杉の下に行くと、土を小高く築き上げて、犬が伏した形の石が据えてあった。これが有名な錦木塚だった。そして、女たちが語った伝説を記した。

昔、翁が女の子を育てていた。娘は白鳥の毛を交ぜた幅の狭い布を織って、市に出して売った。若い男は、楓・真木・酸の木・樺桜・苦木の五種の木の枝を三尺（約九〇センチメートル）に切って一束に結わえた仲人木《なこどうき》を作って、市の開かれている道で売った。錦木売りの男は毛布《けふ》を商う娘と深い契りを交わし、門口《かどぐち》に錦木を立てたが、翁が反対した。翁が厳重に守るので、男は娘と逢《あ》うことができずに帰った。鶴田《つるた》村の辺りに涙川《なみだがわ》があるが、それは男が涙の顔を洗ったからだとも、男が川に身を投げたからだともいう。娘も病が重くなって、とうとう死んでしまった。双方の親は泣く泣く二人を一つの塚に葬り、錦木山観音寺を建てたという。

㊾蝦夷地で見たアイヌの家　（『凡国奇器』）

蝦夷地《えぞち》（北海道）で見たアイヌの家を描く（⑰参照）。手前には物干しがあり、右奥には高倉と子熊を飼う檻《おり》がある。次の図絵はこの檻を拡大している。説明は詳しい。

家を造るには、土に穴を深く掘って柱を差し入れ、この柱を寄せ集めて、屋根の骨を造って差し上げる。柱（梁《はり》）を横たえているので、家の下は広く、小さな家でも多くの人が住むのにいい。家の人が亡くなると、柱を伐り伏せて、火を点けて焼き捨てるので、家はみな簡素に造った。これはアイヌの家の建て方と焼き方を説明している。

豊かな家では、ツラマンテといって、熊の子を飼う。秋冬の祭りを行い、アイヌはヨマンといい、和人はおくるという。熊を殺して食べることである。不十分な表現だが、これは熊のカムイ（魂）を神々の世界へ送るイヨマンテという儀礼を指す。

すべての家の前には、生木を伐ってきて立てて、物を干した。そのため、自然に木の葉が生えてきて、まるでそこに生え伸びたようなものもある。どの家でも住み捨てることになるので、結局はムロチという薄《すすき》・荻《おぎ》などのような草がびっしり茂って、まるで野原のようになる。

高倉といって、物を入れる建物がある。そこでは酒を造る女が秘蔵した糠《ぬか》にイナオを挿し、カモイといって、神のように敬っていた。

家作るには、つちに穴を
ほりて柱をたてゝそれに
屋根をつくりて上の
柱どもにはひき上る
家のまへをひろく柱をたてゝこ
これはさやのやにも人多く
あつまり家の人すまれは
柱どもにきてくるとつけ
やきすつれは家いたる
あらそひて作りぬ
ゆきの朝々にくるには
ツラマシテとして夢の事を
いひて秋のひかりと
ヨマンといひ人にはをらさ
されくるしくして
あまた事ときゝうす
ものゝことに似たり
あの家にもひとし
さかしきひつきて
それの家にそて
らうすてうるてくムロチとよ
蝦夷のてさをひけれは
なりてやうりひらし
ちるらてしといひてりの人る
そこく酒つくる女のひしくる
箱につらしイナヲさして
メノコら神にくカモ井
としていれつゝめり

Ⅶ 図絵の旅（2）

菅江真澄の図絵集を見ると、「VI　図絵の旅（1）」の『粉本稿』『凡国異器《はんこくいき》』『凡国奇器』は、特定のテーマを立てて編集しているわけではなく、雑纂の形態で編集されていた。それらの図絵は、一七八三年の信濃《しなの》（長野県）から旅を始め、南部領・仙台領（岩手・宮城県）、蝦夷地《えぞち》（北海道）、下北・津軽《つがる》（青森県）を経て、秋田領（秋田県）に入っても書き続けられた日記の傍らにあった。しかし、真澄はやがてテーマ別の図絵集の編集を始めるので、「VII　図絵の旅（2）」ではそれらを取り上げる。

秋田領の旅を続けていた一八〇八年、真澄は『百臼《ももうす》の図《かた》』を編集した。この中には、臼に関する図絵ばかり八七図を載せる。しかも、臼を描くだけでなく、その臼に関わるエピソードを詳しく書いている。これは今日の民具研究に先行する成果と言えるが、個別の名称の由来を記すなど、かなり違った見方があることも否定できない。

序文では、「万民がお宝とするべきものは、五穀を舂《つ》く臼と杵《きね》だろう。貴賤を問わず、この二種の宝以外には意味がない。火打ち杵も火打ち臼も恐れ多いが、大臼雄（大碓命《おおうすのみこと》）と小臼雄（小碓命《おうすのみこと》）の神の名も世に知られる。山には碓氷《うすい》（群馬県と長野県の境にある峠）があり、海には有珠《うす》の浦辺（北海道）がある。信濃では御仏さえ臼の上に置く。すべて臼が貴いということを思うべきだ」などと述べている。臼は食物加工の道具であるだけでなく、火を起こす道具でもあり、神名や地名に付き、信仰の対象にもなるというのである。

しかも、臼の収集の地域を見ると、旅をした地域の図絵はもちろん多いが、東海・近畿地方の図絵も見られる。故郷・三河《みかわ》（愛知県東部）二図の他、駿河《するが》（静岡県中央部）二図、伊勢（三重県）二図、近江《おうみ》（滋賀県）三図、山城（京都府）二図を含む。これらの臼は一七八三年に旅立つ前に見たのではないかと推測されているが、いつのことかを立証する傍証が他にない。

そこで大胆な仮説を立てたのが、内田武志だった。内田は一八〇八年の夏から秋にかけて、真澄は故郷・三河に帰ったと推定した。父親が死亡したので、寺送りをする必要があったこと、東海・近畿地方の臼を再調査して、正確な写生をしようとしたことを理由に挙げる（『菅江真澄全集　第九巻』）。しかし、その根拠が推測の上に成り立っているため、これを積極的に肯定する人は少ない。そのため、真澄は若いときからこうした臼の図絵を蓄積してきたという見方が強い。

なお、この『百臼の図』は、真澄が残した記述から、秋田藩主の佐竹義和《さたけよしまさ》に献上されたと考えられている。献上の時期について、内田武志は一八一三年と断定している（『菅江真澄全集　第九巻』）。これは個人的な献上だったが、日記などを藩校の明徳館に献納する一八二二年を九年も遡ることになる。

『百臼の図（異文《いぶん》一）』は『百臼の図』を再編集したものと考えられ、三一図の図絵を載せる。『百臼の図』と同一の絵柄が一七図含まれる。臼を舂く人物を描いた図絵があることが特色になっている。このように人物を入れるのは珍しいことなので、画家・五十嵐《いがらし》嵐児《らんじ》の描いた絵を手本にして、真澄がまとめたのではないかという説がある（『菅江真澄全集　第九巻』）。

『百臼の図（異文二）』は臼の図絵を仮に装丁したもので、六図の図絵を載せる。

『埋没家屋《まいぼっかおく》（仮題）』（『菅江真澄翁画』所収）は、一八一七年夏、出羽の国秋田郡脇神《わきがみ》村（秋田県北秋田市）で、米代川《よねしろがわ》の川岸が崩れて埋没していた家屋が出現したので、真澄は早速出かけて、家屋を描き、さらに出土品も詳しく描いた。

『新古《しんこ》祝甕《いわいべ》品類《ひんるい》の図《かた》』の祝甕は祝部《いわいべ》土器（須恵器《すえき》）を意味するが、「祝部土器ばかりでなく、新しい時代の陶器類をも図誌し、さらに古い縄文土器の探索をはたし、その記録にまで至ったのは、大きい功績と言わなければならない」と評価されている。『埋没家屋（仮題）』の記録を整理するうちに、この図絵を編んでみようと考えたのは一八二〇年だったとする推測がある（『菅江真澄全集　第九巻』）。

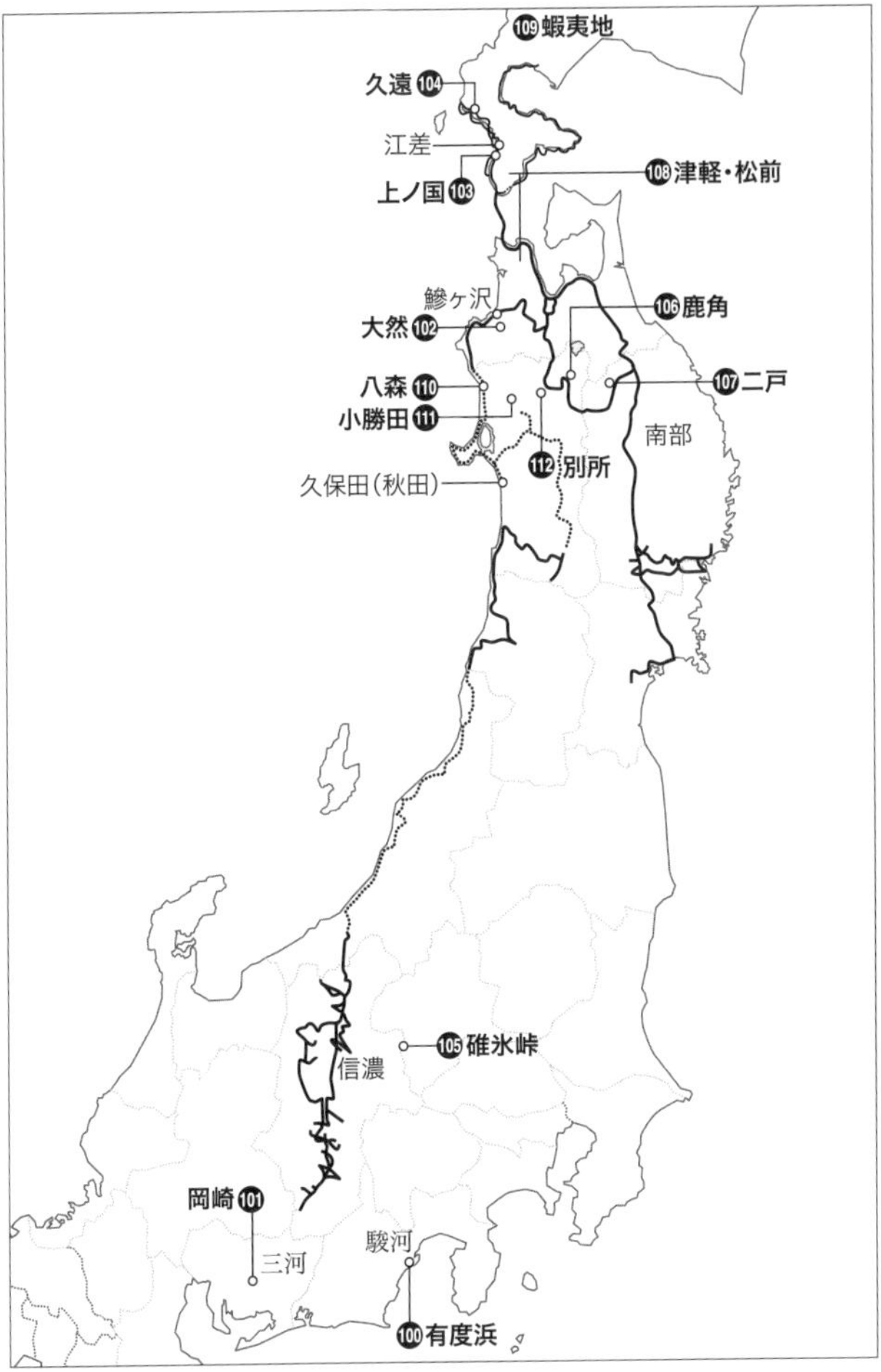
109 蝦夷地
久遠 104
江差
108 津軽・松前
上ノ国 103
鯵ヶ沢
106 鹿角
大然 102
八森 110
107 二戸
小勝田 111
南部
112 別所
久保田（秋田）
105 碓氷峠
信濃
岡崎 101
駿河
三河
100 有度浜

⑩⓪ 富士臼（『百臼《ももうす》の図《かた》』一八〇八年）

図絵は富士臼を描く。これは、駿河《するが》の国の有度浜《うどはま》（静岡県静岡市）の畔《ほとり》にあった臼の姿である。その姿が富士山（標高三七七六メートル）に似ているので、真澄が「所柄この臼の名を富士と言うなら、言うこともできるだろう」と言うと、この臼の持ち主は「とてもすばらしい」と言って喜ぶ様子だった。有度浜は東照宮《とうしょうぐう》のある久能山《くのうざん》（標高二一六メートル）の南麓にあって、駿河湾に面した海岸で、歌枕として知られる。その地にふさわしく、この臼の姿から富士山に見立てて、富士臼と呼んだのである。この記述によれば、命名者は他ならぬ真澄自身だったことになる。歌枕を訪ねる旅が臼の発見につながったと考えられるエピソードである。

この有度浜には古い謡い物があって、「打ち寄する駿河なる有度浜や」などとして世に知れわたっているという。これは、東遊歌《あずまあそびうた》の駿河歌に、「や　有渡浜に　駿河なる有度浜に　打ち寄する波は　七草の妹言《いもこと》こそ良し　七草の妹は言こそ良し　逢へる時　いざさは寝なむ　や　七草の妹言こそ良し」とあるのを踏まえる。『百臼の図（異文一）』には「駿河儛《するがまい》」として、この歌の全文を引用している。東遊はもとは東国の歌舞であり、奈良時代に宮廷に取り入れられたので、これを古い謡い物と呼んだのである。

駿河の國有渡濱の松かげに
在し白き姿不盡に似されし
かてうかしうらの名と不二
といゑてへひちんとハつて白の主
いとよ心んとくちうらこの名あさ
ありちくまおるまをうしつひ
ものなり ゑちつもとくれ 珠流河の
うしとくえあつや
かしやさうり

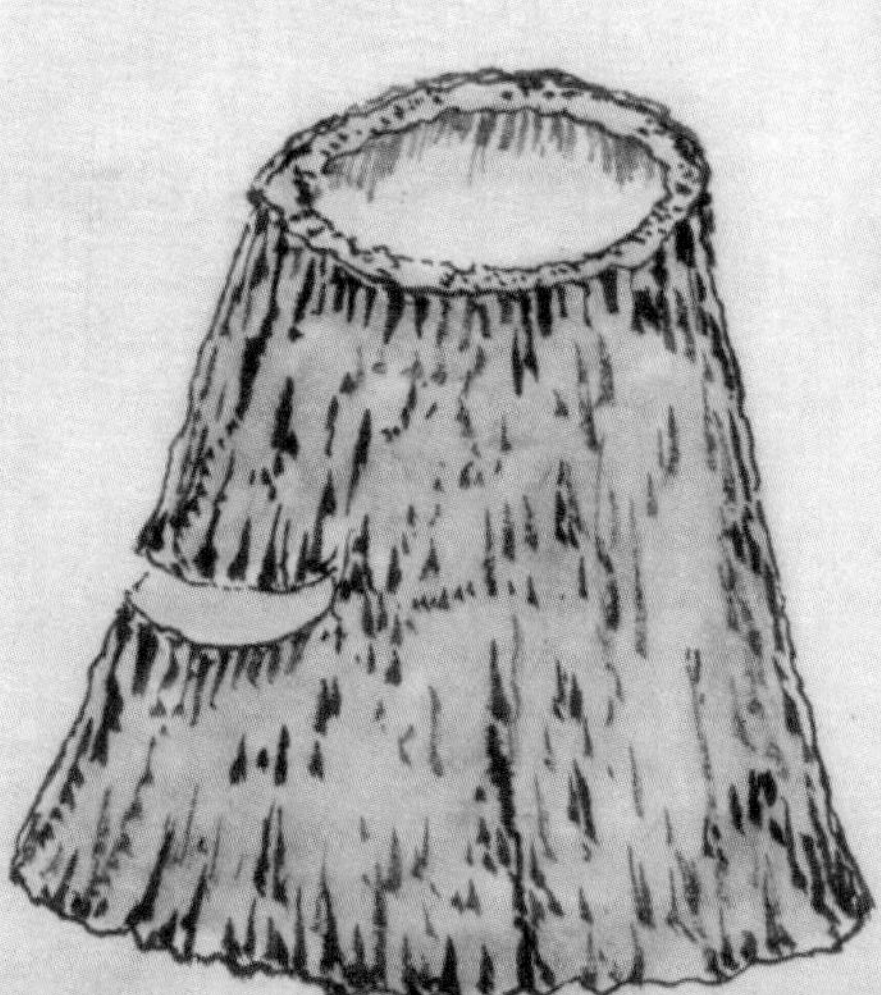

布士烏周

101 いじくじ臼　（『百臼の図』一八〇八年）

図絵はいじくじ臼を描く。これは、三河《みかわ》の国（愛知県東部）の細川《ほそかわ》の屋形にあった臼である。細川はかつての額《ぬか》田郡細川郷、今の岡崎市と考えられる。真澄が若い時期を過ごした土地なので、そのときの見聞だったと推測される。この臼の持ち主は、「この臼はいじけた形の臼なので、いじくじ臼という名にした」と言っていた。「いじくじ」は副詞で、いじいじ、うじうじという意味。ねじ曲がった臼の形を人間の性格に重ねてこう呼んだのは、見事な名づけである。命名者はこの臼の持ち主だった。

この細川には、「細川の岩間の氷柱《つらら》とけやらで花園山《はなぞのやま》の峰ぞ霞める」という古歌がある。花園山は今は村隅山《むらすみやま》と呼んで、矢作川《やはぎがわ》の川上にあり、その近くに花園という所もある。ここは最も古い村であろうとする。この花園山は三河の歌枕で、真澄は今の豊田市の花園を念頭に置いている。「細川の」の歌は、『堀河百首《ほりかわひゃくしゅ》』（一一〇五～〇六年頃の成立）に見え、藤原仲実《ふじわらのなかざね》が霞《かすみ》の題で詠んでいる。

先の富士臼もそうだったが、真澄は臼があった場所が古い歌謡や和歌に詠まれた歌枕であることを重視し、その歌まで引いた。それは臼の名称と直接に関わるわけではないが、臼の来歴を歌枕とつなげる論理は独特である。

三河國細川の屋形に
在りし 此白主の辭に
いかなるとしくるうしなひて
侍る事ありて名を
しるす

細川の岩間のつゝ地
より出でゝ花その山乃
云ふ名を得たれ
ともいかなる縁あり
花苑山は村隔也と
申へし前作の河上に
なりその近きあたりに花園
といふ處のありしとも
言ひなしたるなりけらし

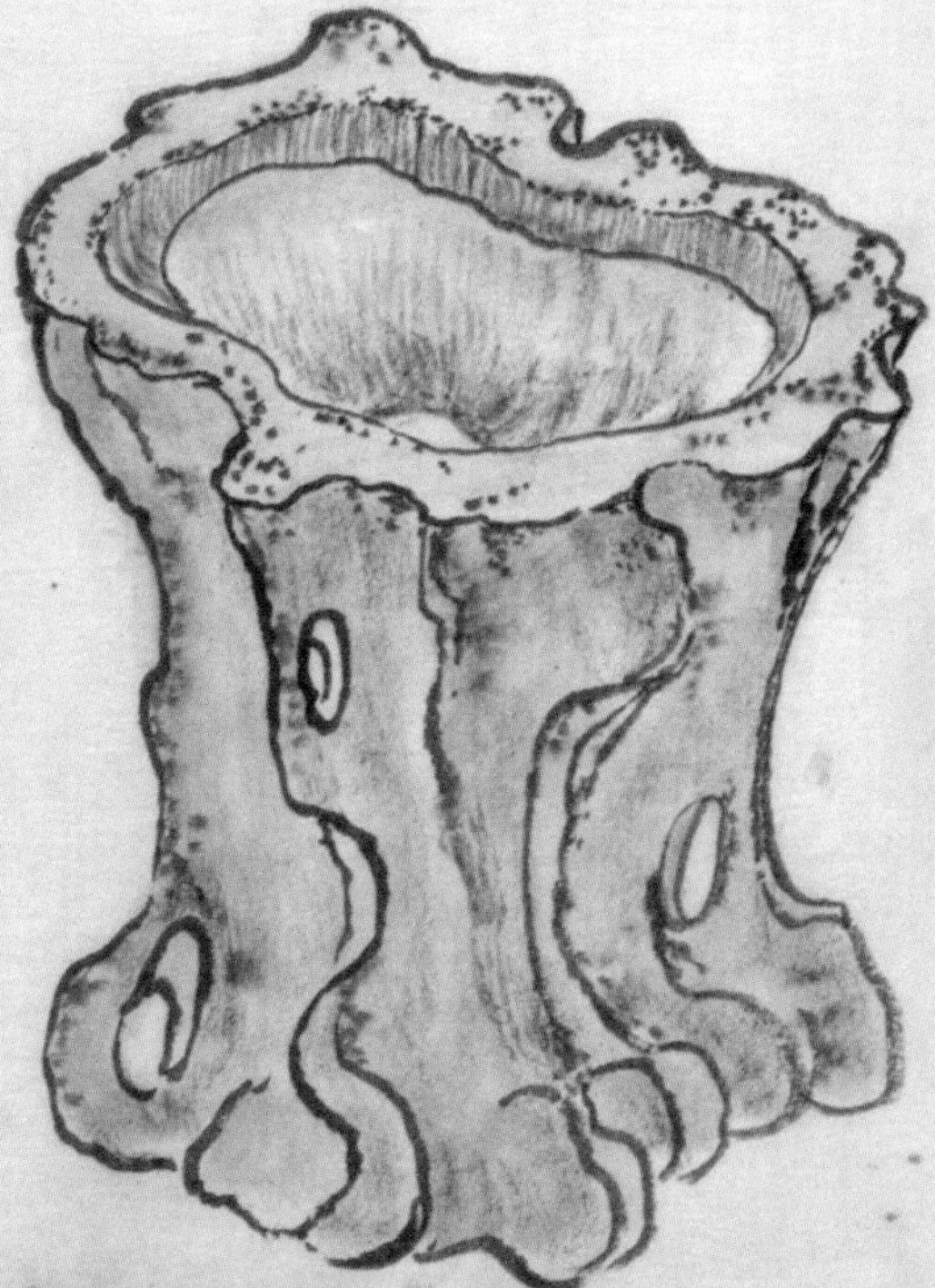

異自久鷸烏敷

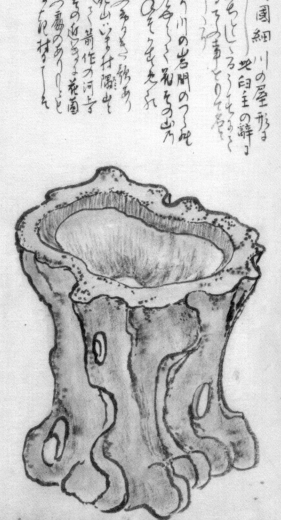

⑩植木鉢にした臼　（『百臼の図』一八〇八年）

図絵は、使わなくなった臼を植木鉢にした様子を描く。

陸奥の津軽の大然《おおじかり》の山里（青森県西津軽郡鰺ヶ沢町）で、朽ちた臼を逆さに伏せて、庭の小高い所の木の下に埋めてあった。そこにささやかな白松を植え、さらに不老木あるいは仏甲草を植えて楽しんでいる翁に会った。

朽ちて使えなくなった臼を逆さにして植木鉢にするというのは、見事な臼の再利用である。江戸時代のエコな生活についてはさまざまに言われるが、白神《しらかみ》山地の集落でも、こうして民具の再利用が行われていたのである。

しかも、庭に直接に草木を植えるのではなく、盆栽のように植えて築山《つきやま》の上に象徴的に埋め置き、庭をより複雑で、趣のある空間にしている。白松は中国大陸原産の渡来植物で、江戸時代には珍しかったと思われる。不老木は何か確かめられない。仏甲草は岩蓮華《いわれんげ》のことである。朽ちた臼を使って、これらの園芸種を植え、不老長寿にあやかろうとしたらしい。翁にそんな心意があったとすれば、地方にまで浸透していた植物趣味の高尚さを知ることができるばかりでなく、そこに潜む生命観に驚く。

真澄が大然を訪ねたのは日記『外浜奇勝《そとがはまきしょう》（仮題）』の一七九八年六月七日だった。行く途中、大雨で川が氾濫《はんらん》して田畑が水没した様子を書くが、この臼のことは見えない。

陸奥の津刈大然《オホジカリ》の山里に
住ける臼を逆に伏せて
庭の小高き所の木の下に
据へておきその白松を植
不老木あれを
佛甲草を植て
是を楽しと見くれ
翁に會てり

103 化け臼　（『百臼の図』一八〇八年）

図絵は蝦夷地《えぞち》（北海道）で見た化け臼を描く。

「西磯の江《え》差《さし》の港に近い上《かみ》ノ国《くに》の浦（檜山郡上ノ国町）に、化け物臼、化け臼というものがある」と聞いて見に行くと、大きな槻《つき》の木臼で、苫屋《とまや》の粗末な屋根の欠けた所にあった。「木の節が鼻・目・口のように見えたので、誰が言いはじめたわけでもなく、この臼の名となった」と、級衣《アッシ》を着た男性が言う。「口《パル》、目《シキ》、鼻《イト》、耳《キシャラ》までであるので、世にまたとない臼である」と、アイヌ語で冗談を言うのもおもしろかった。

アッシはアイヌ語で、オヒョウやシナノキの木の内皮の繊維を使った織物をいう。パル、シキ、イト、キシャラもアイヌ語で、それぞれ口、目、鼻、耳を意味する。上ノ国は和人地なので、この男性は和人らしいが、そうであれば、和人であってもアイヌの服装や言葉を身につけていたことになる。

『百臼《ももうす》の図《かた》（異文一）』にある同じ化け物臼には、「夜は子供がこの臼を見て怖がるので、外に転がしている」という話も見える。苫屋の隅にあったのは、そうした理由があったと知られる。臼はアイヌ語でニシウと言ったこともわかる。

真澄が上ノ国を訪ねたのは、日記『えみしのさへき』の一七八九年四月二二日から二四日と六月六日から一九日の二回だが、このエピソードは書かれていない。

其七

雲儀江差の湊に近き
上の國といふ所に化物臼といひ
亦化臼ともいふありと聞て
見に行けれは大なる樹の木
臼にて古屋の片隅に
ころがし置てありけるの
みれは自然目口あるやうなり
見られて誰いふともなく
此臼の字にも称りしと納衣《アツシ》
着たる男のやうに
ロ《バル》あり眼《シキ》あり鼻耳《キシャラ》まて
あれは臼にて世にまれなる臼
と蝦夷人辭の義もなし

婆家紆數

⑭老い臼　（『百臼の図』一八〇八年）

図絵は蝦夷地《えぞち》（北海道）の老い臼を描く。これは西磯の久度布《クドフ》（久遠《くどお》、久遠郡せたな町）という浦にあった。「ずいぶん古びた臼だ」と言うと、老女が覗《のぞ》いて、「私の年齢は八〇歳に近い。私が若かったときにはこの臼もしっかりしていたが、今は老臼《としより》となって、捨てられそうになっている。この世において、年齢ほど憎い相手はない。年寄り神が身に憑《つ》くと知っていたら、どこへでも行って隠れたかった」と言った。この臼は八〇年ほど使われたことが知られる。

しかし、真澄が久度布にいた一七八九年四月二九日と五月一日から二日の日記『えみしのさへき』を見ても、このエピソードは見つからない。

老女が臼に喩えて我が身の老いを嘆くのは、「老いらくの来んと知りせば門《かど》さしてなしと答へて会はざらましを」という、あの七人の翁が詠んだ歌の気分に等しい。老いを擬人化したところが、老女の言葉と一致する。この歌は『古今和歌集』雑歌上に見える。真澄は、この老女の言葉に従って、年寄《としよ》り臼《うす》と言おうか、老い臼としようかと思った。この命名者は真澄自身で、このときの命名だったことになる。

『百臼《ももうす》の図《かた》』には、男鹿《おが》半島先端の水島で、砕けた臼が荒波に打ち寄せられた図絵も載せている。老女の言葉から、真澄は臼を生命体として見る視点を得たのだろう。

其八 臼

西礁の久度布といふ海に
ありしあまのもてる臼也と
いへて刀自の手にかかりて
しょうかうしやそちに近し
我これかりしときこうの臼も
よみかけし今は老臼とよばれて
捨らるにかかりぬ世をかなしみと
あまりにも叫をこそつかうなし
かくしても神の身になりても
いかにてもはきかくれなく
臼よふかして身の老をなげいて
うちなげくも
きみよくの事とえりせて
門まてくるのしとおもって
實はさてまいしをとふ
あ七のときするくろくのあとら
ろくまあらし
つきてく 屠所里臼とやいへし
此老女の詞よ

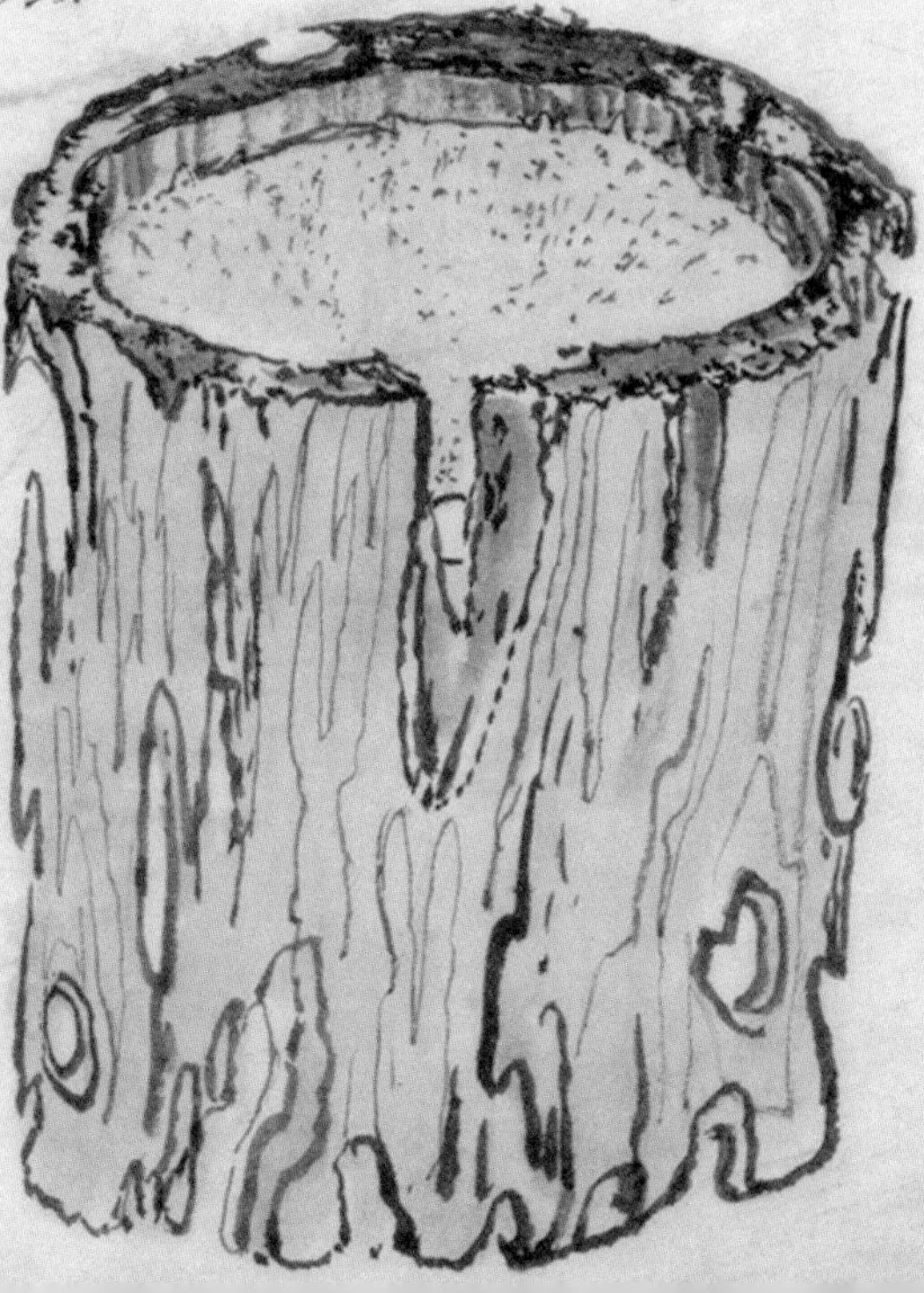

袁比宇須

⑩⑤ 臼作りの翁（『百臼《ももうす》の図《かた》（異文《いぶん》二）』）

図絵は、信濃《しなの》の碓氷《うすい》（群馬県と長野県の境にある峠）の山路にいた臼作りの翁を描く。煙管《キセル》で煙草《たばこ》を吸う翁は、自分の作った臼に寄りかかって座り、手元には鉞《まさかり》など臼を作るための道具が並ぶ。左上の木々を眺め、臼を作るのにふさわしい木を見立てているようである。

臼を作るには扇曲尺《おうぎかね》を主として使う。曲尺《かねじゃく》は普通、直角に折れ曲がった形で、目盛りを刻んだ金属製の物差しをいうが、扇曲尺は曲尺の代わりに使う扇のことで、臼の曲線を作るのに有用だったのだろう。『百臼の図』には扇曲尺の使い方の一例がある。臼作りの翁が、「臼の木材は谷の水に臨んで生えている木がいい」と言っていた。その姿は次の図絵に記したとするが、それはなく、『百臼の図』の冒頭に、谷川の両岸から生えた巨樹が交叉する様子を描いた図絵があり、それが該当している。

そして、『百臼の図（異文一）』では、次のような歌を詠む。

臼の木生ひ立てるを見て、菅江真澄

千代を経て宇須《うす》となるべき木々はみな枝垂れ地《つち》に付くといふなり

長い時間を経て生長し、臼となるのにふさわしい木々は、枝が垂れて地面に付くほどの大きさが必要だと言っているそうだ、という意味である。

信濃の臼氷の山路に在りし臼作りのかたち
宇須を扇曲尺《がね》と

⑯紫臼

（『百臼の図（異文一）』）

『百臼《ももうす》の図《かた》』では紫臼だけを描いたが、この図絵は紫臼を囲んで、三人の女性が竪杵《たてぎね》を使って紫草を舂《つ》く様子を描いている。

陸奥の毛布《けふ》の里は、昔は古川《ふるかわ》の辺りにあったが、今は毛馬内《けまない》の里（秋田県鹿角市）に移っている。男が錦木《にしきぎ》を立てた伝説は昔物語に残った。女が織った狭布《ほそぬの》は、古川村にある黒沢《くろさわ》氏の家に伝えて、今も時折織ることがある。

真澄は、一七八五年の日記『けふのせば布《のの》』で、古川の村長の黒沢兵之丞の家で狭布を今も織っていると聞いて訪ねた。主人の話を聞くと、「今では鳥の毛を交ぜて織ることはまったくしていない。時折、殿様に献上することがあるが、そのときは家の内外を清めて注連《しめ》を引きまわし、織る女も精進潔斎する」などと言った。

毛馬内では花丸雪《はなあられ》、茜根染《あかねぞめ》、紫根染《むらさきぞめ》を生産していた。花丸雪は細かい花模様のしぼり染め、茜根染と紫根染はともに植物の根を使って染める草木染めである。真澄は『けふのせば布』の花輪《はなわ》の里（鹿角市）で紫根染《しこんぞめ》のことを書いている。

紫草を舂く臼にはいろいろあるが、すべて紫臼というとして、春女《つきめ》歌《うた》を二首引いている。これは盆踊り節を思い出して歌うという。盆踊り歌や流行歌が臼舂き歌に転用されたのである。二首とも歌謡集『ひなの一ふし』に見える。

陸奥の毛布の里ハむかしへ古河のへ
在りしとて今ハ毛馬内《ケマナイ》鹿角郡にて毛澤といへりの里に
うつせり錦木立し事ハむかし物語
残りぬ狭布《ケフ》といふものハ古河《フルカハ》村《ムラ》なる
黒澤氏か家ふ傳へて
ありかちして織るもあり
毛馬内の土毛《トチツモノ》に
花丸《ハナマル》雪 茜根染《アカネゾメ》 紫根染《ムラサキネゾメ》
など業としせりつゝ
紫杵《ムラサキネ》など舂く臼の
品あれど凡て紫臼と
いへり

舂女歌

さくら臺《ダイ》の坂ヨヤテイヤ 七曲り
中のナア曲り目でノヨ ヨンヨ、
日をヤイ くらしてヨヤサキ サイノソレヤヤイ
侍の来てね枕をしとて
うつらつとねりつゝある
差しやりの
ふた盆踊婢してねりぬるなし

⑩⑦ 削り臼

（『百臼の図（異文一）』）

『百臼《ももうす》の図《かた》』では削り臼《へずうす》と竪杵《たてぎね》を描いたが、この図絵は削り臼を使って竪杵で稗《ひえ》を舂《つ》く一人の女を描いている。「へずる」は動詞で、削り取るという意味。この臼は胴体の下半分を大きく削り取った姿なので、こう呼んだ。この女性は鉢巻をして、右手で竪杵を舂き、左手で脱穀する稗を入れているらしい。

これは陸奥の二戸《にのへ》（岩手県二戸市）の辺りにあった削り臼だった。稗を舂く女の歌うのを聞くと、

冴《さ》えた月夜を　夜明けだと思うて　君を戻して　今悔し

という歌詞だった。澄んだ月夜なので、もう夜が明けたと勘違いして、訪ねてきたあの人を帰してしまい、今は後悔している、という意味。歌詞の内容は稗を舂くための労働歌ではなく、女性の立場で恋の思いを歌った歌である。七七七五調の近世小歌調の流行歌が稗舂き歌に転用されたのである。

真澄が二戸を訪れたのは、日記『けふのせば布《のの》』の一七八五年九月と日記『岩手の山』の一七八八年七月である。女性が働く姿は書いているが、稗を舂く様子は見られない。この辺りでは米が一粒もなく、稗飯と粟飯《あわめし》だったというエピソードが見える。二戸の辺りの寒冷地では、米作りは難しかったのである。

みちのおく二戸のこほりにて
在りし事つり臼
稗舂く女のうたを聞て

さえし月夜と
夜明ぬと
搗つゝ
君とねまくして
ねよく中

幣一豆之理宇須

⑱夜尿のまじない　（『百臼の図（異文一）』）

陸奥の津軽《つがる》（青森県西部）や松前（北海道）などで、子供が夜尿《いねてしと》をすると、寝敷《ねしき》といって、衾《ふすま》（寝るときに体に掛ける夜具）や枕などを背負わせて、土間の真ん中に臼を据えて、これを七度回らせた。それを笛や鼓で囃したてると、臼の神が承諾くださるという。夜尿を治すまじないを寝敷と呼ぶのは、衾や枕などの寝具を使うからだろう。臼には夜尿を治す呪力があると信じられたことになるが、類例が見つからない。

その囃す言葉は次のようだとして引く。

よつばり舞を見さいな〱、今宵《こよひ》も夢を見ないやうにしてたもれ、臼殿や〱、

よつばり舞を見さいな〱

よつばり舞を見なさいな見なさいな、今宵も夢を見ないようにしてください、臼殿や臼殿や、よつばり舞を見なさいな見なさいな、という意味である。「よつばり」は夜《よ》つ尿《ばり》なので、夜尿のことである。臼の神に夜尿の舞を見てもらって、今晩も悪い夢を見ないようにしてほしい、と祈願するのである。

図絵は臼を囲んで舞を舞う四人を描くが、左下の子供は衾を背負って、枕を棒の先に付けて肩に掛け、あとの三人は小太鼓、笛、簓《ささら》で囃す。左下に「長助」とあるのは、夜尿をした子供の名前であろうか。

陸奥の津刈青前などにて
童の庭房なれば麻殻らくし
ぬきたる杵などもちゐせし
庭中に臼をまはして
早乙女もあめらもそら
笛つゞみを拍して臼の神
うけひ舞ふあそびなるらむ
このしめをおく楽
り

うすつき舞と
いふなるへし
あそひも若へと
臼殿やへ　見るなひ申さは
うすつき　して
ましひと　いわれ
見るなるへし

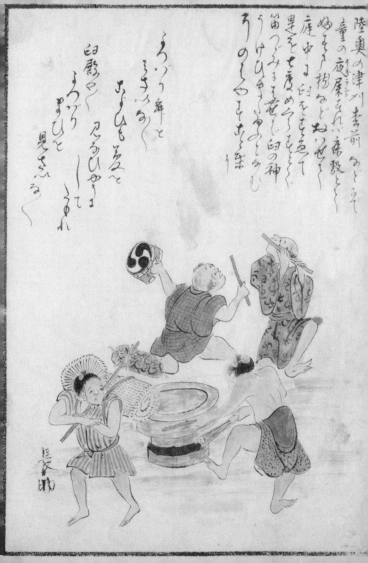

⑩⑨蝦夷地の横臼　（『百臼の図（異文一）』）

図絵では、アイヌの坐臼《ピルマニシ○ウ》のことを、和人は踞臼《ねまりうす》というと説明する。真澄は臼を「ニシ○ウ」と表記し、「○」の記号でつまる音を表し、入声《につしよう》と呼んでいる。

アイヌが使う臼には縦向きの臼だけでなく、横向きに作った臼があり、これを横臼といっている。これは、「白檮《かし》の生《ふ》に　よくすを作り　よくすに　醸《か》みし大神酒《おほみき》　甘《うま》らに　聞こしもち食《を》せ　まろが父《ち》」と詠んだ歌にある横臼《よくす》と同じにちがいない。よくすはよこうすが音変化した語形であり、高さが低く横に広い臼をいう。横臼は形ばかりでなく、座って舂《つ》く臼であるところに特色がある。この歌は、『古事記《こじき》』中巻の応《おう》神《じん》天皇の条にある、吉野《よしの》の国主《くず》が歌った歌謡である。白檮《あらかし》で横臼を作り、それで醸した酒を献上したのである。

この図絵は蝦夷地《えぞち》（北海道）の臼を並べた中にある一図で、三点の横臼を描く。横臼は七、八升（約一三～一四リットル）または五、六升（約九～一一リットル）の米を舂くという。これでかなり大量の米を舂くことができた。右下の横臼は『百臼《ももうす》の図《かた》（異文一）』の冒頭に描かれた蝦夷の島の小蹲臼《ポンニシウ》と同じで、六月頃にひろめ（真昆布）を刈るときに、和人である浦人はこれを見ならって横臼を作り、踞臼と呼んで、くつろいで座って米を舂いた、などと説明している。

坐臼《ビルマニショウ》 和人《シヤモ》 踞臼《ネマリウス》といふ此留麻迩斯宇に
縦ざまにほりたる臼あり横ざまにほりて作るあり是を横臼と いふ
まさ上よりひしぐと

うしのみより余久須《ヨクス》とつくり
余久須よりうみしおりひろき
うすいとなきこしのち
とせまろがち

さしえたる歌の横臼にてより
あらのそのさる多くあれど
二三《フタツミツ》をかゝしのせ
横臼は七八升あるを五六升
のよのと舂女

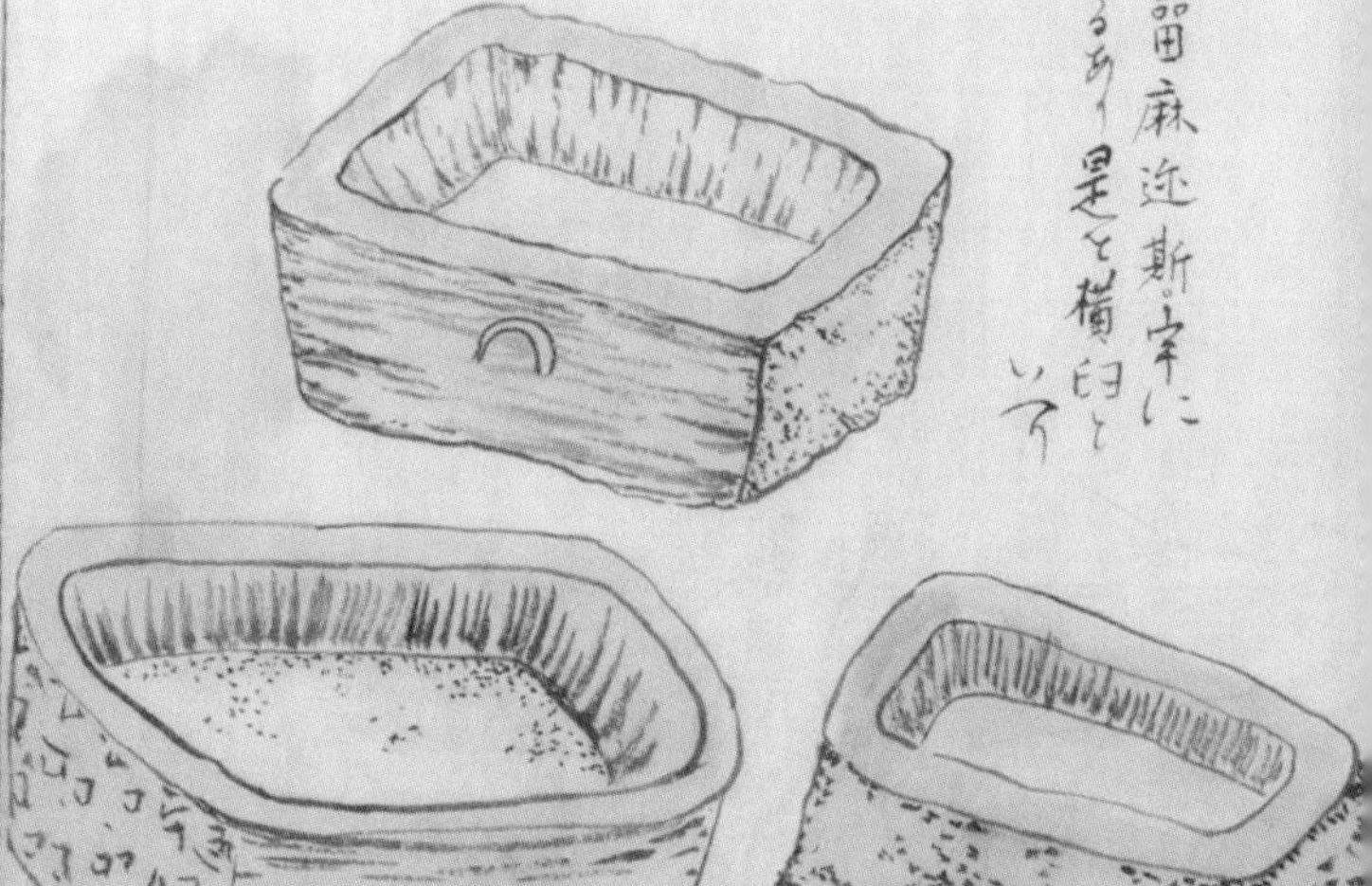

⑩唐土の米搗き　（『百臼の図（異文二）』）

真澄は唐土《もろこし》（中国）の人が米を搗《つ》く様子を描く。「吉泰郎物話に云《いわ》く」とするのは、日記『おがらの滝』の一八〇七年三月二七日の、八森《はちもり》（秋田県山本郡八峰町）の漁師・吉《よし》太郎《たろう》が中国南方に漂流したという話の中で聞いたことを指す。しかし、そこにこの話は見られない。それはこんな内容だった。

唐土では、米を搗くには臼または水車を使う。また、町中を触れ歩いて、一人搗きは絵のように、籠の中へ桶を仕込んで搗く。籠の底部に弾力があるため、桶が傷むことはなく、米の搗き具合もたいそういい。一日に真っ白な米を五、六升（約九～一一リットル）搗くことができる。この杵は、先に鏃《やじり》のように鉄を差し、柄の上には石のおもりを付ける。そこには「石」という文字も見える。米を搗き終わると、杵で差し上げて担いで、町中をまた、「米搗きだ」などと言って呼び歩いたという。

この図絵は、唐土の人の服装だけでなく、籠、桶、杵の形状も詳しく描かれている。杵は鉄と石を付けて重くし、楽に米が搗けるようにしている。この米搗きは町中を触れ歩き、頼まれて米を搗いた専業者だったようだ。持ち運びができるように、重い木臼ではなく、籠と桶で代用している。しかも、この仕掛けはなかなか効率的だったということも知られる。

士農郎物語ニ云ク、此ものこそつこまく
米を搗ニハ碓又ハ水車にて搗又田舎にて杵ちかき一人搗ニ
圖の如く蘿の内へ摘を
仕込みて搗き
碓の底にあがる
よりくるとめりて
摘けるハ
米の皮
一日ニ極白米五
六斗搗く
杵の先ニ
鉄の如く
鉄をはめ 杵の上ニ石のおもりを付る也 搗手ハ杵
持きて 其後米つきはとよふ

⑪ 埋没家屋（『埋没家屋《まいぼつかおく》（仮題）』一八一七年頃）

一八一七年夏、秋田郡脇神村小勝田《おがた》（秋田県北秋田市）で、米代川《よねしろがわ》の川岸が崩れて、埋没していた家屋が出現した。それを聞いた真澄は早速出かけた。この『埋没家屋（仮題）』（『菅江真澄翁画』所収）の図絵は崩れた川岸から出現した家屋を描くが、屋根や柱・壁などがそのまま残った状態である。これはおそらく復元想像図だろう。この後の六図では出土品を詳しく描く。最初の建物の図絵は秋田に戻ってから清書したが、それらの六図は「発掘現場で描いた写生図であろう」とされる（『菅江真澄全集第九巻』）。

一図の箭筩《やづつ》（矢筒）は、杉を割って中をくり貫《ぬ》き、桜皮で組綴《くみとじ》にしてある。支干六《しかんろく》十字八角柱《じゅうじはっかくちゅう》（六角柱が正しい）は、十干十二支の日の下に穴をあけて、そこに木釘《きくぎ》を挿したと思われる。二図の木鍬は、桂の木でできている。木履《ぼくり》の鼻緒の穴は、右は左に寄せ、左は右に寄せて作る。これは高下駄のことで、現在のものとは違って、左右の区別があったことがわかる。他に、鍋の耳もあった。三図は機織りの道具である。杼《ひ》は経糸《たていと》の間に緯糸《よこいと》を通す道具である。これは普通の女工が使う道具よりも大きい。絡垜《たたり》は世俗にかせいという。これは桛《かせ》のことで、紡いだ糸を巻き取るH形の道具である。織椱《いのあし》は諸国の方言でいいのつめ、布まき、真んまきなどの名がある。これは布巻の道具である。綷竹《あやたけ》は綾持のことで、方言であそびかけという。これは経糸が抜けないようにする道具である。籰は通常の籰《わく》のようである。これは糸巻のこと。四図は機子《はたくさ》（機草）が数本ある。これは経糸を千切《ちきり》に巻くときに、適当な間隔に巻き込むための薄板である。櫛は現物の大きさに描かれている。五図はたかささら（竹筅）が二つある。他に、器が一つ、器の物の脚が二つある。六図は苧笥《おげ》で、里の女は麻桶《おぼけ》という。アイヌはこれをカモカモと呼ぶ。松前（北海道）の船人は味噌つげといい、つる桶と呼ぶ所もある。曲器の大小が三つ、槌《つち》が一つある。

米代川の流域ではしばしば埋没家屋の出現があった。一八〇三年の日記『にへのしがらみ』の六月三日でも、真澄は大披《おおびらき》（大館市）で、案内人から、「引欠川《ひっかけがわ》のはぶかけという高い岸が洪水のために崩れ落ち、家が二、三軒現れた」という話を聞いて、発掘品の居甑《いこしき》、転甕《ころびがめ》のほかに履き物を三つ描いていた（㊼参照）。真澄の埋没家屋に寄せる関心には並々ならぬものがあり、一八一七年の調査も迅速に行われた。

そもそも、米代川の流域には河岸段丘という階段状の地形がよく発達し、段丘崖《だんきゅうがい》の表面は火山噴出物からなるシラス層なので、「おそらく遠いむかし、米代川岸一帯をシラスで埋める大洪水があって、そのとき埋没した家屋が、のち豪雨増水によって出現したものだろうと言われている」（『菅江真澄全集　第九巻』）とされる。『にへのしがらみ』のはぶかけを描いた図絵にはその地形が見事に描かれている。

⑫縄文土器（『新古祝甕品類の図《しんこいわいべひんるいかた》』一八二〇年頃）

図絵は縄文土器を描く。十二所《じゅうにしょ》に近い別所村《べっしょ》（秋田県大館市《おおだて》）の畑では、農作業をしていれば鋤《すき》に当たるので、いくらでも掘ることができた。津軽《つがる》（青森県西部）の亀ヶ岡の土器と同じものである。その形は、秋田郡比内の橋桁村《はしげた》（大館市）や蝦夷地《えぞち》（北海道）の根室《ねむろ》の浦で掘る土器に似ている。

橋桁村の土器は『新古祝甕品類の図』に図絵が載るが、根室の土器は見えない。根室の土器（甕と呼ぶ）から推量して、この土器は、昔、アイヌなどが別所村に住んで作ったのだろうかと考えた。土器の作り手をアイヌと見ることには批判もあろうが、同じような土器が秋田・青森両県だけでなく、北海道にもあるというのは重要な指摘である。二〇二一年に「北海道・北東北の縄文遺跡群」が世界文化遺産に登録されたが、そうした認識につながる視点である。

別所村にはとても古い大日如来がある。この大日は木の根元の材で、鹿角郡小豆沢《あずきざわ》（鹿角市）の大日は木の中間の材で、秋田郡十狐《とっこ》（独鈷）村（大館市）の大日は木の末端の材で作られている。一本の木から三体の像を作るという話は、柳田国男の『遠野物語』の六九話のオシラサマとよく似ている。真澄は、別所はこの一帯に人が住むようになった基点の村であると見ていたにちがいない。

十二所ふ近き別所村ノ畠
より鋤にあたりてしかも掘り
得るといへり津軽の甕が岡に
掘りうるがおほし　それ
さては秋田比内の橋桁村
蝦夷國の禰母呂浦ま
掘るをも凡似たり
此別所村はしも
古へ大日如来ましまし
此大日ハ本ト木にてみちのく
鹿角郡小豆澤ノ大日を
中ごろ此秋田ノ十狐村の大日ハ
末ころ作りたなりし
よしをいへり此甕をいまし（蝦夷などに
此ろみな信く作るまや
祢母呂の甕をとりておしはかり知らじ）

ナチュラルヒストリーとして見る菅江真澄の図絵

出版を困難にした彩色画

一九二八年の菅江真澄没後の百年祭で、柳田国男《やなぎたくにお》は「秋田県と菅江真澄」（『菅江真澄』創元社、一九四二年）という講演を行った。その中で真澄の図絵について、何とかして真実を描きたいという根気と努力によって、簡単な絵具と普通の細筆だけで非凡な写生画を描いたと高く評価した。

無邪気な逸品を残したのは、誰かに習ったからではなく、自然を師としたからであるとも述べた。柳田は弟の松岡映丘《まつおかえいきゅう》が日本画家であり、絵画への造詣《ぞうけい》は深かった。日本画の伝統から見ると、真澄の図絵はどの流派にも属さないと見たにちがいない。師匠に付いて学ばなかったので、自由闊達《かったつ》な画法で描くことができたと考えたようである。

しかし、真澄の図絵は彩色画が多いために出版が困難だと言い添えた。真澄の図絵は細部まで丁寧に彩色され、しかも記号を使って説明した場合もあるので、それを再現するにはカラーの印刷が必要であり、経費の負担が大きいことは容易に予想された。そこで、この課題を克服するために大胆な出版を考えた。

柳田は「真澄遊覧記」を校訂本と覆刻本のセットで刊行することを企画した。校訂本は読みやすい本文に整えて頭注を付け、覆刻本は日記をそのまま複製したので、図絵が鮮やかに残された。しかし、実際に刊行されたのは、信濃《しなの》の部の『来目路《くめじ》の橋《はし》』『伊那《いな》の中路《なかみち》』『わがこゝろ』、奥羽《おうう》の部の『奥乃手風俗《おくのてぶり》』（以上、三元社、一九二九～三〇年）だけで、頓挫《とんざ》してしまった。

一方、柳田の講演を聞いた深沢多市《ふかさわたいち》は、真澄の地誌を入れて刊行を計画していた『秋田叢書《あきたそうしょ》』を、『秋田叢書別集　菅江真澄集』全六巻（秋田叢書刊行会、一九三〇～三三年）に拡大した。この別集は、秋田県という範囲を越えて、真澄の日記をすべて収録した。自筆の図絵を大きく入れたが、残念ながら白黒であり、彩色画の細部を忠実に示すことはできなかった。

こうした動きを受けて、戦後、内田武志《うちだたけし》・宮本常一《みやもとつねいち》編の『菅江真澄全集』全一二巻（未来社、一九七一～八一年）が刊行された。この全集は、基本的に口絵を使って図絵を白黒で入れ、本文の該当箇所に番号を付けて対照できるようにした。丁寧な配慮だったが、カラーで収録された図絵はごくわずかであり、白黒の図絵では細部がわかりにくかった。やはり、残された課題を克服することはできなかったのである。

カラー収録と本格的な分析

このことを意識していた内田武志の妹・内田ハチは、『菅江真澄民俗図絵』全三巻（岩崎美術社、一九八八九年）を編んだ。自筆の遊覧記と写生帳の一三作品の中から、民俗学的に見て重要な二五七点の図絵を選んでカラーで収録した。真澄の図絵は二四〇〇点ほどあるので、収録点数は一割程度にすぎないが、それでも画期的な出版であった。この三巻から、真澄の図絵の分析が本格的に始まった。

ハチは「真澄の図絵とその成立背景」で、真澄の図絵は見事であるために、かえって覆刻を妨げたという柳田の指摘を引いた。そうした経緯を踏まえてこれを編み、真澄の画業の一端を明らかにしつつ、重要な図絵をカラーで収録したのである。各図絵には全集のページ数を入れて、本文と対照できるようにした。

ハチはこの文章で収録した作品を詳しく解説し、真澄の人生にも言及した。解説の前後で墓碑と肖像画に触れるのは、そうした書き方と対応している。その際に、真澄は菅公《かんこう》（菅原道真《すがわらのみちざね》の敬称）の家臣・白太夫《しらだゆう》の子孫であるという、兄・武志が『菅江真澄全集　別巻一』（未来社、一九七七年）で述べた仮説を踏襲した。

さらに、専門を異にする二人の解説が載った。一人は美術史の辻惟雄《つじのぶお》で、「菅江真澄の絵」を寄せた。辻は、武志から、真澄の図絵がどのような流派の影響を受けているのかという質問を受けた。それに対して、真澄独特の稚拙な表現は、文人の間に流行していた真景図とは違って、御伽草紙絵に近いと答えたという。

この回答を得た武志は、真澄は浄瑠璃姫と縁の深い岡崎の成就院の喝食稚児《かっしきちご》になって絵解きを行ったという推論を深めた。しかし、辻はむしろ、後期の真澄に着目して、画僧・白雲《はくうん》や秋田蘭画《らんが》の影響を受けたと見ている。それによって、景観をパノラマ的に鳥瞰し、地形の特徴を細かく捉《とら》えることができたと考えた。真澄は民俗資料の記録者だけでなく、異色の素朴派画家としても登録するべきだと主張した。

もう一人は民俗学の宮田登《みやたのぼる》で、「民俗資料としての真澄の図絵」を寄せた。宮田は写生画であるという柳田の指摘を受けて、民俗学的な視点から真澄の図絵を読み取った。意外なことかもしれないが、真澄の図絵が細部にわたって本格的に分析されたのはこれが初めてのことだった。

例えば、『伊那の中路』には、信濃《しなの》（長野県）の本洗馬《もとせば》を描いた七夕人形を飾る図絵と七夕の踊りをする図絵がある。宮田は、これらは初潮が始まる頃の女の子たちの行事であり、この季節にこの地方では女の子だけの野遊びがあって、それは成女戒に連なる儀礼だったと述べた。いかにも宮田らしい指摘である。

宮田は、収録された図絵を取り上げて、こうした読み取りを展開した。例えば、『えみしのさへき』には「木の根を刻んだぼさち（菩薩）」、『えぞのてぶり』には「あいさつする形の岩」がある。こうした図絵を描いたのは、風景画としておもしろいからだけでなく、神霊の宿る事物に注目したのだと考えた。なお検討が必要だが、宮田の指摘によって、真澄の図絵は民間信仰を描いた民俗資料として一級品であると見ることができるようになった。

真澄の図絵の新たな認識へ

この『菅江真澄民俗図絵』がそうであったように、柳田国男の影響は絶大だった。確かに真澄の図絵は豊かな民俗資料なので、真澄を民俗学の先人として位置づけたのは的確な評価だった。

全国的に知られるようになった秋田県の名物や行事だけでも、八森《はちもり》の鰰《はたはた》が『雪《ゆき》の道《みち》奥雪《おくゆき》の出羽路《いでわじ》』、男鹿《おが》のなまはげが『男鹿の寒風』、横手のかまくらが『粉本稿《ふんぽんこう》』に載っている。現在の状態と比較すれば、その変化をたどることができるので、二〇〇年前の図絵の意義は大きい。

その一方で、氷の下の網《あび》引き漁《りょう》が『氷魚《ひお》の村君《むらぎみ》』に載るように、八郎潟ではさまざまな漁業が盛んに行われていた。しかし、一九五七年から、食糧増産を目的として八郎潟は約八割が干拓された。真澄が描いた風景はもはや図絵の中にしか存在しなくなったのである。真澄の図絵は、失われた風景を知るためにも価値がある。

だが、真澄の図絵を民俗学から見るだけではやはり限界がある。実は、人々の生活よりも遥かに多く描いているのは、山・川・滝・海岸をはじめとする自然だった。真澄は鳥瞰図の画法を使って、自身が見た景観を見事に描いた。写生画という柳田の評価は、民俗行事ばかりでなく、そうした風景にもよくあてはまることになる。

私たちは真澄が描いた自然の図絵に圧倒されてきたが、その読み方がわからずに来た。それに光をあてたのはジオパーク（大地の公園）の活動だった。ユネスコが価値を認める地質遺産として、二〇〇四年から世界ジオパークの審査・認定が始まった。北海道の洞爺湖有珠山《とうやこうずざん》もそれによって認定された一つだが、そこには真澄が『えぞのてぶり』で描いた図絵が残る。

真澄の図絵をジオパークの視点で読み解いたのは、永井登志樹《ながいとしき》の「菅江真澄と秋田のジオパーク」（『真澄研究』第一七号、二〇一三年）だった。二〇〇八年から日本ジオパークの認定も始まり、真澄の関係した地域が認定される時期にあたっていた。永井は、男鹿半島・大潟、八峰白神《はっぽうしらかみ》、ゆざわ（湯沢）のジオパークを取り上げて、真澄の図絵を読み解いた。

男鹿半島・大潟では『男鹿の秋風』の寒風山《かんぷうざん》の火山地形、八峰白神では『おがらの滝』の母谷山麓《もやさんろく》から眺望される海岸段丘、ゆざわでは『勝地臨毫雄勝郡四《しょうちりんごうおがちぐん》』の桁倉沼《けたくらぬま》のカルデラ湖などについて説明した。永井の講演で、私たちは地層・地形・火山・岩石などの地質遺産から真澄の図絵を読むことを知った。

ここから教えられるのは、人間の生活がこうした大地の上で営まれていることである。先に取り上げた鰰、なまはげ、かまくらにしても、氷の下の網引き漁にしても、大地の上に形成された自然と深く結び付いていることである。尾張《おわり》（愛知県西部）で最新の本草学を学んだ真澄は自然と人間の関係を深く見つめ、総合科学としてのナチュラルヒストリー（自然史、博物史）の視点を持っていたと言っていい。個々の図絵の丁寧な読み解きを通して、私たちはそうした認識を深めることができるにちがいない。

参考文献一覧

秋田県教育庁社会教育課編『八郎潟漁ろう用具図譜』秋田県教育委員会、一九六九年
秋田県立博物館編『絵図をよむ―描かれた近世秋田の地理―』秋田県立博物館、一九九六年
秋田県立博物館編『真澄紀行　菅江真澄資料センター図録』秋田県立博物館、一九九六年
秋田県立博物館編『菅江真澄、旅のまなざし』秋田県立博物館、二〇一四年
秋田県立博物館編『菅江真澄、記憶のかたち』秋田県立博物館、二〇一八年
秋田県立博物館菅江真澄資料センター編『菅江真澄和歌　全歌編（第一版）』『菅江真澄和歌　総句索引編（第一版）』秋田県立博物館菅江真澄資料センター、二〇〇四年
秋田魁新報社編『秋田人名大事典』秋田魁新報社、一九七四年
淡路敦夫著『菅江真澄の旅を読む　能代山本編』航夏書房、二〇二一年
石井正己著『柳田国男の見た菅江真澄―日本民俗学誕生の前夜まで―』三弥井書店、二〇一〇年
石井正己編『津軽の民話に学ぶ』東京学芸大学、二〇一二年
石井正己編『菅江真澄が見た日本』三弥井書店、二〇一八年
石井正己著『菅江真澄と内田武志』勉誠出版、二〇一八年
石井正己・野村敬子編著『みんなで育む学びのまち真室川―昔話を未来につなぐ―』瑞木書房、二〇二〇年
石井正己著『旅する菅江真澄』三弥井書店、二〇二一年

伊藤伸江「花園山考」『愛知県立大学説林』六五、二〇一七年
稲雄次編著『秋田民俗語彙事典』無明舎出版、一九九〇年
今村義孝監修『新秋田叢書　第四巻』歴史図書社、一九七一年
岩槻邦男著『ナチュラルヒストリー』東京大学出版会、二〇一八年
内田武志・宮本常一編訳『菅江真澄遊覧記』全五巻、平凡社、一九六五〜六八年
内田武志著『菅江真澄の旅と日記』未来社、一九七〇年
内田武志・宮本常一編『菅江真澄全集』全一二巻、未来社、一九七一〜八一年
内田武志著『菅江真澄全集　別巻一』未来社、一九七七年
内田ハチ編『菅江真澄民俗図絵』全三巻、岩崎美術社、一九八九年
金森正也著『「秋田風俗絵巻」を読む』無明舎出版、二〇〇五年
萱野茂著『萱野茂のアイヌ語辞典』三省堂、一九九六年
菊池勇夫著『菅江真澄』吉川弘文館、二〇〇七年
菊池勇夫・田島佳也編『日本近世生活絵引　北海道編』神奈川大学21世紀COEプログラム「人類文化研究のための非文字資料の体系化」研究推進会議、二〇〇七年
菊池勇夫著『道南・北東北の生活風景—菅江真澄を「案内」として—』清文堂、二〇二〇年
菊地利雄「真澄の一枚（第二十七回）」『菅江真澄研究』第九五号、二〇二〇年
北上市立博物館編『菅江真澄と北上地方』北上市立博物館、二〇〇六年
渋沢敬三著『東北犬歩当棒録』産業経済新聞社、一九五五年
新行和子著、新行紀一編『菅江真澄と近世岡崎の文化』桃山書房、二〇〇一年
菅江真澄研究会編『真澄の今—ゆかりの地からの発信—』菅江真澄研究会、二〇一八年

菅江真澄百五十年祭実行委員会編『菅江真澄と秋田』加賀谷書店、一九七八年
田口昌樹著『菅江真澄　秋田の旅』秋田文化出版、一九九二年
田口昌樹編『菅江真澄図絵集　秋田の風景』無明舎出版、二〇〇六年
竹谷克巳「菅江真澄のきつねむすび」『菅江真澄研究』第九六号、二〇二一年
谷口吉光著『八郎潟はなぜ干拓されたのか』秋田魁新報社、二〇二二年
角山幸洋「手織機（地機）の調査研究」『関西大学東西学術研究所紀要』二七、一九九四年
永井登志樹「菅江真澄と秋田のジオパーク」『真澄研究』第一七号、二〇一三年
中川美穂子「諏訪大社上社御頭祭の御杖柱と鉄鐸の一考察―御杖（柱）と鉄鐸とハナとの関連―」『女性と経験』第四七号、二〇二二年
能代市史編さん委員会編『能代市史　特別編　自然』能代市、二〇〇〇年
萩中美枝（ほか）著『聞き書　アイヌの食事』農山漁村文化協会、一九九二年
松前町史編集室編『松前町史　通説編　第1巻上』松前町、一九八四年
松山修「《ひろめかり》の成立月、寛政元年十月から七月への変更について」『かなせのさと』第九七号、二〇〇九年
松山修「《おがたのつと》と《雪の山越》の執筆年～鳥屋長秋宛書簡の再読を通して～」『真澄研究』第一四号、二〇一〇年
宮本常一著『私の日本地図3　下北半島』同友館、一九六七年
三輪茂雄著『ものと人間の文化史25　臼』法政大学出版局、一九七八年
森山弘毅（ほか）校注『田植草紙・山家鳥虫歌・鄙廼一曲・琉歌百控』岩波書店、一九九七年
森山泰太郎著『砂子瀬物語』津軽書房、一九六八年

八木下弘著『巨樹』講談社現代新書、一九八六年
柳田国男著『遠野物語』私家版、一九一〇年
柳田国男著『雪国の春』岡書院、一九二八年
柳田国男著『遠野物語　増補版』郷土研究社、一九三五年
柳田国男著『菅江真澄』創元社、一九四二年
山田秀三著『東北と北海道のアイヌ語地名考』楡書房、一九五七年
山田秀三著『北海道の地名』北海道新聞社、一九八四年
『りぶら開館10周年記念・菅江真澄没後１９０年記念シンポジウム「ふるさと岡崎・菅江真澄再発見」』岡崎市立中央図書館、二〇一九年
『企画展　重要文化財「菅江真澄遊覧記」の公開　補助解説資料』秋田県立博物館菅江真澄資料センター、二〇二〇年

一九九六年、秋田県立博物館に菅江真澄資料センターが開設された。真澄は秋田県出身者ではないが、そこで亡くなり、日記・地誌・図絵などに膨大な記録が残されている。以来、センターでは、真澄の調査研究、資料収集、保存展示、教育普及、広報出版の活動を着実に行ってきた。

私は『柳田國男全集』（筑摩書房、一九九七年〜刊行中）の編集の関係でセンターとの接点が生まれた。「真澄に学ぶ教室」で講演を始め、『柳田国男の見た菅江真澄』（三弥井書店、二〇一〇年）をまとめた。これは、柳田が真澄に関心を持ち、『雪国の春』（岡書院、一九二八年）、『菅江真澄』（創元社、一九四二年）を刊行した経緯を、民俗学誕生と関わらせて述べた。

さらに講演は続き、『菅江真澄と内田武志』（勉誠出版、二〇一八年）をまとめた。これは戦後になって真澄研究を始めた内田武志が宮本常一とともに『菅江真澄遊覧記』全五巻（平凡社、一九六五〜六八年）、『菅江真澄全集』全一二巻（未来社、一九七一〜八一年）を刊行した意義を述べた。血友病を抱えた内田を歩けぬ採訪者、全国をくまなく歩いた宮本を歩く採訪者として対照化し、二人の協働を論じた。

二〇一八年は真澄没後一九〇年目にあたっていた。そこで、菅江真澄研究会の協力も得て、三三人の執筆陣による『菅江真澄が見た日本』（三弥井書店、二〇一八年）を編集した。これは、「新たな読み方」「訪れた場所」「記録した世界」「一年の暮らし」「研究した人々」「学べる施設」の六章に、参考文献、年譜、旅の足跡を添えた。この時点での菅江真澄事典になっている。

この年から翌年にかけて、真澄ゆかりの地などで講演を重ねた。南から挙げれば、山口県周防大島《すおうおおしま》町、愛知県岡崎市、長野県塩尻市、岩手県西磐井《にしいわい》郡平泉町と盛岡市、秋田県仙北市、北海道函館市と札幌《さっぽろ》市であった。それぞれの場所で真澄を読む意義について話した内容は、『旅する菅江真澄』（三弥井書店、二〇二一年）にまとめた。百年祭が秋田に先立って角館で実施されたことなど新しい指摘になった。

この間、秋田県内では真澄の図絵の読み解きが進められた。田口昌樹《たぐちまさき》編の『菅江真澄図絵集　秋田の風景』（無明舎出版、二〇〇六年）は、秋田県の図絵を六九点収録した。各図絵の説明文とその意訳を載せ、簡潔な解説を付している。秋田県内に限られた複本の図絵だが、地元ならではの丁寧な指摘が多い。

さらに、秋田県立博物館編の図録『菅江真澄、旅のまなざし』『菅江真澄、記憶のかたち』（秋田県立博物館、二〇一四年、二〇一八年）が続いた。前者は「菅江真澄の旅と著作」「真澄の肖像」「いにしえ憧憬」「祈りの風景」「くらしのかたち」「あきた遺産として」の六章、後者は「旅と日記」「記録の視点」「交流の譜」「学びの方法」「名所を謳《うた》う」「地誌を編む」の六章からなる。ともに、菅江真澄資料センターが調査研究を重ねてきた成果が自筆の図絵を使って集約されている。

こうした蓄積の中から本書は生まれた。図絵の所蔵者と所蔵機関は掲載をご快諾くださった。菅江真澄の調査研究に尽力してきた松山修《まつやまおさむ》さんは原稿と校正を見て、的確な指摘をしてくださった。菅江真澄資料センターの角崎大《つのざきひろむ》さんと嵯峨彩子《さがさいこ》さんは図絵の掲載にあたっての調整と校正をしてくださった。ＫＡＤＯＫＡＷＡの伊集院元郁《いじゆういんもとふみ》さんは天徳寺・真澄墓碑・博物館を一緒に訪ねて、この編集を進めてくださった。他にも長年お力添えくださった方は多く、そうしたご交誼がなければ、この一冊は生まれなかったであろう。この場を借りて、改めてお礼を申し上げたい。

石井正己

菅江真澄　年譜

一、生年については、通説となっている1754年生まれとした。
一、すべて数え年、旧暦で示した。
一、本文で触れていなくても、重要な事項は掲げた。
一、日記名は『菅江真澄全集』（未来社）によって補足した。
一、（　）内にある市町村名は平成の大合併後のものとした。
一、『菅江真澄、記憶のかたち』（秋田県立博物館）の年譜を再構成した。

西暦	年齢	事項	主な日記
1754年	1歳	三河（愛知県東部）に生まれる。	
1777年	24歳	2月遠江（静岡県西部）の内山真龍を訪れる（『内山真龍日記』）。	
1778年	25歳	10月中旬「般室記」を書く。	
1779年	26歳	2月「石居記」を書く。	
		5月丹羽嘉言の清閑亭修復祝いに招かれる（『謝庵遺稿』「重復清閑亭記」）。	
1780年	27歳	5月丹羽嘉言らと伊吹山へ採薬旅行をする（『湖東游記』『胆吹遊草』）。	
		8月「市隠亭記」を書く（この年か）。	
1781年	28歳	3月「浄瑠璃姫六百回忌追善詩歌連誹序」を書く。	

1783年	30歳	2月末三河を出発し、3月半ば飯田（長野県）に至る。5月本洗馬（塩尻市）の長興寺の洞月上人を訪ねる。	伊那の中路
		8月姨捨山での月見に出かけ、善光寺に詣でる。	わがこころ
1784年	31歳	1月諏訪大社下社の筒粥神事、諏訪湖の御神渡を見て、3月諏訪大社上社の御頭祭を見る。	諏訪の海
		6月長興寺洞月上人から「和歌秘伝書」を授かる。	
		6月本洗馬を旅立ち、7月善光寺、戸隠神社に詣でて、越後（新潟県）に入る。	くめぢの橋
		9月越後から出羽（山形・秋田両県）に入り、羽黒山に詣でる。象潟を見た後、本荘から内陸部に向かい、10月西馬音内（羽後町）に至る。	秋田のかりね
1785年	32歳	柳田（湯沢市）で新春を迎えて正月行事を記録し、以後湯沢近辺にいる。4月小野（湯沢市）で小野小町の遺跡を見て、院内銀山を訪ねる。	小野のふるさと
		5月湯沢を発ち、横手、角館、阿仁銅山を経て久保田(秋田)に至る。	
		8月津軽（青森県西部）に入り、飢饉の惨状を見聞きする。青森の善知鳥神社に詣で、蝦夷島渡海を3年待つようにとの神託を受け、秋田領に戻る。	外が浜風
		8月錦木塚の伝説を記した後、花輪を過ぎて大里(いずれも鹿角市）に至る。9月曲田（八幡平市）を出発し、盛岡で舟橋を見る。	けふのせば布
		10月六日入（奥州市）の鈴木常雄家を訪ねる（『楽山亭日記』）。	

西暦	年齢	事項	主な日記
1786年	33歳	徳岡（奥州市）にいて正月行事を記録し、中尊寺、毛越寺に行く。	霞む駒形
		3月金田八幡（栗原市）の量海に「和歌秘伝書」を授ける。	霞む駒形続（仮題）
		4月大原（一関市）を出発、正法寺、中尊寺、配志和神社に詣で、山目の大槻清雄家を訪ねる。	はしわの若葉
		8月松島（宮城県）の名月を見に行き、塩竈神社、多賀城の碑などを見て、仙台へ行く。9月山目の大槻家に戻り、配志和神社の祭礼を記録する。	はしわの若葉続（仮題）
		10月大槻清雄に「和歌秘伝書」を授け、民治（後の大槻平泉）に『凡国異器』を書写させる。中尊寺に行き、秀衡六百年忌を見る。	雪の胆沢辺
1788年	35歳	6月前沢を出発、六日入の鈴木常雄家に立ち寄り、蝦夷島に向かう。仙台領から南部領へ入り、盛岡に至る。	岩手の山
		7月津軽へ入り、3年ぶりに善知鳥神社を詣でる。津軽半島を北上して、宇鉄（外ヶ浜町）から乗船、松前（北海道）に到着する。	外が浜づたひ
1789年	36歳	4月松前を発ち、上ノ国、江差を通って、太田権現（せたな町）に詣で、円空仏を見る。6月上ノ国でクナシリのアイヌの蜂起を知らせる早馬を見て、松前に戻る。	えみしのさへき
		7月中旬函館周辺で昆布漁とその道具を描く。11月函館を出発、松前に帰る。	ひろめかり
1790年	37歳	松前城下に滞在する。	
1791年	38歳	松前城下に滞在する。	

1792年	39歳	1月から5月まで松前に滞在し、松前藩主継母の文子らと歌の贈答をしたりして過ごす。	千島の磯
		5月松前を出発、渡島半島東海岸を進み、6月有珠岳に登る。	えぞのてぶり
		10月松前を出帆して、下北半島の奥戸（大間町）に渡る。田名部（むつ市）に至り、恐山に登る。	牧の冬枯
1793年	40歳	田名部で新春を迎える。その後、下北半島北部を巡ったか。	
		4月佐井を船で出発して牛滝に至り、佐井に戻る。下北半島を南下し、田名部に至り、6月恐山の地蔵会を見る。	奥の浦々
		7月から9月まで田名部・大畑周辺を巡り、易国間（風間浦村）に滞留する。	牧の朝露
		11月田名部を発ち下北半島東部を南下し、12月尾駮（六ヶ所村）に至るも雪のために滞留、田名部に引き返して越年をする。	おぶちの牧
1794年	41歳	田名部に滞在して正月行事を記録する。2月恐山に登る。	奥のてぶり
		5月から7月まで上北地方（青森県）から八戸付近を巡る。	
		11月菊地成章から日記5冊が歌を添えて返される。田名部にて越年をする。	奥の冬ごもり
1795年	42歳	3月南部領から津軽領に入り、夏泊半島の椿を見る。	津軽の奥（仮題）（一）
		10月弘前に向かうために青森を出発する。	津軽の奥（仮題）（二）
1796年	43歳	浅虫（青森市）で新年を迎え、小湊（平内町）に移って小正月行事を記録する。	津軽の奥（仮題）（三）
		3月百沢寺（岩木山神社）に詣でる。	津軽の奥（仮題）（四）

西暦	年齢	事項	主な日記
1796年	43歳	4月三内で縄文土器を記録し、5月八甲田山の雪形を記録する。	すみかの山
		6月弘前で氷室のためしを記録し、津軽半島を北上して十三方面に向かう。7月深浦の竹越家から大間越へ向かう。	外浜奇勝（仮題）（前編）
		11月暗門の滝、新穂滝を見て、深浦に戻る。	雪のもろ滝
1797年	44歳	深浦の竹越家で正月行事を記録する。5月弘前に至り、藩医小山内元貞と御薬園に行く。	津軽のをち
		6月弘前藩の採薬を手伝うことが認められる（『弘前藩御国日記』）。	
		6月阿闍羅山（大鰐町）で採薬をする。	錦の浜（三）
1798年	45歳	内童子・小湊（平内町）に滞留し、正月行事を記録する。	津軽のつと（一）
		5月採薬のため弘前を出発し、暗門の滝に向かう。岩木山に登る。	外浜奇勝（仮題）（後編）
		7月津軽半島で採薬をする。	錦の浜（四）
		8月十三湖で名月を見る（『さくらがりもみじがり』）。	
1799年	46歳	藤崎で新年を迎える。その後、弘前に滞在する。	錦の浜（一）
		2月五所川原の閑夢亭で「雨中梅」の歌を詠む。	錦の浜（二）
		4月弘前藩の採薬御用手伝いを免ぜられる（『御用格』）。	
1801年	48歳	1月深浦に滞在、小浜屋の竹越貞易に「神拝進退之伝次第」を書く。	
		8月弘前を出発して鰺ヶ沢に至り、滞在する。	錦の浜（五）
		11月深浦の竹越家を発ち、秋田領の能代で尾張屋の伊藤氏に宿る。八郎潟東岸を南下して土崎の矢守氏に宿る。12月中旬土崎から久保田に入って年の市を記録する。	雪の道奥雪の出羽路

1802年	49歳	久保田で新春を迎え、八郎潟の氷下漁を見る（『氷魚の村君』）。	
		3月木戸石（北秋田市）を出発し、太良鉱山（藤里町）に至り、滞在。5月藤琴から川舟で仁鮒（能代市）に至る。6月藤琴に戻って、再び太良鉱山を見る。	しげき山本
		10月阿仁鉱山を見学し、森吉山に登る。12月森吉山北麓の白糸の滝を雪中に見て、独鈷（大館市）の浅利氏の旧跡を探訪し、大滝温泉で越年する。	雪の秋田根
1803年	50歳	大滝温泉で新春を迎え、正月行事を記録する。5月森吉山北麓の白糸の滝に向かい、大葛鉱山に至る。	薄の出湯
		6月二井田（大館市）で藤原泰衡の伝承を聞き、大披で引欠川発掘品を取材、松峰（大館市）の伝寿院で鈴の図を見る。	にへのしがらみ
1804年	51歳	川井（北秋田市）で新春を迎える。	浦の笛滝（一）
		8月八郎潟湖上から名月を見る。寒風山に登り、男鹿半島南岸を巡る。9月天王（潟上市）を発ち、能代に至る。	男鹿の秋風
1805年	52歳	8月川井（北秋田市）を発ち、明利又で浅利氏の伝承を聞く。森吉山に登り、戸鳥内で縄文土器を見て、笑内でマタギ詞を聞く。	みかべのよろひ
1806年	53歳	2月末から3月末まで能代を拠点にして桜や桃の名所を訪ねる。	霞む月星
		4月長崎（能代市）の五月雨沼を見る。	浦の笛滝（二）
		7月能代を発ち、岩館（八峰町）の笛滝を見る。	浦の笛滝（三）
1807年	54歳	3月岩館を出発。4月大柄の滝（能代市）を見る。5月能代を発ち、雪沢（大館市）に至る。	おがらの滝

西暦	年齢	事項	主な日記
1807年	54歳	5月末雪沢を発ち、毛馬内（鹿角市）に着いて付近を巡る。	錦木
		8月毛馬内を発ち、七滝を見て十和田湖に至る。9月毛馬内に帰る。毛馬内を発ち、大湯の銚子の滝を見る。	十曲湖
1808年	55歳	この年、『百臼の図』を編む。	
1809年	56歳	7月、今戸（井川町）の実相院の古碑、山内（五城目町）の円通寺の宝物、盆踊りや番楽の詞章を書き留める。	ひなの遊び
1810年	57歳	谷地中（五城目町）で新春を迎え、正月行事を記録する。1月八郎潟で氷下漁を見る。	氷魚の村君
		3月谷地中を出て、八郎潟東岸を能代に向かい、同所から男鹿半島に向かう。4月真山（男鹿市）の光飯寺の宝物を見て、月末まで男鹿半島北側を巡る。	男鹿の春風
		5月中旬北浦（男鹿市）を発ち、平沢に行く。6月丸木舟で水島を見る。	男鹿の鈴風
		7月塩戸から丸木舟で男鹿の島巡りをして加茂に上陸、門前に至る。	男鹿の島風
1811年	58歳	正月を宮沢（男鹿市）で迎え、15日なまはぎを見る。	男鹿の寒風
		3月金足（秋田市）で軒に葺かれた山吹を見る。5月奈良家で那珂通博と初めて会う。	軒の山吹
		8月那珂通博らと勝手明神に向かい、その後、岩見三内の渓谷を見る。	勝手の雄弓
1812年	59歳	7月鎌田正家らと太平山に向かい、那珂通博らと合流し、山頂で一泊する。	月のおろちね

		10月初冬の太平山などを描く（『雪のおろちね』）。	
1813年	60歳	春、地誌の企画書「花の出羽路の目（仮題）」を書く。 夏、藩主佐竹義和に『百臼の図』を献上する。	
1814年	61歳	5月雄勝郡を巡村し、地誌編纂の調査を始める。	
1815年	62歳	3月雄勝郡の調査を終えて久保田に帰る。この年久保田で膏薬「金花香油」を作り、鳥屋長秋の薬店で販売する（「高階貞房宛書簡」）。	
1817年	64歳	8月寺内、土崎（いずれも秋田市）から八郎潟東岸部を訪ねる。 12月五十目（五城目町）周辺を巡る。	雪の山越
1819年	66歳	年末から新年にかけて大館周辺を巡る（『乙随筆』）。	
1820年	67歳	3月十二所（大館市）から花輪（鹿角市）に行く（『上津野の花』）。 10月大館周辺で医療活動をする（『花のいではぢ松藤日記』表紙裏打資料）。	
1821年	68歳	1月大館周辺に滞留する（遺墨資料）。	
1822年	69歳	2月東本願寺に『氷魚の村君』を奉納するために是観に託す。 6月秋田領の地誌編纂に着手し、『雪の出羽路雄勝郡』を再びまとめる。 12月日記など51冊を藩校明徳館に献納する（『笹ノ屋日記』）。	
1823年	70歳	2月、前年明徳館に日記類を献納した報酬として金子を受ける。	
1824年	71歳	8月平鹿郡へ調査に行き、地誌『雪の出羽路平鹿郡』に着稿する。 秋以降、平鹿郡（大森など）を巡村し、11月に保呂羽山で霜月神楽を見る。	

西暦	年齢	事項	主な日記
1825年	72歳	この年、平鹿郡（阿気、田村など）を巡村する。 7月明徳館から地誌調査・編集の費用が支給される（『御学館文学日記』）。 10月明徳館から衣服の手当などが支給される（『御学館文学日記』）。	
1826年	73歳	夏まで平鹿郡（横手など）を巡村し、平鹿郡の地誌調査を終わる。 5月仙北郡へ調査に行き、『月の出羽路仙北郡』に着稿する。 この年、仙北郡（荒川、南楢岡など）を巡村する。	
1827年	74歳	仙北郡神宮寺村（大仙市）で新年を迎える。この年、仙北郡（花館、大曲など）を巡村する。	
1828年	75歳	仙北郡六郷高野村（美郷町）で新年を迎える。この年、仙北郡（板見内など）を巡村する。	
1829年	76歳	仙北郡野田村（大仙市）で新年を迎える。 春、仙北郡雲然村（仙北市）の後藤家に滞在し、肖像画が描かれたか。 夏まで仙北郡（長野など）を巡村し、6月初め雲然村から梅沢村（仙北市）に移る。 7月19日角館で死すとも、梅沢で死すともいう。その後、寺内（秋田市）の鎌田正家家の墓地のとなりに埋葬される。	
1831年		三回忌にあたり墓碑建立。	

菅江真澄《すがえますみ》 図絵《ずえ》の旅《たび》

菅江真澄《すがえますみ》 石井正己《いしいまさみ》＝編・解説

令和5年 1月25日 初版発行
令和5年 11月20日 3版発行

発行者●山下直久

発行●株式会社KADOKAWA
〒102-8177 東京都千代田区富士見2-13-3
電話 0570-002-301（ナビダイヤル）

角川文庫 23518

印刷所●株式会社暁印刷
製本所●本間製本株式会社

表紙画●和田三造

ISBN 978-4-04-400679-2 C0125

角川文庫発刊に際して

角川源義

第二次世界大戦の敗北は、軍事力の敗北であった以上に、私たちの若い文化力の敗退であった。私たちの文化が戦争に対して如何に無力であり、単なるあだ花に過ぎなかったかを、私たちは身を以て体験し痛感した。西洋近代文化の摂取にとって、明治以後八十年の歳月は決して短かすぎたとは言えない。にもかかわらず、近代文化の伝統を確立し、自由な批判と柔軟な良識に富む文化層として自らを形成することに私たちは失敗して来た。そしてこれは、各層への文化の普及滲透を任務とする出版人の責任でもあった。

一九四五年以来、私たちは再び振出しに戻り、第一歩から踏み出すことを余儀なくされた。これは大きな不幸ではあるが、反面、これまでの混沌・未熟・歪曲の中にあった我が国の文化に秩序と確たる基礎を齎らすためには絶好の機会でもある。角川書店は、このような祖国の文化的危機にあたり、微力をも顧みず再建の礎石たるべき抱負と決意とをもって出発したが、ここに創立以来の念願を果すべく角川文庫を発刊する。これまで刊行されたあらゆる全集叢書文庫類の長所と短所とを検討し、古今東西の不朽の典籍を、良心的編集のもとに、廉価に、そして書架にふさわしい美本として、多くのひとびとに提供しようとする。しかし私たちは徒らに百科全書的な知識のジレッタントを作ることを目的とせず、あくまで祖国の文化に秩序と再建への道を示し、この文庫を角川書店の栄ある事業として、今後永久に継続発展せしめ、学芸と教養との殿堂として大成せんことを期したい。多くの読書子の愛情ある忠言と支持とによって、この希望と抱負とを完遂せしめられんことを願う。

一九四九年五月三日